La tristesse du cerf-volant

J'AI LU

FRANÇOISE MALLET-JORIS | *ŒUVRES*

LE REMPART DES BÉGUINES
LA CHAMBRE ROUGE
CORDÉLIA
LES MENSONGES
L'EMPIRE CÉLESTE
LES PERSONNAGES
LETTRE À MOI-MÊME
MARIE MANCINI,
LE PREMIER AMOUR DE LOUIS XIV
J'AURAIS VOULU JOUER
DE L'ACCORDÉON
LES SIGNES ET LES PRODIGES
TROIS ÂGES DE LA NUIT
LA MAISON DE PAPIER
LE JEU DU SOUTERRAIN
ALLEGRA
DICKIE-ROI
UN CHAGRIN D'AMOUR ET D'AILLEURS
JEANNE GUYON
LE CLIN D'ŒIL DE L'ANGE
LE RIRE DE LAURA
LA TRISTESSE DU CERF-VOLANT — *J'ai lu* 2596****
MARIE-PAULE BELLE

Françoise Mallet-Joris
de l'Académie Goncourt

La tristesse du cerf-volant

Éditions J'ai lu

A Suzanne Lilar,
ma mère, que j'aime
autant que je l'admire

PREMIÈRE PARTIE

Marianne au jardin (juillet 1974)

Il y a quelque chose de désespéré dans un très bel été. Surtout dans le Nord. On ne s'y attend pas. Une belle journée, oui. Mais un été comme celui-là, cinq semaines de ciel inaltérablement bleu, cache une menace.

Le bourdonnement des insectes s'accroît en fin de matinée : c'est comme si le soleil ronronnait. Il se stabilise dans le désert de l'après-midi, produisant alors un son continu, aigu et triste, et la lumière ne bouge plus. Elle ne peut plus s'intensifier, elle ne peut pas encore décliner. De petites éternités se forment comme des bulles au-dessus de la campagne immobile, plate, la paume d'une main qui reçoit.

Un instant d'éternité tout rond : Marianne debout devant le tilleul gonflé d'abeilles et d'odeurs, l'amour qu'elle porte en elle réduit par la chaleur à une seule goutte de souffrance. Elle s'appuie au tronc de l'arbre immense et la force de la sève pénètre en elle. Il n'y a de doux que les arbres.

Une autre bulle : Wilhelm dans la fraîche pénombre de la bibliothèque, la pipe à la main, installé dans un fauteuil. Il est serein, d'une sérénité qui ne lui appartient pas, trop grande pour lui, le vêtement d'un mort, mais à cause de cet instant, de cet été, il croit le remplir tout à fait, enfin. La présence des livres bruns et dorés qui respirent sur les rayonnages, l'horloge, le tapis le confortent dans le sentiment que tout, cette pièce, cette maison, cette vie, lui appartient, que toute réclamation serait caduque, la Cour ayant tranché en sa faveur. Cependant par la fenêtre ouverte pénètre le silence surchauffé, dense, qui s'insinue dans les coins d'ombre, comble les vides entre les livres, entre les objets, pour atteindre aussi Wilhelm dans son fauteuil, Wilhelm dans sa sérénité, la pipe même de Wilhelm... C'en est fini, il s'agite, il retrouve le petit souvenir aigre, lancinant moustique (tout lui appartient mais non l'amour, non la souffrance de Marianne), et il se lève, gagne la fenêtre, fait éclater la bulle.

— Marianne ! On n'a pas appelé, de Lille ?

Marianne sursaute, reprend son sécateur.

— Tu l'aurais entendu, idiot !

Elle crie presque gaiement. La goutte précieuse s'est diluée, son inquiétude est redevenue méticuleuse, mesquine : quotidienne.

Le jardinier (un ouvrier de l'usine qui paie ainsi son loyer) est toujours dans sa bulle, lui. Assis au fond du jardin, près des pommiers, les jambes écartées, un torchon rayé sur les genoux, il mange, il mâche si consciencieusement qu'on croirait qu'il ne s'arrêtera jamais. L'éternité pourchassée comme un insecte s'est posée là ; sur une gamelle de lapin à la bière. Le ciel est clos comme une coupe renversée.

Marianne coupe les roses fanées et se pique aux épines, exprès. Cent petites douleurs précises contre une grande douleur vague, est-ce valable ? Les gouttelettes de sang perlent sur la peau mate, les griffures marquent les grandes mains adroites qu'elle tient de son père. Mais le subterfuge ne réussit pas. Ce sang coule en secret pour Stépha, ces mille piqûres viennent de Stépha, l'aride été, l'aride amour, tout vient de toi, Stépha ma fille, toujours fuyante, toujours absente, experte dans l'art de faire souffrir comme une amante ou un bourreau, et, tout à coup, invraisemblablement, tendre.

Invraisemblable tendresse, invraisemblable été, qui arrêtent le temps. Ce matin, elle téléphone de la grand-poste de Lille : « Je passerai cet après-midi, je resterai peut-être pour le week-end... — Tu sais que ta grand-mère ne vient pas, ni ta sœur ? — Je viens pour toi, ma petite maman. » Deux heures après : « Allô ! Non, décidément, je ne peux pas venir... — Tu as trouvé mieux à faire... »

Et la voix de Stépha, grave, un peu rauque, avec toujours cette tendresse au fond, comme si elle s'excusait du mal qu'elle fait : « C'est ça. J'ai trouvé mieux à faire. »

Tout ce qui avait disparu dans un grand éblouissement reprend sa place, et Marianne coupant des roses dans son jardin se répète comme une élève studieuse : nous sommes en juillet 1974, Stépha a vingt-quatre ans, j'en ai quarante-quatre, il faudra faire réparer la tondeuse, à six heures j'appellerai Clara, ma mère, dans son appartement de la rue Royale, à Lille, où elle doit avoir chaud, à sept heures je dirai à Julia de commencer le bœuf mode, il faut que la gelée prenne cette nuit, à huit heures... Mais à six heures, à sept heures, à huit heures, il y aura l'absence de Stépha. Et il est, mon Dieu, seulement cinq heures et quart, cinq heures et quart dans le jardin de Marianne, cinq heures et quart dans le chagrin de Marianne. Vite, la nuit !

Dans sa marche lente à travers les fleurs fanées qu'elle coupe, Marianne arrive près du jardinier qui s'est encore arrêté de tondre l'herbe pour mâcher une interminable tartine.

— Alors, Joseph ? Vous mettez deux heures à déjeuner, et maintenant vous prenez un quatre heures ? N'oubliez pas qu'il faut tailler la vigne vierge. Elle arrive chez le voisin. Et attention aux guêpes... Je ne serais pas étonnée qu'il y en ait un nid tout près...

Elle nourrit son attente de petites pensées agaçantes, comme les piqûres de rosier. Pourquoi Nadine, sa fille cadette, qui vient enfin de se trouver un « fiancé », l'a-t-elle choisi portant le même prénom que le jardinier ? Coïncidence, d'accord. Mais ce genre de petites coïncidences se reproduisent si fréquemment quand il s'agit de Nadine qu'on ne peut s'empêcher de l'en rendre responsable.

« Je n'aime pas cette petite, vraiment, je ne l'aime pas », pense Marianne distraitement, sans remords. Six heures sonnent à l'église proche. « Sté-pha... Sté-pha... », entend-elle. « C'est ça, j'ai trouvé mieux à faire... »

Moquerie ? Tendresse ? Les deux ? Le sécateur taille, taille, clic-clac, un petit bruit sec dans le soir qui fraîchit.

— Madame ! Madame ! Mais vous coupez les bonnes ! crie le jardinier qui accourt pour protéger les roses.

Marianne pense à sa fille, Stéphanie

Enfin, la nuit.

La nuit, Stépha est là, dans mon ventre, tout entière faite et parfaite, ses membres fins, son visage sombre, pensif, sa grâce ; elle flotte, elle s'ébat dans l'eau de mon ventre, l'eau originelle, impolluée, elle est heureuse, elle est à l'abri, elle ne pense pas, elle me possède et je la possède, union parfaite, sombre et silencieuse, deux rivières la nuit se rencontrent et se fondent, la vie et la mort ne font plus qu'un.

Stépha.

Le grand cri de l'accouchement est un cri de colère ; naître ! Qu'est-ce que naître, sinon trahir ? Trahir celle qui t'a portée, préservée, jusqu'à n'en plus pouvoir, résistant, hurlant, écartelée, pour te laisser enfin t'échapper au milieu du sang salé, de l'eau visqueuse, des larmes amères, pousser ton premier cri, libéré, agressif, comme était agressif le petit crâne dur, perçant, dilatant le tendre orifice qui ne veut pas s'ouvrir (reste, c'est pour ton bien, je te jure que c'est pour ton bien) et quand on parle de la souffrance de l'accouchement, c'est de celle-là que l'on parle déjà, même si on ne le sait pas, de la souffrance de l'amour bafoué. Tout le reste est mensonge, attendrissement niais dont le sucre cache la saveur forte, inimitable, de la haine-amour ; et dans un tiroir entrouvert de la vieille maison, bien tranquille, la chatte que nul ne surveille dévore ses petits avec son placenta.

Et sur le mur de la buanderie, la taille de l'enfant

marquée par encoches ou par traits de crayon bleu indique les étapes de la trahison, le premier regard, celui qui suit un insecte et non le regard de ta mère, le premier sourire qui englobe avec le visage de ta mère celui d'une servante aimée, les premiers pas qui t'éloignent, les premières paroles qui te séparent, et tu sais déjà, toute seule, refermer une porte ! Et tu sais lire ! Et tu sauras t'en aller ! Ne nais pas ! Ne me quitte pas ! C'est cela que signifient ces cris de bête de la femme qui accouche. Et puis on oublie, on croit que c'est le corps, tout seul, qui a crié, comme si le corps s'en allait tout seul de par le monde. Marianne n'a pas oublié, parce qu'elle n'est pas très intelligente.

Impossible, cet été, de ne pas laisser la fenêtre ouverte. Marianne est étendue, essayant de dormir, de bercer une angoisse qui ces temps-ci n'a fait que croître. Il fait beau depuis cinq semaines, et Stépha, hier encore, en prenant son chapeau de soleil, s'est penchée vers elle et l'a embrassée. Marianne a peur.

La nuit entre dans la chambre, une nappe de fraîcheur solennelle, l'attirant, la sommant de se lever, de sortir, de courir... L'apaisement est là, tout près, encore un pas...

Marianne résiste. Tant de fois elle s'est ainsi levée, tant de fois elle a subi cet appel, cette irruption du dehors dans le dedans, du ciel obscur et sans limites dans la chambre devenue toute petite (comme si elle la voyait par le petit bout d'une lorgnette, la chambre miniature d'une maison de poupée), du ciel immense qui veut réduire son mal à l'insignifiance. Et qu'est-ce qui lui restera, après ? Elle résiste, avec une inquiétude, une irritation nerveuse. Elle plie et déplie ses belles jambes, se tourne et se retourne avec l'espoir sournois de réveiller Wilhelm, dont elle ne voit que le dos, que l'épaisse chevelure blanche, les larges épaules soulevées par un rythme régulier. « Ça ne te gêne pas, toi, cette nuit, cette lune, cet envahissement perfide d'une nature qui te réduit à rien ? » Un moment, avec cette mobilité d'enfant qu'elle tient de Clara, sa mère, elle se laisse distraire. Doucement elle avance la main vers la chevelure argentée, tire un petit coup pour voir. « Te réveilleras-tu ? Et si je versais un peu d'eau de la carafe sur ton pyjama ? Crierais-tu ? Et si je te chatouillais avec une tige du bouquet de fleurs séchées ? » Mais le sommeil loyal, compact, de Wilhelm a raison de son petit accès de méchanceté. Elle renonce à le taquiner, et aussitôt l'inquiétude reprend possession de son âme disponible. Elle ne peut plus tenir, elle se glisse hors du lit, elle s'étire... Seule, libre, dans cette nuit tiède qui ne reviendra plus avant des années, elle se sent si jeune encore...

Sans allumer (la lune éclaire la cage d'escalier), elle descend, pieds nus, jusque dans la grande cuisine qui donne de plain-pied dans le jardin. Elle ouvre la petite porte, elle entre dans le clair de lune blafard, moqueur.

Comme une gorgée d'eau descendant dans la gorge, dans la poitrine, soulage et rafraîchit instantanément, elle ressent cette paix qu'elle désire et ne désire pas. Marianne foule l'herbe sèche, marche dans le jardin comme si elle pénétrait dans la propriété d'un autre, propriété secrète, interdite, qu'elle prend plaisir à violer. Ah ! vous me croyez bêtement endormie ! Non. La nuit, le silence phosphorescent, le chuchotement des arbres, l'insolence de la nature enfin délivrée des hommes qui se permet d'exister, qui s'étale, qui croit triompher et qui règne, j'en fais partie. Je la possède et elle me possède. Je dépose mon amour trop épuisant. Je me vide. Je m'accroupis et j'urine. (Elle pourrait faire l'amour, aussi, avec un animal de sa race, un cheval, un taureau, dans un mythe qu'elle est incapable d'imaginer.) Marianne, banale comme la terre.

Elle s'assied sur le muret de pierres écroulées. Elle participe d'un secret et elle ne le sait pas. Elle veille comme une lampe. Et la nuit va reculer, s'effriter petit à petit, trois coups déjà au solide fronton de l'église ; si elle reste là, elle verra la lune devenir mesquine et ridicule, dépouillée de ses voiles, comme une femme en peignoir et sans maquillage, elle verra rétrécir son chagrin aux dimensions quotidiennes. Marianne retourne vers la maison.

Dans le chenil, le chien gronde, se retourne sur le flanc, ouvre ses yeux qui brillent dans l'ombre. Lentement il se dresse sur ses pattes, tire sur sa chaîne, bâille, pousse enfin un gémissement. Marianne se penche, détache la chaîne ; cours, va, c'est le moment, profite de la nuit, mais l'épagneul frissonnant se colle à ses jambes, elle sent son odieuse chaleur à travers le voile de sa chemise de nuit, et cet amour tremblant, humide, du chien pour elle l'exaspère, une insulte, de quoi as-tu peur ? cours, élance-toi, allons ! Son poil se hérisse, il lève vers Marianne un regard lamentable, je déteste ce chien. Cours, échappe-toi, je te dis ! Non ! Tiens ! Elle empoigne la chaîne de métal, lève le bras, han, elle frappe. Le chien pousse un long hurlement, mais ne bouge pas. Cauchemar. Cette scène a déjà eu lieu quelque part. Mais va-t'en ! Ou mords-moi, gronde, révolte-toi ! L'animal, pitoyable, malodorant, revient se coller à ses jambes avec ce regard gluant de tendresse désolée, inventé pour la culpabiliser, la contraindre à la pitié. Est-ce qu'on a pitié de moi ? *(On !)* Tiens ! Elle le frappe encore, le frappe, il hurle, sans bouger, la bouche de Marianne se remplit de salive, elle tremble légèrement, une nausée lui tord l'estomac, elle frappe, il n'aurait qu'à la lâcher, à fuir, mais la bête idiote rampe en gémissant... Le poil se colle sur l'échine, ensanglanté. Pas ça ! Elle s'arrête à bout de souffle, jette la chaîne qui tombe avec un bruit métallique. Elle respire largement, une fois, deux fois, reprend son fardeau. Elle sort de la nuit, du silence, comme on sort des vagues de la mer. Elle rentre dans la maison, dans la chambre. Son absence a réveillé Wilhelm.

— Chérie ?

Elle se glisse dans le lit.

— Tu es toute fraîche. Où étais-tu allée ?

— Faire taire le chien. Il hurlait à la lune.

— Il le fait bien souvent ces jours-ci. C'est la chaleur.

— C'est la chaleur. Willy ?

— Oui ?

— Je suis une méchante femme. Tu m'aimes ?

Wilhelm est habitué aux changements d'humeur de sa femme. Elle a le caractère fantasque. Cela ne le trouble pas.

— Je t'aime. Viens contre moi, je vais te rendormir.

Elle se serre contre le corps râblé, robuste, de son mari. « Et pourtant j'étais faite pour être heureuse », pense-t-elle.

Elle a fait partie, en 1875, de la dot de Stéphanie Dazincourt, épouse Corbin (donc fille et femme de notaire) et on l'appelle, à cette époque, la « maison du marquis ». Des communs d'un château disparu au XVIIIe siècle demeurent ces deux bâtiments imposants, de belle pierre dorée, la « grande maison », passée des métayers à une lignée de notaires, et un autre bâtiment en équerre, assez curieux, une tour carrée, massive, creusée d'un escalier en spirale et prolongée d'un long bâtiment rectangulaire à un étage (les écuries ?). Un portail sépare les deux bâtiments, une cour pavée précède un jardin clos, et après un muret s'ouvre le « parc », trois hectares bien plantés, se terminant par une haie et un ruisseau baptisé rivière.

De l'autre côté de la haie, contemporaine à peu près du mariage de Mlle Dazincourt avec Me Corbin, notaire, l'usine de tissage, massive, a quelques prétentions médiévales. Du parc, le ciel paraît immense.

On trouverait des détails sur la maison dans les papiers de Stéphanie Corbin, qui habitera la maison jusqu'en 1920 à peu près. Elle a beaucoup cherché. Cachots sous la tour, salle d'audience du seigneur, et même rustique oratoire habité autrefois par un ermite, elle a rêvé, essayé de situer quelques fragments de légende qui lui sont parvenus tronqués, défigurés, comme d'une fresque sur un vieux mur humide il demeure des paysages obscurs, rongés de salpêtre, les plis d'une étoffe, un profil, et là, dans le coin, peut-être, un cheval ? Un chameau ?

La « maison du marquis », donc, en souvenir de son premier propriétaire, l'habitant du château disparu. La salle de billard se trouvait, dit-on, à l'emplacement de ce beau groupe d'arbres, là-bas, les paulownias. En 1900, année de la naissance de Clara, premier enfant des Corbin, on l'appelle parfois, en hommage à l'efficacité de Me Corbin, réputé bon gestionnaire (on verra ce qu'il en adviendra), la « maison du notaire ». En 1903, année de la naissance de Christophe (Christophe Corbin, dit Matthyssen, voir la notice dans le catalogue du musée de Lille), on lui donne encore l'un ou l'autre nom. Indifféremment. Mais dès 1920, année du mariage de Clara, on se mettra, très vite, à l'appeler la maison Matthyssen. Maintenant, elle ne changera plus de nom, quels qu'en soient les habitants. D'ailleurs il y a une plaque.

Est-ce parce que la femme du notaire fut passionnée d'histoire et de généalogie qu'il faut en parler ? Elle cherchait, la pauvre femme, à travers les bibliothèques, les archives du curé, les récits et les romans historiques, « la » particule perdue, qui la ferait d'Azincourt, la particule égarée comme un trousseau de clés par des ancêtres négligents et qui avait existé, elle en était sûre, comme avait existé le perron du château (à l'emplacement du potager) sur lequel le marquis attendait ses hôtes (ou ses bourreaux : on l'arrêta là, où plus tard devaient pousser des asperges, en plein été, le 20 juillet 1793, au lever du soleil, et il fut jugé, condamné et exécuté le même jour). Stéphanie Corbin, parfois, contemplait au soleil couchant ses asperges, en se disant qu'à cette heure-là, le 20 juillet, c'en était fini du marquis. Lui avait payé pour sa particule, mais aussi, quelle récompense ! A travers les siècles, il restait « le marquis ». Et elle, la femme du notaire, une Corbin sans espoir. Elle lisait, compilait, fouillait comme un ratier.

Au bout du bâtiment dit « la Tour », l'année de la naissance de Clara, pendant sa grossesse distraite, elle découvrit une inscription sous un plâtre écaillé : « Moisson commencée le 18 juin 1822. Vendanges le 26 août. » Découverte si l'on veut. Le curé s'y intéressa. Mais quel rapport avec la particule, qui ferait de cette malingre nabote la prestigieuse Stéphanie d'Azincourt ? Dans sa déception, elle ne s'aperçut pas que son mari, autre nabot, espèce bien rare dans cette région d'hommes robustes et de belles femmes, spéculait sur l'argent des séquestres et se retirait dans son bureau, des heures entières, pour contempler sur les actions ou obligations acquises les vignettes représentant une paysanne russe portant une gerbe de blé (les fameux fonds russes ?), un Noir tenant entre le pouce et l'index un énorme diamant (les mines du Katanga ?). Les Corbin avaient chacun leur placard à secrets. Maussades, rêveurs et rechignés, ils s'entendaient à merveille dans un compagnonnage de célibataires. Deux fois ils firent à l'opinion publique la concession d'un enfant. Clara et Christophe, Chris-et-Clara, furent ainsi conçus, mis au monde et nourris (on ne saurait dire élevés) dans l'indifférence la plus totale. Beaux comme des enfants trouvés, intelligents, Clara plus vive, Chris plus profond, il aurait été naturel, pour les Corbin, de les détester. Ils l'auraient peut-être fait s'ils s'étaient aperçus de leur existence. Mais ce fut une servante qui les inscrivit à l'école du village, d'où Juste Matthyssen, le fils du fermier, qui avait quatre ans de plus que Clara, les ramena la première année. Après, ils se débrouillèrent. Ils avaient à leur disposition un vaste jardin, l'aile de la Tour inhabitée, où ils prirent l'habitude de se tenir, des greniers, des débarras pleins de livres moisis, d'estampes au verre cassé, de bibelots passés de mode. Un samovar que Christophe remit en état : il était très adroit de ses mains. Une charrette anglaise qu'ils faisaient traîner par le chien. Juste venait le samedi se faire un peu d'argent de poche en tondant les pelouses : c'était leur émissaire auprès du monde extérieur. Ils se suffisaient. De temps en temps, Mme Corbin (Mme Corbeau pour ses enfants) faisait d'eux cet éloge pour elle dithyrambique : « Ils ne sont vraiment pas dérangeants ! » En 1914, le notaire (et Juste qui avait dix-huit ans) sous les drapeaux, elle s'aperçut de la présence de Chris-et-Clara à cause des difficultés du ravitaillement : elle s'y attela avec une énergie qui surprenait, dans ce petit corps. Elle courut les fermes environnantes, fit du troc, retourna ses parterres pour agrandir le potager, trouva des ressources, et cela à demi ruinée (car le nègre au diamant avait joué son rôle néfaste, et la guerre sauvé Me Corbin du déshonneur total — mais cela est un secret Matthyssen, nous en reparlerons) ; était-ce la particule, ou l'idée de la particule qui la galvanisait, mais elle refusa de fuir l'occupant, hébergea au passage des réfugiés belges, ne parut jamais s'émouvoir des bombardements. Elle s'offrit un petit luxe : elle déménagea Chris-et-Clara dans la Tour, ce qui les privait de chauffage. Mais ils étaient bien assez grands pour « avoir leur indépendance », et « Mme Corbeau » attendait ce moment depuis leur naissance. L'hiver, l'humidité suintait des murs au bas de l'escalier. Dans les deux chambres du haut de la Tour qui comportaient d'admirables charpentes, des enchevêtrements de poutres, chefs-d'œuvre d'artisans, mais pas de cheminée, Christophe peignit un feu de bois qui couvrait le mur entre les deux chambres. Protestation discrète ? On n'en sait rien. Il fut toujours secret et l'était dès ses onze ans. Mais Clara, elle, protesta si vivement qu'elle reçut en cadeau de Noël, en 1915, du père Matthyssen, qui s'enrichissait en trafiquant héroïquement (il se glissait dans les trous du front, risquant sa vie à soixante ans passés), six paires de gros bas de vraie laine et un poêle à sciure. Les enfants firent passer le tuyau du poêle par une lucarne de la Tour et considérèrent qu'ils avaient atteint le sommet du confort. Sous ses pantalons déchirés, Chris portait aussi les bas du père Matthyssen, partagés équitablement par Clara. Comme ces bas (vu la pénurie de laine, il n'y avait pas le choix) étaient rouge vif, les gamins s'en moquaient. Clara se fâchait, Chris restait en apparence imperturbable. Mais il apprit à coudre, cette année-là, et se mit à prendre soin de ses vêtements, science qui devait lui être bien utile car jamais personne, dans sa courte et glorieuse vie, ne devait le faire pour lui.

Il reste de Christophe Corbin, dit Matthyssen, des centaines de toiles éparses par le monde, depuis le musée de Lille jusqu'au Metropolitan de New York.

Et ce nom de Matthyssen s'étale fièrement au cimetière de Lille-Sud sur une grande tombe en marbre noir, un peu pompeuse pour ses goûts qui furent toujours discrets. Clara, elle, laisse une fille, Marianne, et deux petites-filles, Nadine et Stéphanie. Mais Juste, rescapé de 1914-1918, titulaire de la médaille militaire, qui épouse Clara en 1920 et va devenir entre les années vingt et trente un industriel du textile, laisse autre chose à cette région courageuse et secrète, cette laide aux beaux yeux, qu'il aimait profondément : un nom, et presque une race.

Sa belle-mère Corbin l'aimait bien ; on croyait parfois sentir, dans ses rapports avec Juste, une trace de sensibilité. C'est qu'elle croyait percevoir en lui (toujours à la recherche de « la particule ») une certaine sympathie pour son petit rêve têtu. Seulement, elle regardait en arrière, et lui, de toute sa haute taille de colosse flamand, regardait vers l'avant.

Aujourd'hui (1974)

A soixante-quatorze ans, Clara Matthyssen a une certaine prédilection pour sa petite-fille Nadine.

— Viens me voir samedi, Nadine, nous irons au cimetière.

Marianne s'esclaffe, d'un rire sain et sonore, tout de même imperceptiblement vulgaire.

— Tu lui dis ça comme tu dirais : nous irons au cinéma, maman.

« Elle est un peu sotte, Marianne », pense Clara une fois de plus.

*

Nadine se rend chez sa grand-mère. Il faut prendre le café, d'abord, dans les petites tasses malcommodes, fragiles, de porcelaine blanche, décorées de bambous.

— Tu sais que ton salon prend vachement la cote ? dit Nadine pour distraire sa grand-mère ; on commence à rechercher partout les meubles des années trente, et je ne serais pas étonnée qu'après ce soit le tour du cinquante. Les fauteuils toile d'araignée, soucoupes, tout ça...

— Oh ! non ! Je ne peux pas y croire ! C'est tellement laid, ce style cinquante ! C'est peut-être parce qu'il coïncide avec mes cinquante ans, mais j'ai horreur de ça ! C'est vrai que ta mère a horreur du trente. Je me rappelle, quand j'ai quitté la propriété, elle vérifiait chaque meuble pour être sûre que tout était parti, elle avait peur que j'en oublie, elle a même couru derrière le camion avec une petite caisse qui contenait le service à thé !

— C'est dommage que tu sois partie, grand-mère...

— Tu es gentille de le penser, mais on se serait gêné... Je suis mieux à Lille... Et puis la maison sans Juste... Tu es bien partie, toi !

Nadine habite, près de la citadelle, un grand studio qu'elle a trouvé grâce à sa grand-mère et qu'elle a décoré de façon assez extravagante, murs et plafonds noirs, moquette blanche.

— Moi, c'est un peu à part..., dit Nadine. Tu sais qu'avec maman ça ne marche pas très fort... Et puis il y a des choses qu'ils n'acceptent pas. Mon travail à la galerie, ma vie privée...

Clara a un petit rire.

— Oh ! en ce qui concerne l'art, ta mère n'a jamais été un connaisseur, tu sais. Encore un peu de café ? Elle a voulu faire remeubler toute la maison en rustique flamand, mais à mon sens elle s'est fait estamper plus d'une fois. La petite armoire à pain, dans l'entrée... Mmm... Nous partons ? J'en profiterai pour emmener Turco.

Turco est le chien de la vieille dame, un pékinois « d'époque », dit Marianne, qu'elle s'obstine à emmener au cimetière, « puisqu'elle le porte », ce qui donne lieu à d'interminables altercations avec les gardiens.

— Il a bien le droit de visiter la tombe de Juste, lui aussi. Après tout, il l'a connu...

Nadine n'osait pas dire que c'était un autre pékinois, Turco Ier, que Juste avait, par complaisance, caressé quelquefois... Clara s'arrêtait devant la tombe de son mari, déposait, d'un geste gracieux, contrôlé, sa gerbe de fleurs, composée avec soin par le fleuriste sur ses indications. « Pas de glaïeuls, voyons, il les détestait... Un bouquet champêtre, c'est cela... » et, se tournant vers Nadine qui restait là, les bras ballants : « Même ça, il faut le faire avec soin, tu vois... »

En déposant ses fleurs, en arrachant quelques mauvaises herbes, elle a un sourire attendri qu'on lui voit rarement. Attendri et même amusé.

« C'est comme une mauvaise farce qu'on lui aurait faite, explique-t-elle ; lui toujours si actif, qui décidait de tout, qui se fâchait, qui commandait... Finis les " c'est moi qui décide ! " et les assiettes cassées, hein, mon pauvre Juste... »

Mais c'était un bon mort, un mort chaleureux ; aller sur sa tombe, en revivant le souvenir de leurs innombrables disputes, de leurs voyages, de leurs projets, lui faisait du bien. N'avait-elle pas eu le dernier mot puisqu'elle lui avait, et si longuement, survécu ? Sur le monument trop large, trop grand, le marbrier avait cru bon de ménager, à côté de l'épitaphe de Juste Rodolphe Melchior, un espace réservé à Clara Jeanne Simone, son épouse.

— Encore un peu, et il gravait la date ! J'aurais été obligée de m'y conformer.

Nadine remarquait que sa grand-mère n'était jamais triste devant la tombe de son mari. Elle semblait ne l'avoir quitté que pour un bref instant, et s'apprêter à le retrouver, avec un mélange de tendresse et d'ironie. Elle n'avait pas peur des morts. Devant eux elle se retrouvait jeune. Elle déposait des fleurs sur la tombe de ses parents avec un petit regret sans profondeur (pauvre maman qui jusque sur cette pierre était restée « née Dazincourt » en un mot !) et imposait ses chrysanthèmes, elle ne l'avait jamais aimé, au vieux père Matthyssen. Mais elle notait les négligences (ici il faudrait sarcler, là un angelot avait perdu une aile) et transmettait ses observations à Marianne, qui, tout en protestant, s'occuperait de tout. Et elle marchait, parlait, moitié pour elle, moitié pour Nadine, profitait de sa situation privilégiée de vivante pour dire aux morts leurs quatre vérités.

« Maman, il faut bien le dire, s'est toujours souciée de nous comme d'une guigne. Elle était toujours fourrée dans sa généalogie, ses romans, ses images mortuaires... Au fond, maintenant (elle a un petit geste moqueur, désignant le cimetière), elle est dans son élément. (Un petit rire, elle se reprend.) Il faut être juste, pendant la guerre, je veux dire en 1914 naturellement, elle avait été très bien... Figure-toi... »

Elle racontait, elle riait. C'était la jeune Clara qui passait, toujours triomphante, au milieu de ses morts. A travers l'enveloppe dont les os craquaient, que travaillaient de sourdes douleurs, elle apparaissait toujours aussi vivante, avec cette démarche ailée, ce rayonnement qui réussissait encore à réchauffer les articulations raidies, à ranimer le regard fatigué en lui rendant ses éclairs de malice (son regard noir, oblique, étincelant, dont il n'y avait plus grand monde pour se souvenir), à alléger la chape de fatigue qui s'abattait, le soir, sur ses épaules, et à les redresser... La jeune et vieille Clara n'avait pas peur des morts, parce qu'elle se savait immortelle.

Seul Christophe était vraiment mort, absent bien qu'enterré là, dans sa terre natale, au milieu de sa famille, ramené là de force, alors qu'il ne pouvait plus se défendre. Et quand elle passait devant la pierre étroite, dessinée par un peintre ami, marquée d'une esthétique dépassée, Clara hâtait le pas, détournait la tête, sur son visage passait une onde de vieillesse, de lassitude, un doute peut-être sur son immortalité, qui s'effaçait quand elle avait atteint le rond-point où, quel que fût le temps, elle s'arrêtait un moment, lâchait Turco malgré les strictes interdictions figurant sur les panonceaux, et, avec une audace elle aussi contemporaine de ses vingt ans, allumait une cigarette.

Nadine regardait sa grand-mère. La voilette relevée sur un petit front droit et têtu, le nez court et fier avait gardé sa pureté, les yeux noirs, en amande, avaient gardé leur malice, à peine rougis par l'âge ; les paupières qui avaient été des pétales de magnolia se plissaient, se bistraient ; les rides étaient nobles et nettes, les cheveux noir et blanc, torsadés, chef-d'œuvre de raffinement d'un coiffeur parisien. « Je ne m'en tire pas trop mal », jugeait Clara elle-même, en tapotant sa cigarette sur l'étui, d'un geste qui était, en 1920, le comble de l'audace pour une jeune fille.

— Tu es drôlement bien pour ton âge, grand-mère, disait justement Nadine, avec cette gaucherie qui accompagnait chez elle tout élan, et venait d'avoir été, si souvent, rejetée.

— Tu n'es pas mal non plus, pour le tien. Mais tu seras mieux dans quelques années...

— Oui ? demandait Nadine avidement.

— Oui. Tu es une femme, tu n'es pas une jeune fille. Tu seras belle à trente ans.

— A quel âge étais-tu le mieux, grand-mère ?

— Oh ! moi, j'ai toujours été belle, répondait Clara avec naturel. J'étais obligée, en quelque sorte. Ton oncle Chris a vécu si longtemps avec nous ! Et à vivre sous le regard d'un peintre, forcément...

Turco gambadait sur la pelouse interdite. Un soleil pâle luisait derrière le brouillard. Clara dessinait des ronds de fumée, avançant sa jolie bouche, sa « bouche Louis XV », comme disait Christophe. Mais Christophe était mort. Christophe était mort. Christophe, son frère, était mort. Parfois elle trouvait la force d'aller jusqu'à la tombe en marbre noir, aux angles et aux méplats bizarres, cette boîte, cette barque. Christophe. Mort sans excuse. Les autres, ce n'était pas leur faute, ils avaient eu un moment d'inattention, de faiblesse, hop ! ils avaient passé une frontière. D'accord. Elle ne leur en voulait pas. Mais Christophe l'avait trahie. Il l'avait trahie en mourant, trahie en lui écrivant cette dernière lettre, trahie en fuyant à Paris, trahie, et si jamais elle était vieille, si jamais elle mourait, ce serait la faute de Christophe, plus mort et plus vivant que les autres, mort autrement, mort dans une dimension où elle ne pourrait jamais le rejoindre.

> « *Christophe Matthyssen*
> *artiste peintre*
> *héros de la Résistance*
> *né à Lille en 1903*
> *assassiné à Paris en 1943.* »

— Il est mort jeune, pour être si connu, remarque Nadine. Il était très beau aussi, à ce qu'on dit ?

— Oui. Il était très beau.

Une crispation sur le visage de sa grand-mère incite Nadine à changer de sujet.

— On n'a pas mis de fleurs sur la petite tombe, là, à côté de grand-père. C'est le petit garçon que tu as perdu ?

— C'est le petit garçon, comme tu dis...

— Pourquoi on ne lui a pas donné de nom, grand-mère ?

— Je ne sais plus, dit Clara. Il y a si longtemps... Il faudra le faire, un jour. Oui, il faudra le faire.

— Est-ce que c'est encore la peine ? dit Nadine étourdiment.

Clara ne répond pas.

— Retournons à la voiture, ma chérie. Tiens, prends Turco. Je suis fatiguée.

Clara n'est ou ne se dit jamais fatiguée. Nadine reste pensive.

*

Survivre à tout ce que l'on a aimé... Clara ne se plaint pas, ne plaint pas les autres. A soixante-quinze ans, souffrant du cœur, elle marche très droite. Et elle s'intéresse encore à la vie, capable d'en rire, d'en être curieuse, de savourer le long de l'interminable chemin des baies aigrelettes cueillies en passant. Elle s'intéresse à sa fille Marianne, à ses petites-filles, aux difficultés de l'usine, elle rend des visites, assiste à des conférences, achète des livres nouveaux, regarde se transformer la ville : tous les changements lui plaisent, sans pour autant qu'elle se prive de les critiquer. Elle va, elle vient, elle est infatigable, le souffle un peu court parfois, mais elle lutte, elle luttera jusqu'au bout, non contre le dur chagrin qui fait partie d'elle-même, mais contre l'ennui, qu'elle ne supporte pas.

Clara ne plaint pas les autres. Elle ne plaint pas Marianne. Mais elle se demande parfois si c'est d'avoir été conçue et élevée pendant les années de passion de sa mère (années de combats sans cesse renouvelés, de brefs bonheurs intenses, d'échec, de fureur) que Marianne porte en elle ce germe de passion dont elle ne sait que faire, qui la blesse, contre lequel elle se débat, se blessant toujours davantage, comme un beau cheval sous le joug qu'il ne comprend pas.

La place de Chris n'est pas à Lille (1927)

Juste et Clara se sont mariés après la guerre, en 1920. Les parents Corbin et Chris ont été installés dans un grand appartement vide et triste à Lille. Chris fait un semblant d'études tout en se lançant dans la peinture à l'huile. Ils vivent pauvrement et dignement, un vrai chromo. Avec l'usine à remettre sur pied et la maison à retaper, Juste n'a pas d'argent à jeter.

« Mme Corbeau » est morte. Me Corbin n'a pas tardé à la suivre.

— Chris ne peut pas rester tout seul à Lille ! a déclaré Juste une fois le notaire enterré.

C'est après le repas funèbre, qui s'est déroulé sans excès de tristesse, que Juste prononce cette phrase définitive. Il a une façon de s'exprimer, dans certaines circonstances, calme, un peu pesante, un lointain accent flamand qui rend impossible toute réponse. Ni objections ni remerciements.

Aussi Chris remarque-t-il simplement :

— Tu sais, à Lille, j'avais déjà l'impression de l'être... Il tenait si peu de place, pauvre papa...

— Ces gens-là ont toujours tenu peu de place, allons ! dit Clara vivement. C'est à peine si nous nous sommes aperçus que nous avions des parents. Je ne me souviens de presque rien... Tiens, par exemple, qu'est-ce qu'ils mangeaient ?

Il y a du soleil sur la table. Tout semble proclamer que si l'on vient d'enterrer Me Arnold Corbin, c'est au sens complet du terme, comme on dit « Enterrons le sujet » ou « la hache de guerre ». On n'en parlera plus, sinon, comme le fait Clara, avec une infinie distance. Chris s'étire, avec un grand soupir de bien-être, avant de répondre à sa sœur.

— C'est pourtant vrai qu'on ne se souvient pas de ces choses-là... Ce qui les concerne, je veux dire. Parce que de nous deux, je m'en souviens.

— J'y pense parce que je viens de voir se goinfrer nos amis et connaissances avec tant d'entrain... Juste, tu t'en souviens, toi, de ce qu'on mangeait chez nous avant le... avant la guerre ?

Elle a censuré le « malheur » du notaire et l'a remplacé par la guerre. Juste réfléchit.

— Tu sais, je n'étais pas à table ! Mais il me semble... Petitement, oui, on mangeait chez vous petitement... Papa, tu sais (il a toujours appelé le notaire « papa » depuis son mariage), emmenait plutôt ses clients importants au Cheval d'Or. Et Petite Mère n'a jamais eu beaucoup d'appétit. Elle n'aimait pas recevoir, du reste.

— Le soir, on mangeait des tartines avec du café au lait ! s'écrie Christophe.

— Après, rétorque Clara, sans préciser (mais ça veut dire : après la ruine). Avant, il me semble que c'étaient des choses fades, de la blanquette de veau...

— Sans le filet de citron !

— Peut-être du gratin dauphinois ?

— Non, tout de même !

Christophe s'enfonce dans son fauteuil, dans sa rêverie. Quel drôle de sujet de conversation ! C'est vrai qu'on peut comprendre les gens, peut-être, par ce qu'ils mangent, par ce qu'ils portent, leur mobilier, leurs objets... Mais il ne demeure rien de ses parents dans la maison rénovée, rien de la laideur appliquée des faux cuirs repoussés, des armoires à colonnettes, des images mortuaires, des tentures en velours marron, des fauteuils raides et gigantesques, des fleurs de lys gaufrées décorant leur brocart vert foncé... Un moment, il ressent une capricieuse nostalgie de ces monstruosités disparues, les boîtes de bois pyrogravé que Mme Corbin achetait à une œuvre religieuse, le porte-parapluies en bois de cerf entrecroisés... Il cherche, par jeu : blanquette de veau, flamique picarde ?

Dans la salle à manger un peu sonore, un peu vide, peu de meubles encore ; seules la table et les six chaises en acajou, toutes neuves, flottent sur la moquette blanc cassé. Julia, la nouvelle servante

(Clara ne dit jamais : bonne, elle trouve cela vulgaire), une créature potelée, rustaude, appétissante, apporte un potage de cerfeuil à la crème, des œufs pochés sur jets de houblon, des harengs nouveaux avec une salade de pommes de terre. Cuisine du Nord, méditée, fine, délicate (les jets de houblon ne se trouvent qu'en cette saison), contraire au préjugé qui ne voit dans le Nord que choucroute et pommes frites. Les petites dents aiguës de Clara brillent entre ses lèvres rouges, dans sa bouche étroite, maquillée en cœur. Elle témoigne d'une gourmandise raffinée qui a quelque chose de cruel. Elle mange peu, mais avec plaisir, choisissant des yeux le morceau le plus délicat, le détachant du plat avec soin, le dégustant avec la tranquillité de qui sait son droit incontestable. Juste attend qu'elle se soit servie, et Christophe, puis fait glisser dans son assiette ce qui reste sur le plat, sans discrimination. Un regard amusé entre eux, une complicité. Elle admire son bel appétit, en jouit peut-être.

— Julia ! rapportez des pommes de terre pour Monsieur !

— Clara est une maîtresse de maison absolument parfaite, dit Juste.

— Je me demande où elle a pu apprendre. Parce que maman...

— Où as-tu appris à dessiner ? dit Clara.

Oui, finalement, la façon de manger des gens est un enseignement, pense Christophe. Si Clara admire l'appétit, le sans-gêne, la belle humeur de Juste, Juste est en extase devant les façons délicates, les exigences de Clara : toujours des primeurs, des légumes frais, des œufs du jour, et pour ce qui est du beurre, elle fait trotter Julia jusqu'à la ferme Malebraud. « La fraîcheur des matières premières, c'est la moitié de la cuisine », décrète-t-elle. Christophe la regarde, approbateur. Car bien qu'il soit le plus jeune, la minutie, le soin, la précision, c'est de lui qu'elle les a appris, du temps où elle commençait à laver ses pinceaux et à fixer ses premiers pastels.

Christophe regarde les mains de Clara, ses jolies petites mains de Chinoise, blanches et soignées, qui s'avancent vers le plat bleu, saisissent une mandarine, d'un coup d'ongle adroit font sauter un morceau d'écorce, et très vite, très élégamment, comme si elle exécutait un pliage ou un tour d'escamoteur, décortiquent le fruit. Il pense au Jardin des Supplices, à des princesses faisant sauter de l'ongle, très vite, très élégamment, l'œil d'un traître ou d'une rivale ; il pense aux saints écorchés, pelés, de certains tableaux primitifs où la chair, le sang qui perle sont traités du bout du pinceau, avec une minutieuse indifférence, donnant à la plaie ouverte la texture d'une grenade. Qu'est-ce qui est réel, la grenade, la plaie...

— Tu ne manges plus, mon chéri ? Tu veux autre chose, une compote, un yaourt ?

— Non. J'ai l'appétit coupé.

— Bien sûr, mon vieux, bien sûr, dit Juste affectueusement. (Il croit que c'est l'enterrement, pauvre cher Juste, alors que c'est... Qu'est-ce que c'est ? Le dépaysement, mon enfance méconnaissable... Heureusement, Clara ne change pas...) Secoue-toi ! J'ai justement là un petit cognac...

Christophe a horreur du cognac. Il accepte le cognac. C'est trop difficile de s'expliquer toujours.

— Papa buvait toujours un petit cointreau, le soir, observe-t-il.

Il fait moins allusion à un père qu'il ne regrette guère qu'au modèle de son tableau « Papa » sur lequel le vieux nabot tient en effet un verre de liqueur à la main. Aussi est-il tout surpris d'entendre Clara rétorquer avec violence :

— Tu ne vas pas te mettre à le regretter, maintenant ?

— Je l'ai toujours un peu regretté..., dit-il avec douceur.

« Je ne te suffisais donc pas ? » dit l'œil farouche de Clara.

Le soir même, Christophe est allongé entre des draps frais, dans la chambre de la Tour, sa chambre. Pendant les trois ans qu'a duré son exil, il y venait peindre le dimanche, et l'ancienne chambre de Clara, juste à côté, est pleine de toiles, d'aquarelles, de « collections » (il a toujours eu cette manie) qu'il ne pouvait caser dans l'appartement de Lille. Comme lorsqu'il était enfant, il regarde les poutres qui s'entrecroisent au-dessus de sa tête. On dirait l'intérieur d'une horloge en bois, on dirait les traverses d'un pont, on dirait la chambre qui rétrécit d'Edgar Poe, mais c'est lui qui a grandi...

On a repeint les murs en blanc, et il le regrette. Autrefois, par économie, les murs étaient tapissés de vieux journaux dont les titres voltigeaient autour de lui comme des oiseaux au langage exotique. « Les chéquards de Panama démasqués », « Ouverture du Salon d'automne », « Mme Landowska se produit à la Société musicale », « Un berger des Landes égorge sa famille ». Il rêvait, enchanté par ces mystères, sans chercher à les élucider, oublieux de la guerre, du froid, nullement préoccupé des raisons qui avaient poussé « Mme Corbeau » à les reléguer, Clara et lui, dans cette Tour.

D'emblée il avait été ravi par son lit, placé dans une sorte de niche, petite pièce dans la pièce, délimitée par le mur, fermée à mi-hauteur par l'entrecroisement des poutres, et l'ouverture par laquelle il y pénétrait (aujourd'hui en se baissant) était encore fermée au pied du lit, par le haut de la cheminée de la cuisine, parfois tiède. Le nid. L'abri que lui enviait Clara, dont la chambre, communicante, plus grande et plus claire, ne comportait pas ce luxe de charpente. Alors, enlevant souliers ou pantoufles (le rite), elle venait l'y rejoindre, et murmurait les paroles magiques :

« *Mme Corbeau*
a un château
Mme Corbeau
a des jumeaux
Où est-ce qu'y sont ?
Dans le plafond
Y sont cachés
Dans le papier
Tu peux chercher, tu peux chercher, tu peux
[*chercher* ! ! »

La fin de la comptine, un défi aux parents, aux Corbeau, est criée à plein gosier. Et à ce cri joyeux, Clara se précipite sur Chris, le pousse violemment dans la ruelle, s'insinue dans le lit, ils se disputent la couche étroite et rient comme si le jeu était nouveau. C'est Clara qui a inventé l'expression « les jumeaux ». Chris est grand pour son âge, elle menue, à diverses périodes ils sont donc de la même taille. Alors ils jouent aux jumeaux. Ils jouent, eux qui se ressemblent si peu, à se ressembler ; couchés sur le côté, face à face, la plante des pieds de Chris sur les pieds de Clara, ils s'ajustent l'un à l'autre.

— *On est pareils ?*

— *On est pareils.*

— *Tu as deux oreilles ?*

— *J'ai deux oreilles.*

— *Tu as un nez ?*

— *Oui j'ai un nez.*

— *Tu as deux pieds ?*

— *Oui j'ai deux pieds.*

— *Qu'est-ce qu'on peut...*

— *Qu'est-c' qu'on peut...*

— *Qu'est-c' qu'on peut se ressembler !*

Mais attention. Le plus difficile commence. Leurs deux petits nez écrasés l'un contre l'autre, ils se fixent dans les yeux, jusqu'à ce que les larmes leur viennent. Il s'agit d'atteindre le moment, où, à force de volonté, les yeux noirs de Clara deviendront bleus, les yeux clairs de Chris, sombres. Quand les regards se mélangeront, déverseront l'un dans l'autre leurs eaux mêlées, alors montera dans leurs corps minces, immobiles, tendus, un grand frisson comme un bourdonnement d'abeilles. Il partira des pieds longs et beaux, gagnera le bassin à l'ossature aiguë, la poitrine étroite, les épaules enfin...

Chuchotements à peine perceptibles — car il ne faut surtout pas bouger.

— *Elle est là ?*

— *Elle est là.*

— *Elle monte ?*

— *Elle monte.*

Car ce frisson, ce bourdonnement qui atteint maintenant la nuque, qui va éclater sous les petits crânes délicats, égyptiens, ils l'appellent : « *la ressemblance* ».

La voilà, elle arrive, elle éclate ! Les tempes

battent sous la peau fine, les joues s'enflamment, un seul cœur cogne fort, elle est là, elle foudroie, la ressemblance — ah ! que les yeux noirs de Clara sont bleus !

Elle est partie.

— *Tu as vu ?*

— *J'ai vu...*

Les deux corps minces, déliés, parfaits, se séparent. « La ressemblance » s'éloigne. Et la magie. Ça ne dure jamais, c'est dommage.

C'est Clara qui rompt le silence, la première.

— C'est drôle qu'on n'y arrive pas pour les cheveux...

— Peut-être qu'on y arrive. Juste un moment, pendant qu'on se regarde. En même temps que les yeux... On ne peut pas savoir...

Clara se demande si en fixant au mur, avec une punaise, une de ses longues mèches noires, et en louchant un peu, on ne pourrait pas vérifier l'hypothèse.

Chris ne se souvient pas que l'expérience ait été tentée. Il y a tant de bruit, tant d'agitation autour d'eux à ce moment-là. C'est la guerre. 1915, 1916... Des inscriptions en allemand sur la grand-place, des trocs de pommes de terre la nuit, des soldats qui passent, des bombardements qui laissent de glace Mme Corbeau. Grâce au père Matthyssen, elle arrive à nourrir à peu près ses enfants, les calamiteux réfugiés qu'elle a accueillis et qui n'ont pas eu la force d'aller plus loin et se trouvent maintenant tout près du front : elle, elle lit Froissart. Juste apparaît et disparaît, en uniforme ; changement de costume qui implique déjà un changement de statut. Le parc est devenu potager. Les enfants participent aux travaux agricoles, pour remplacer les absents et les morts : ça donne une scolarité plutôt perturbée. Un homme est fusillé pour avoir détenu des pigeons.

Douai, Cambrai et Lille sont libérées en octobre 1918. La zone des combats semble un paysage lunaire, une terre pâle, pleine de fragments d'acier, de cratères. Les arbres au bout du parc sont morts, coupés pour fournir du bois de chauffage, ou gelés... On a vue sur l'usine abandonnée (le patron, M. Bureau, est à Bordeaux) comme on a vue sur l'avenir. Au fond, tant pour l'Histoire que pour leur histoire à eux, toutes les cartes du futur sont en place, comme un jeu de tarot : Hitler est caporal du côté d'Armentières, Churchill a connu les tranchées des Flandres, et le 33e d'infanterie, à Arras, aura vu se rencontrer à la veille du conflit Philippe Pétain et Charles de Gaulle. Leurs cartes à eux : Juste en uniforme qui gagne un galon, Clara qui émerge de la guerre comme Vénus de l'onde, parée, outre de vieux sarraus indescriptibles, d'une chevelure de reine et de ses dix-huit ans : la Tour avec ses feux fictifs (les flambées peintes par Chris avec humour et colère, au plus froid de l'hiver, et dont Mme Corbeau a dit dès l'Armistice « Badigeonnez-moi tout ça » à l'homme de peine, bien que l'on n'ait pas moins froid et que le ravitaillement ne soit guère meilleur), la Tour avec ses dizaines de dessins soigneusement enveloppés de toile cirée. La toile cirée est récupérée par Chris avec l'aide du vieux Matthyssen. *Deus ex machina,* figure ambiguë de trafiquant et d'opposant, échappé par miracle aux *Taube* et aux autorités, sagace acheteur de lopins trop petits pour les réquisitions, le vieil homme a su ramasser sou par sou, chou par chou ou par patate ou par rutabaga, une fortune qu'il remettra entre les mains de Juste (qui a le nez sur l'usine, il ne peut pas ne pas la voir, mais comment sait-il que les Bureau ne reviendront jamais de Bordeaux ?), il trouve encore cette astuce dernière d'aller négocier en personne le rachat de l'usine, traversant la France Dieu sait comment, et rapportant dans ses bagages les premières pierres de la fortune de Juste, du mariage de Juste et de Clara, de l'avenir de Chris : il achève la réhabilitation du notaire, récupère la maison un moment réquisitionnée, tire de son bissac sa dernière carte : la grippe espagnole, et en meurt opportunément. C'est en l'enterrant que la famille Corbin apprend que celui qu'elle a toujours, ventre plein ventre creux, appelé le « père » Matthyssen se prénommait Juste, comme son fils.

A cause des réquisitions, puis des réparations, on a loué « provisoirement » l'appartement de Lille, rue de Tourcoing. Christophe s'y est transporté avec ses paquets de toile cirée, ses rouleaux protégés par des morceaux de bâche de l'armée, ses boîtes à biscuits étiquetées « Fragile ». Le notaire est revenu de la guerre avec des guêtres, une décoration et un bras en moins. La notairesse prend à peine le temps de soupirer « Quand on pense... », et elle se dépêche de mourir d'un cancer dont cet autre cancer, la guerre, avait empêché que l'on ne s'aperçût. Toujours changer d'endroit, toujours *dérangé,* pense Christophe. Il entrepose ses œuvres et ses collections dans la salle de bains de sa mère.

Avec tout ça, on ne l'a pas trop embêté pour qu'il fasse des études. Il obtient son bac, on trouvera toujours à l'employer. On trouvera, dit Juste, propriétaire d'une usine désaffectée, fiancé, époux, installé dans la grande maison, en maître.

Cela devait être, même au temps où il poussait la tondeuse. Très vite la maison devient la maison Matthyssen. Chris est un peu abandonné, au début.

Il s'occupe de son père qui ne s'occupe pas de lui. Le notaire a toujours pensé que son fils serait notaire. Privé de son étude, il ne sait plus. De toute façon il s'en fout, sans violence, sans haine. Est-ce à cause de l'arbre généalogique et de leur passion pour les morts que Corbin, pour les enfants, est devenu « Corbeau » ? Sur un arbre perché ? On ne sait plus. En tout cas, dans cet arbre, Christophe-Jean-Edgar Corbin, né en 1903, notaire, ne figurera pas.

Trois ou quatre ans durant, Christophe soigne son père ; la cuiller poisseuse de sirop chaque soir reprise, les gouttes soigneusement comptées, les piqûres (« Une infirmière ne ferait pas mieux », dit le docteur Leroy), et le manchot disparaît, sans plaintes, avec un regard étonné d'enfant, qui soudain touche Christophe.

— Papa ?

Trop tard. C'est après la mort de leurs parents seulement que Chris et Clara se sont rendu compte à quel point ils avaient été élevés dans une atmosphère totalement, mais totalement, dépourvue d'amour. Ça leur permet d'afficher une sorte de chagrin.

Ce soir, Chris a retrouvé un nid de poutres, un espace où peindre, et Clara. Que les Corbin ou Corbeau disparaissent, il habitera dorénavant la maison Matthyssen. Et un jour il dira à Juste (plus tard, après l'apparition de Doutremont, dit Gethsémani, le marchand de tableaux, l'ennemi de Clara) :

— Si je signais les petites choses, là (jamais jusqu'à la fin il ne dira « mes toiles » ni « mes tableaux », ça porte malheur), ça t'ennuierait que je signe : Matthyssen ?

— Non, répond Juste, imperturbable.

— Tu me donnes ton nom ? dit Christophe en rigolant à demi.

— Je te donne mon nom, répond Juste, imperturbable.

Même sur sa tombe, on lira : « Christophe Matthyssen, 1903-1943. »

Marianne pleure pour la première fois (1957)

Stéphanie a sept ans. Nadine en a cinq. Visite chez Mme Willette, qui habite un des plus beaux immeubles du boulevard de la Liberté. Il y a là quantité de gâteaux à la crème, de petites filles enrubannées, de lustres à pendeloques, de nègres en Venise brandissant des torchères ; sur les canapés lourds des femmes enrobées, de beaux seins démodés sous des cachemires bleu ciel, gris pâle. Des colliers de perles. Des chevelures bouclées, symétriques : une boucle, un trou. Quelques chignons à coloration politique. Et c'est l'anniversaire de quelqu'un.

Nadine et Stépha ont subi le supplice des bigoudis en caoutchouc fixés bien près de la tête, imprégnés de bière et défaits au dernier moment, juste avant qu'on n'engonce leurs corps de petites filles dans l'organdi traditionnel. Ces préliminaires annoncent évidemment qu'on ne s'amusera pas.

Et pourtant, après le gâteau aux bougies et tous les jeux idiots auxquels on les fait participer (Stépha n'aime pas les « autres petites filles » avec lesquelles on la conjure quotidiennement de jouer, et Nadine ne sait pas leur plaire), quand paraît le prestidigitateur qui fait jaillir d'une canne foulards, colombes et fleurs en papier, quand, miracle irrésistible, il tire de son gilet un bol de thé fumant qu'il pose sur un plateau lui-même en équilibre sur une canne, et qu'il hisse le tout sur sa tête, même Stépha, abasourdie, rend les armes, éclate de rire, bat des mains. Nadine, près d'elle, stupéfiée, la bouche ouverte, a l'air d'un angelot un peu joufflu, encore blond.

— Est-elle mignonne ! dit une de ces dames.

Marianne opine avec indifférence. Le prestidigitateur salue, fait sortir de sa manche un dernier flot de rubans multicolores, et sort. Vanessa, qui a huit ans aujourd'hui, a un joli mouvement du cœur. Elle court vers sa mère et se jette à son cou.

— Merci maman pour cette belle fête !

Attendrissement général. Le photographe, présent pour immortaliser ces agapes, opère immédiatement. Et soucieux de perfection, et de vente de ses clichés, aussi, il suggère :

— Et si chacune de ces jeunes filles allait se jeter au cou de sa maman ? Ce serait un tableau charmant, et après tout, mesdames, vous avez toutes participé...

C'est vrai. Qui par des fleurs de son jardin, qui par la recette de frangipane qu'elle est seule à détenir ; et puis il y a les cadeaux, amoncelés sur la longue table en marbre d'Italie, proportionnés en importance selon le rang de la dame qui offre, de la dame qui reçoit, et de leur degré d'intimité. Dans ce milieu restreint, ces règles existent, aussi rigides que celles de l'étiquette quand il s'agit de recevoir le nonce apostolique. Marianne a offert une serre miniature, avec de petits cactus et des plantes de rocaille, cadeau qui peut aussi bien orner le salon de son hôtesse que divertir l'enfant. Cadeau assez coûteux pour ne prêter à aucun soupçon de lésinerie, tout en comportant une connotation de réserve, de distance respectueuse qui sied. « Après tout, comme le dit Marianne elle-même, nous ne sommes que la deuxième génération du textile ! »

— Alors, pour que ce soit vraiment vivant, je vais poster les jeunes filles à différents endroits de la pièce, et à mon signal, elles s'élanceront vers leurs mamans, et je les mitraillerai en plein mouvement... Ce sera tellement plus joli que ces photos posées, artificielles...

Ces dames, sentant qu'elles ont affaire à un véritable artiste — et elles ont le respect de l'Art —, consentent, s'arrangent sur leurs sièges, tapotent leurs coiffures, et s'apprêtent à recevoir l'assaut de leur progéniture.

— Vous avez bien compris, mesdemoiselles ? Quand je dirai : « Allez-y », vous courrez vers vos mamans, pas trop vite quand même, et vous vous jetterez dans leurs bras, pas trop fort non plus. Ne me regardez pas, ne vous occupez pas de moi, soyez naturelles. Attention... Allez-y !

Les fillettes se précipitent docilement, l'appareil crépite...

— Joli ! Très joli ! On va recommencer encore une fois... Madame, si vous voulez bien rapprocher votre fauteuil du canapé, pour que j'aie tout le monde... Ah ! il y a une petite fille qui n'a pas démarré... Il ne faut pas être distraite, cette fois, mademoiselle... Mademoiselle ?

— Stéphanie, dit Marianne, confuse. Elle est très timide...

Blottie dans l'embrasure de la fenêtre, Stépha a l'air plus malicieux que timide.

— Attention ! Il faut que j'aie tout le monde cette fois. Un, deux, trois... Allez-y !

Les fillettes s'élancent, se heurtant un peu, mais plus à l'aise, riant de ce jeu idiot.

— Parfait ! Absolument parfait ! J'ai tout le monde sauf...

Après avoir pris un faux départ qui a déclenché Nadine, Stéphanie s'est arrêtée à hauteur du photographe et saute d'un pied sur l'autre.

— Oh ! Stépha !

— Elle a peut-être besoin..., suggère une mère compatissante, avec un coup d'œil vers le couloir.

— Stéphanie, tu veux aller te laver les mains ?

— Non, j'ai pas envie...

— Écoutez, madame, dit le photographe qui sent l'impatience gagner le groupe des mères ; je vais vous faire un tirage spécial, rien que vous et la petite. Comme ça elle n'aura pas peur. Vous allez vous mettre là, jeune fille, pas loin de votre maman, comme si vous étiez à la maison, et à mon signal, vous l'embrassez. D'accord ? Là... Je compte : un... deux...

En même temps qu'il dit : « trois ! », le visage de Marianne se crispe, et tandis que Stépha se met à crier capricieusement : « Je ne veux pas ! Je ne veux pas aller faire pipi ! Je ne veux pas embrasser maman ! », la bonne grosse Nadine, qui a vaguement perçu le drame et, pleine de bonne volonté, veut arranger les choses, s'élance, elle, vers sa mère, veut bien, elle, l'embrasser... et dans son élan renverse un guéridon et s'arrête, consternée, devant le désastre : tasses de thé, gâteaux et fragments de porcelaine mêlés sur le tapis.

Marianne éclate en sanglots. Ces dames la comprennent bien. On voudrait être irréprochable, quand on n'est *que* de la seconde génération du textile. On la console. Nadine est bourrelée de remords. Une femme de chambre répare les dégâts.

Stépha, à nouveau réfugiée dans l'embrasure de la fenêtre, observe sa mère avec une curiosité aiguë. « C'est moi qui l'ai fait pleurer ? » se demande-t-elle avec une sorte d'émerveillement...

*

Au fond, dans cette maison que tous aujourd'hui appellent la maison Matthyssen, aucun Matthyssen n'est né. On ne va pas en refaire l'histoire, mais Juste, le fondateur, le solide, le chêne autour duquel présent et passé gravitent, est né en Flandres orientales, dans un petit village près d'Audenarde, dernière ville flamande où l'on brûla des sorcières, où l'on fabrique aussi la meilleure bière de cerise, et dont l'hôtel de ville gothique est justement réputé. Et Marianne, sa fille, est née à la clinique Saint-Luc (celle qui hébergera des résistants en 1943 et portera de ce fait une plaque avec, mais oui, le nom des Matthyssen). Clara, à la naissance de sa fille, professait des théories modernes, et n'avait pas voulu accoucher chez elle (en 1930, on s'étonna). Donc Marianne, née à la clinique. Puis l'enfant mort, oui, celui-là naquit, si l'on peut appeler cela naître, sous le toit de la maison Matthyssen. Mais est-ce qu'il compte, cet enfant qui n'a pas vécu et qui ne porte pas de nom sur sa tombe ? Dans la maison sont nées Stéphanie et Nadine. Mais elles portent le nom de leur père, Wilhelm Fabrizius. Aucun Matthyssen n'est né dans la maison Matthyssen.

Et pourtant il y a une sorte d'héritage Matthyssen, présent et passé. A Chris-et-Clara, indifférents à leurs parents, Juste racontait leur histoire, le nègre au diamant qui avait ruiné le notaire, la particule qui avait hanté « Mme Corbeau », et même, parfois, le marquis arrêté au milieu des asperges. Il tissait sa toile autour de la maison, comme il façonnait l'usine farouche et noire, qui devenait belle, qui devenait l'usine Matthyssen. Au fait, Christophe travailla longtemps pour l'usine. Il créa des imprimés si beaux qu'on les compare aujourd'hui à ceux de Sonia Delaunay. Et il naquit dans la maison, des maigres flancs de la notairesse, qui poussait des cris de souris. Finalement, il y a peut-être un Matthyssen né dans la maison, et c'est Christophe.

Le choix d'un prénom (1936)

Juste remplissait bien et banalement son rôle. Toute la nuit il lui avait tenu la main, avait essuyé son front moite, lui avait passé un mouchoir humide sur les lèvres. « Tiens bon, ma chérie ! » Clara, si élégante, si nette toujours (et même pour cet accouchement elle avait prévu une longue chemise de flanelle qui s'ouvrirait largement sans se souiller, absorberait la sueur si nécessaire), elle qui avait mis Marianne au monde sans un cri, ses cheveux s'étaient défaits, elle avait mordu et déchiré une manche de la chemise, elle s'était sans le savoir griffé le visage, et à l'aube, au moment où le médecin, pour hâter la délivrance, avait dû lui faire une piqûre, de sa bouche déformée par la douleur s'était échappé un hurlement de bête, une démission, un aveu. Lentement la tête de l'enfant s'engageait. L'accoucheur saisit le forceps. Son cri s'éteignit, elle respira, elle attendit l'autre cri, elle attendit que l'un ou l'autre, Juste ou le médecin, peu importait, dise « c'est un garçon », car elle savait, mais elle n'entendit rien. Un silence.

Deux silences dans sa vie : cet instant-là, coïncidant avec la délivrance de son corps torturé, et puis l'autre, Juste aussi s'avançant vers elle, beaucoup plus tard, en 1943, dans la bibliothèque pillée par l'occupant, et cette fois-là aussi elle savait ; il hésitait, elle, instinctivement, se redressait pour recevoir le coup, mais enfin il avait parlé, car il était dans son rôle, il était dans son droit, et il prononçait les mots qui devaient être prononcés.

— Clara, ma chérie (l'accent était mis sur le possessif. Il ne cherchait pas à lui adoucir le coup, il lui dictait sa conduite), Clara, ma chérie, Christophe est mort. Je viens de l'apprendre.

Elle n'avait pas fléchi. Puis :

— Tu t'occuperas de tout ?

— Bien entendu.

Silence.

— Clara, ma chérie, l'enfant n'a pas vécu.

Silence. Puis :

— Tu t'occupes de tout ?

— Bien entendu.

Les faire-part, les coups de fil, le caveau, bien entendu. Déclarer le décès, mettre un prénom sur la tombe, une toute petite tombe à côté de celle des grands-parents Corbin.

Un prénom.

— Christophe, murmure-t-elle, alitée encore.

— Non.

Brusquement, comme en un éclair un dieu dévoile son visage terrible, le visage farouche de Juste est apparu. Il a dû le sentir, car il s'est détourné. Il appuie son front contre la vitre. Il pianote d'une main sur le mur. Clara gît au milieu des oreillers. Non.

— Comment alors ?...

— Juste. Comme mon père, comme moi.

Il s'empare du petit mort, voile le minuscule visage bleui, le revendique, l'emporte.

— Je ne veux pas ! crie-t-elle.

Silence.

Ce n'est pas la première fois qu'ils se disputent. Clara est vive, Juste est un de ces faux calmes, sujets à de brusques colères. Après, ils en rient. Mais cette fois, ils s'affrontent.

Autour d'eux, la maison se tait. C'est le 22 août, signe de la Vierge. Julia la servante s'est retirée dans la Tour où elle occupe la chambre de Christophe, depuis qu'il est parti. Elle fait une sieste, dit-elle. Clara la soupçonne avec indulgence de se recueillir devant le portrait de Chris comme devant une icône. Grand bien lui fasse. Du fond du jardin vient un bruit de cisailles : le jardinier taille la haie. L'usine, énorme dans le paysage plat, est échouée comme une baleine à l'horizon. Demain c'est dimanche. En face du lit, le portrait du père de Clara, peint par Christophe à dix-huit ans. « Papa », lit-on en bas du tableau, tracé d'un pinceau encore enfantin.

Clara regarde Juste. « Tiens le coup », disait-il, pendant qu'elle souffrait. Elle aussi, pendant les grèves de 1928, les problèmes qu'il avait avec le Consortium, lui disait « Tiens le coup ». Ils sont dans leur maison, dans leur vie, et Christophe est parti... Faut-il tout casser ?

Juste la sent fléchir.

— On le déposera dans la tombe à côté de celle de tes parents, murmure-t-il doucement, et le mot même « déposer », il le choisit avec douceur.

— Comme le petit est mort-né, il n'est pas nécessaire qu'il y ait une inscription...

Clara ressent un immense soulagement.

— Tu as raison. Ce n'est pas nécessaire.

On n'enverra pas de faire-part. On n'inscrira rien sur la tombe. Manque d'usage, tout au plus, qu'on attribuera à la douleur des parents.

Encore un silence.

*

Pas de naissance donc. Ou une naissance qui est une mort. Pas de naissance Matthyssen en dehors de celle, à l'âge d'homme, de Christophe (« Tu me donnes ton nom ? »), mais peut-être un patrimoine Matthyssen ? On ne peut qu'en recueillir çà et là des indices, l'épuisement des malingres Corbin, nourrissant un rêve à leur taille, la calme détermination de Juste, passant la tondeuse sur ce qui serait sa pelouse (les Flamands, on le sait, sont grands mangeurs de rêves), des flammes peintes sur un mur, des yeux qui changent de couleur...

Des questions ; Christophe en 1914, il a onze ans, à Juste qui n'a pas encore été appelé sous les drapeaux : « Juste, est-ce que c'est à cause de moi qu'il y a la guerre ? » Et sa petite nièce Stépha, quarante ans après : « Vous dites que le Bon Dieu aime les hommes, monsieur le curé. Mais est-ce qu'il les aime tous *autant* ? »

Des questions, des indices, rien qui soit aisément déchiffrable, dans l'instant. Seule le serait Marianne, avec le grand cœur banal qu'il faut pour éprouver des passions ; son éclatante beauté sans finesse, sa santé généreuse et puissante sont détournées de leur cours naturel par une fatalité maligne, peut-être révélatrice. Mais quant à se demander où cette rivière en elle prend sa source, à s'interroger sur son cours, à prévoir l'avenir, à remonter le temps, ne comptez pas sur Marianne. C'est un être de nature, elle ne sait que vivre, bien ou mal. Et elle ne se souvient pas de ses rêves.

*

En 1920, après une brève mais désastreuse réquisition de la maison par les services sanitaires, Clara et Juste, nouveaux mariés, ont pu récupérer les lieux, mais dans quel état ! Curieusement, une des seules choses que les occupants avaient respectées, c'étaient les images mortuaires de « Mme Corbeau ». Dans le salon dévasté, la bibliothèque pillée, les chambres dont on avait décloué les tapis, l'escalier de la Tour, l'office, partout demeuraient accrochés les petits cadres noirs, la collection de « Mme Corbeau ». Elle les avait récoltées au cours de ses recherches généalogiques, ces images que, suivant une vieille coutume, l'on distribuait le jour de l'enterrement, afin qu'un souvenir du défunt demeurât. Les plus récentes consistent en une photographie du ou de la défunte, sous-titrée d'un verset de la Bible ou d'une citation appropriée. Les plus anciennes énumèrent les titres ou les vertus du disparu ou fournissent une liste de leur parenté (« Mme Corbeau » y cherchait la particule peut-être dissimulée).

— Quand nous aurons des enfants, avait dit Juste, pour les prénoms tu n'auras que l'embarras du choix.

Mais Clara a relégué les images au grenier. Depuis l'enfance elle les déteste, ces prénoms qui escaladent les murs, revêtus à l'époque d'un triste papier marron, ils grouillent partout, les prénoms morts, les petites figures sépia, ils s'agrippent, ils tiennent encore comme une vigne morte à des anneaux rouillés, et il faudra une à une détacher les petites vrilles aiguës, les clous rouillés qui piquent et enveniment leurs blessures. Ainsi se cramponnent les vieux doigts morts à un chapelet, un médaillon, la dentelle d'un châle ou d'un drap. Il faut les desserrer, tenaces et fragiles comme des pattes d'oiseau prises par le gel. Bruit sec, atroce. Ces doigts-là, ces morts-là, il leur fallait toute une maison.

Peut-être est-ce pour cela que du temps de l'enfance de Chris et Clara il y avait si peu de place pour eux ? Les Alexandrine-Marie, les Eugénie, Aurélie, Stéphanie, les Wilfried, les Jean-Axel, les René, les Egon (qui, branche scandinave, avaient donné quelques espoirs, vite avortés, de titre nobiliaire), les Ernest, les Octave, les Edgar (côté notaire, ne croyez pas qu'elle n'avait pas cherché dans ce sens-là), l'insertion orientale de deux Esther et d'une Sarah, cette invasion s'étendait dans tous les coins, avait envahi même la salle de bains à l'immense chauffe-eau de cuivre, même l'office où en écartant deux pots de confiture sur une étagère on apercevait soudain l'oncle Octave ou le cousin René, dignes dans leur gilet et derrière leur bedaine, oubliés là mais sachant bien, avec la sournoise ténacité des morts, qu'à la fin de l'hiver, quand on en arriverait aux dernières groseilles et aux terrines de lièvre, ils réapparaîtraient, culpabilisant un peu la petite notairesse surveillant la dépense.

— Mon Dieu ! L'oncle Octave ! On n'aurait pas dû le mettre là ! Un chasseur étonnant, c'est lui qui en connaissait, des recettes de pâtés de lièvre...

Et délivré pour un temps de sa relégation, l'oncle Octave venait s'installer à table, comme un invité supplémentaire, le temps d'une gelée ou d'un pâté.

Pendant ce temps, Clara tout enfant, déplaçant comme on le lui demandait le coffret à argenterie pour prendre la pelle à tarte, apprenait subitement la mort tragique, à dix-sept ans, d'un jeune Egon-Maria du siècle dernier, unanimement pleuré par des Corbin, des Adolfson, des Dubois et Mme veuve Rahier. « Veillez et priez, car vous ne savez ni le jour ni l'heure... » On peut imaginer une pensée plus agréable au moment de la tarte aux abricots.

Alors, quinze ans après, « au feu ! » s'était écriée Clara, qui de toute façon souhaitait réinstaller la grande maison en « modern style ». Sur l'intercession de Juste et de Christophe, l'encombrante tribu fantôme a été reléguée au grenier. Personne ne s'y est plus intéressé, sauf Chris, peut-être, parfois... On ne sait pas. Il était si secret. Et il n'en a jamais parlé, dans ses lettres. Il faut attendre (mais qu'est-ce que ça peut leur faire, aux morts ?), il faut attendre que Juste et Clara aient enfanté Marianne, que Marianne ait épousé Wilhelm et à son tour donné le jour à Stéphanie et à Nadine, pour qu'un jour, dans la grande maison, on reparle des morts.

— Mais où est-elle encore, cette enfant ? Stéphanie ! Stépha ! Où étais-tu fourrée ? Et pleine de poussière ! Enfin ! Stépha !

— J'étais dans la chambre des morts..., répond Stépha, de mauvais gré.

Elle va avoir neuf ans.

— Comment ?

C'est dans une partie close du grenier que Clara a entassé les images mortuaires et les portraits de famille par trop lugubres ou qui ne correspondaient plus au goût de l'époque. Dans l'autre partie, les vases impossibles, les fauteuils boiteux, les objets que Marianne à son tour a jugés démodés ou indignes de la maison, et qu'elle a remplacés petit à petit. Ainsi pourrait-on dire, effectivement, que les morts ont leur chambre. Mais depuis des années, la pièce n'a été ni visitée ni condamnée. Marianne y monte.

Elle ne gravit jamais le vieil escalier de bois clair, ciré, large, craquant sous le pied, sans une respiration d'aise, un souffle qui s'élargit lui aussi... Tout cet espace : sa maison. Et c'est gaiement, oubliant presque son mécontentement, qu'elle ouvre la porte du grenier, pour voir ce que les petites ont bien pu... Dans la pénombre, une pièce inconnue qui l'accueille. Toutes les images mortuaires ont été sorties de leurs caisses et tapissent le mur. Une psyché dédorée, autrefois propriété de Clara, leur fait face, drapée de tulle noir qui provient d'un de ses chapeaux. On a donné à la pièce un faux air de petit salon en tirant (du bric-à-brac d'à côté) un fauteuil crapaud d'un vert passé, une petite table ornée d'un paysage de neige presque effacé... Devant une demi-douzaine de crucifix posés sur des caisses en carton, des fleurs séchées ou pourries, des morceaux de bougies brûlées, provenant de quelque gâteau d'anniversaire. Il y a même une couronne mortuaire réduite à sa carcasse. Dieu sait où elles sont allées chercher ça, sur une décharge publique, ou dans le cimetière du village, désaffecté. Et toutes les poupées de Stéphanie, et quelques-unes des poupées de Nadine (qui de toute façon en a moins, elle ne les aime pas, dit sa mère), allongées, les mains sur la poitrine, dépouillées de leurs vêtements et couvertes de lambeaux de toile à sac, figurent un hôpital miniature où il n'y aurait que des mortes, sauf quelques visiteuses, assises ou à genoux, veillant, fixant le vide.

— Mais quelle horreur ! s'écrie Marianne.

Et se précipite, et ramasse les poupées qu'elle

entasse, piétine les fleurs séchées, repousse les caisses-reposoirs contre le mur d'un coup de pied.

— Et des bougies ! Elles auraient pu mettre le feu à la maison !

Nadine, qui l'a suivie, la regarde, un peu pâle, curieuse cependant de surprendre sa mère dans ce furieux désarroi.

— Je suis sûre que c'est toi qui as eu cette idée ! s'écrie-t-elle sans raison.

Et gifle l'enfant qui hurle comme un bébé. Puis, la poussant brutalement sur le palier, elle referme la porte, tourne la clé.

— Puisque c'est comme ça, vous ne reverrez jamais vos poupées ! décrète-t-elle en redescendant.

Et feint de ne pas entendre Nadine qui trébuche et renifle derrière elle et murmure à mi-voix :

— Ça m'est égal. J'aime pas les poupées.

Stépha hausse les épaules. La colère de sa mère lui paraît dérisoire, ses menaces aussi. Elle sait bien qu'on les lui rendra quand elle voudra, ses poupées. Mais que Marianne ait dérangé ce qu'elle a mis des semaines à aménager la rend maussade.

— Mais qu'est-ce qui t'a donné cette idée ? Mais pourquoi es-tu allée chercher ces vieilleries ?

Stéphanie, les mains dans la poche de son tablier, répond à une question par une autre question.

— Pourquoi on les cache, les morts, maman ?

— On ne les a pas cachés... C'est ta grand-mère qui... On les a rangés parce que ça n'était pas appétissant. Ces morts partout...

— Mais quand on leur a fait leur portrait, ou leur photo, ils n'étaient pas encore morts ?

— Évidemment.

— Alors où elle était, la mort ? Dans leur tête ? Dans leur ventre ? Où elle était, la mort, *avant* ?

Alors Marianne, qui ne sait que répondre, dit :

— Dans l'image.

Et ça doit être vrai puisque les cimetières sont pleins de petites images poussiéreuses. Et les poupées sont aussi des images. Des mortes. Alors pourquoi lui reproche-t-on... Stéphanie ne réclamera pas ses poupées.

Mais elle continue de monter au grenier, parfois, quand Wilhelm et Marianne sont partis dîner en ville. Elle s'assied contre la porte, sur un vieux prie-Dieu retourné.

— Qu'est-ce que tu fais ? crie Nadine du second étage où, en l'absence des maîtres de maison, Julia la bonne regarde la télévision, dans un petit salon.

— Je meurs, répond Stéphanie avec importance.

Elle se transforme en image, elle se transforme en portrait. Elle projette sur la vitre du couloir son tablier à carreaux, ses petites nattes noires, son regard aussi fixe que possible. Si elle parvient à une totale immobilité, si elle ne respire presque plus, elle va voir, dans la vitre, sur le noir de la nuit, une petite fille morte...

Mais cette sotte de Nadine crie encore :

— Qu'est-ce que tu fais ?

— Je m'entraîne, répond Stéphanie avec impatience. Je meurs.

— Eh bien, dépêche-toi ! crie Nadine, fâchée.

Elle voudrait regarder le feuilleton « Mandrin » avec sa sœur. Stéphanie redescend, avec des soupirs excédés. On est toujours interrompu quand on essaie de faire quelque chose d'intéressant.

— Tu as fini de mourir ?

— Ça y était presque...

Puis elles regardent le feuilleton en mangeant des acidulés, blotties dans le même grand fauteuil. Elles s'entendent bien à l'époque. Elles ont sept et neuf ans. Et que Marianne affiche sans complexe son indifférence pour Nadine, Stépha ne s'est pas encore avisée qu'il y ait là une injustice. Comme cela empêche Nadine de confier quoi que ce soit à sa mère, c'est plutôt une commodité.

De 1927 à 1934, temps clair le plus souvent ensoleillé

Il y avait eu, en 1930 ou en 1931, les « problèmes avec le Consortium », dont Juste avait parlé à table. Il y aurait les grèves de 1936. Mais pour Christophe, quand il sort de sa chambre ou de l'atelier, qu'il s'accroupit dans l'escalier, un pinceau d'une main, un chiffon de l'autre, pour ajouter une petite figure, un arbre ployé par le vent, un chapeau qui s'envole, à la Fresque qui monte, monte toujours, il n'y a pas de temps. Il lui semble presque être encore à l'époque de la guerre, des bas rouges de Clara, du grondement, si proche, du « front ». Sauf le froid, auquel il est très sensible, rien ne l'a vraiment dérangé en ce temps-là. Au contraire, sa scolarité perturbée, parfois remplacée par des travaux agricoles, parfois purement et simplement inexistante, lui a permis de se consacrer à ses dessins, à ses « collections », à ses herbiers, qui sont toujours là, classés et entourés de papier de soie, dans l'atelier. Les bruits de la grande maison, aujourd'hui, ne le dérangent pas davantage.

La petite Marianne, abandonnée à elle-même pour quelques instants, tapant du poing sur le piano du salon, la voix si nette et si claire de Clara résonnant dans la cour :

— Mais enfin, Julia, puisque Monsieur vous dit qu'il les avait posés dans la cuisine !

Chris écoute cela comme une musique de fond, agréable et sans importance. Tandis que de l'étage, indistincte, mais furieuse, la basse de Juste tonne avec un grondement d'orgue.

« Il a encore perdu quelque chose, ses lunettes, ses boutons de manchettes », pense Christophe avec amusement. Lui ne perd jamais rien. Mais les fureurs de Juste ne le troublent pas, et c'est avec un plaisir presque physique qu'il les voit s'affronter, lui et Clara, Juste énorme, la dominant de toute sa hauteur, de ses larges épaules de bûcheron, de sa tête massive, elle très droite devant lui, redressant sa taille menue, ne reculant pas d'un pouce, ses yeux noirs jetant des éclairs, obstinée, répétant dix fois ses arguments, jusqu'à ce que Juste, désarmé, se mette à rire. Un beau couple, un vrai couple, pense Christophe sans nostalgie, et il pose le pinceau, prend un fusain à côté de lui, sur la marche, esquisse une silhouette... Cette surface de l'escalier qu'il couvre peu à peu, ça le détend.

Oui, un couple, avec les mêmes goûts, les mêmes ambitions, le même acharnement. En quelques années, comme la maison, vaste mais délabrée, le parc, ravagé par la guerre, ont changé ! Et leur position même dans le village, à Lille, partout... Mais cela, c'est le décor, l'anecdote. Peu d'importance. C'est l'œuvre de Juste, son Meccano, son jeu de construction. Ça ne regarde pas Christophe.

Parfois, quand il se hasarde le soir dans la cuisine de la grande maison et qu'il trouve Clara penchée sur les registres de l'usine :

— Tu ne crois pas que tu en fais un peu trop ?

Et encore :

— Mais comment sais-tu faire ça ?

— Ça s'apprend, tu sais, la comptabilité, répond-elle sèchement.

Puis, tout de suite prise de remords :

— Et toi, comment sais-tu faire ce que tu fais ?

— Oh ! moi... je bricole...

— Bricole. C'est tout ce qu'on te demande.

Ils ont eu un comptable assez vite. La même année que la salle de bains. Anecdote. On a replanté le parc dont les arbres grandissent. Marianne est née. C'est vrai qu'on ne lui demande rien, à Chris, réinstallé dans la Tour dès la mort de son père. Ça, oui, c'est important. Il manquait de place rue de Tourcoing. Juste a liquidé le bail, vendu les meubles sans intérêt.

— Tu ne tiens à rien de tout cela ? avait demandé Clara.

— Non... je ne crois pas...

— D'ailleurs, à la mort de maman, j'avais pris tout ce qu'il y avait d'intéressant, avait-elle dit sereinement.

Christophe avait gardé l'arbre généalogique, et le fauteuil dans lequel son père était mort. Durant les deux ou trois ans qu'il avait passés avec le vieux monsieur, il avait pu oublier que c'était son père, le nourrissant, lui administrant scrupuleusement ses médicaments ; il s'y était même un peu attaché, Clara ne pouvait pas comprendre cela.

— Mais il est affreux, ce fauteuil !

— Il me tient compagnie.

— Il ne tiendrait qu'à toi d'en avoir, de la compagnie ! Tu restes là, caché comme un vieux hibou, chaque fois que nous avons des amis...

Il n'avait pas répondu. Il opposait depuis toujours une douce mais ferme résistance aux tentatives de Juste pour lui faire « prendre des contacts » et « se faire des relations ».

— Pourquoi veux-tu que je me fasse des relations ? Je suis très bien dans ma Tour.

— Pour montrer ce que tu fais ! Pour te faire connaître ! Est-ce que tu t'attends à ce que la foule fasse une émeute et envahisse la maison pour voir tes toiles ?... (Juste.)

— Je ne tiens pas à ce qu'on voie mes toiles...

— Enfin, tu es un peintre, non ?

— Oh ! si peu...

Il sut que Juste parlait de lui un peu partout : « Mon beau-frère, un peintre remarquable... un talent si original... un vrai sauvage d'ailleurs... » Il supporta cette propagande avec patience. Une nécessité sociale. Les gens n'auraient pas compris qu'il passât sa vie dans la Tour, à bricoler. D'ailleurs, il n'était pas si sauvage que ça ! Il allait chez Frédéric Stass, un camarade de lycée, qui avait une piscine ; il allait chez les Sipriot, qui avaient un tennis. Il allait à l'usine, discuter ses dessins, voir ce qui se faisait, sympathique à tous pour sa politesse extrême, sa déférence charmante envers les vieux contremaîtres déjà là du temps des précédents propriétaires... Il aimait faire ces dessins, ça ne lui donnait aucun mal, il payait son écot, en somme, et c'était amusant de penser que ces fleurs, ces figures géométriques, ces petits personnages allaient s'envoler sur des robes, sur des rideaux... C'était un métier, n'est-ce pas ? Pas besoin d'employer de grands mots, de parler de peinture ou de talent. Tant qu'il travaillait pour l'usine, il n'était pas question de peinture, de talent, ni même d'argent. A la mort du vieux notaire, il avait signé un papier, pour que Juste se chargeât de tout. Il n'y avait qu'à continuer.

Rien ne changerait jamais.

— Je prends ça, ça et ça, tranchait Juste devant

ses dessins. Tu ne pourrais pas me faire quelque chose avec des nénuphars, des bambous, je ne sais pas ? On réclame du japonais, cette année...

— Bien sûr que si.

Les autres dessins, ceux que Juste repoussait, les végétations par trop fabuleuses, les couleurs irréalisables parce que trop chères à imprimer, les abstractions pas assez symétriques, il les entassait dans des cartons, dans la petite cuisine que Clara lui avait amoureusement aménagée, au rez-de-chaussée de la Tour. (Les dessins ne s'abîmaient pas, toutes les dix feuilles il intercalait un carré de toile cirée, soigneusement découpé.) Et puis il ne se servait pratiquement pas de cette cuisine. Il aimait mieux se faufiler dans la cuisine de la grande maison, quand Juste et Clara n'étaient pas là, et Julia, la gentille bonne potelée, était toujours prête à lui servir quelque chose, ou alors il se servait lui-même dans le frigo. Parfois Marianne venait le regarder manger, d'un air sérieux. Elle avait trois ans, quatre ans, un beau bébé dodu, au teint mat, aux yeux sombres et sévères.

— Pourquoi tu ne manges pas à table ? Tu es puni ?

— Oui, c'est ça, disait-il en riant, et en entassant de la salade de pommes de terre dans son assiette.

Il mangeait peu, avec de temps en temps d'énormes fringales.

— Qu'est-ce que tu as fait ? Tu ne veux pas le dire ?

— J'ai dessiné sur les murs...

Ça, l'enfant comprenait. Elle aussi, on lui défendait de dessiner sur les murs.

— Pourquoi tu ne manges pas dans ta cuisine ? Pourquoi tu manges dans notre cuisine ?

— Parce que j'aime voler la nourriture des petites filles...

Marianne ne comprenait pas la plaisanterie. Elle se jetait sur lui et lui donnait des coups de pied.

— Méchant ! Je te défends ! Je le dirai à papa.

Clara descendait l'escalier, élégante et vive dans une robe blanc et noir, toute droite, avec une régate, qui lui donnait un faux air de collégienne anglaise. Parfois c'était un costume-tailleur à ceinture basse, en lainage gris perle, tissé d'un fil d'argent ; souvent, des tuniques de soie sur une jupe noire, qui lui donnaient un charme exotique. (« Ma Mongolienne », plaisantait Chris.)

Clara se laissait admirer un bref moment, mais ce n'était pas le moment de rire.

— Marianne ! Laisse ton oncle, tu es folle ! Et toi, Chris, qu'est-ce que tu fais là à te bourrer ? Tu oublies que nous dînons chez les Rabanne ? (Variante : chez les Stass, les Sipriot, les Vanderghem...)

— Vous. Pas moi.

— Juste leur a promis que tu y serais. Va t'habiller.

— Je n'ai pas envie ! Ça m'embête ! Franchement, vous pouvez bien vous passer de moi !

— Tu es bien content de profiter de leur tennis. (Variante : de leur piscine, de leur voiture.) Il faut rendre les politesses !

Quelquefois il se décide. Mais le soir où le temps se remet en marche, il n'a vraiment pas envie.

— Mais pourquoi, enfin ? Toutes ces soirées sont tellement...

— Va t'habiller. On t'expliquera.

Il éclate de rire, brusquement (pas la moindre prémonition).

— J'ai compris, c'est une entrevue ! Pour un mariage de raison !

Clara secoue la tête avec indulgence.

— Quel enfant tu fais ! Tu es incasable, mon pauvre chéri ! Allons, dépêche-toi. Juste y tient. Et toi, Marianne, Julia t'attend pour te donner ton bain.

Elle lui parle, parfois, exactement comme à Marianne, comme à un enfant auquel on n'a pas à donner de raisons, et il ne sait pas comment réagir à cette attitude, parce qu'il a depuis longtemps senti que c'était la seule issue que trouvait, pour se manifester, son amour pour lui, sans qu'elle eût le sentiment de léser Juste de son dû.

Il remonte lentement dans la Tour, vers sa chambre, tandis que la voix de Clara le poursuit à travers l'air limpide et sec de la cour.

— Mets ton costume bleu ! Donne un coup à tes chaussures !

Pour un peu il serait vexé. Donne un coup à tes chaussures ! Comme si jamais, jamais, on pouvait le voir avec un costume fripé, des chaussures boueuses !

Il se rassied dans l'escalier. L'enfant martèle toujours le piano, Juste tonne, on lui a pris ses souliers neufs, Julia se plaint, elle ne peut pas être partout, et la voix claire, comme ailée, de Clara, domine l'ensemble, ramène l'ordre et la paix... Il sourit.

Machinalement il a repris son fusain, remonte d'une marche, et esquisse sur le mur, comme une plaisanterie, sa propre silhouette, filiforme, dans le « costume bleu » préconisé par Clara et d'où dépassent ses poignets. C'est une caricature, mais il est bien vrai qu'il déteste ce costume bleu mal coupé. « Tant que tu t'habilleras en confection, tu auras toujours l'air d'un plouc », disait Clara en soupirant, mais demander « des sommes » à Juste, ça ne lui plaisait pas, et se montrer mal habillé, non plus. Alors il attendait une aubaine, quelques milliers de francs qui venaient de la succession Corbin (comment ? Juste savait, Juste gérait), ou encore il avait vendu quelque chose, ou plutôt Juste avait réussi à lui caser quelque chose. Sinon... « Je ne corresponds pas à l'esthétique des grands magasins de Lille, que veux-tu. J'ai le chic Bambara... », disait-il avec complaisance, en se comparant à ces Noirs de haute taille, basketteurs ou coureurs de fond, qu'il admirait pour leur grâce, leur petite tête haut perchée, leurs membres longs. Aussi, quand il eut terminé la caricature du « costume bleu », fut-il tenté de s'adjoindre, comme on demande à un ami de vous accompagner à une soirée, l'un de ces mandingues qu'il avait déjà dessinés bien souvent. Et, avec amusement, avec sympathie, il étira le corps de ce compagnon imaginaire jusqu'à le faire atteindre presque la ficelle en haut du mur, tandis qu'à ses pieds roulait un ballon délaissé. Le ballon, forme bête, s'orna de petites pattes, d'un œil malin, et appela irrésistiblement à la vie un autre poursuivant, qui s'étala à plat ventre presque au niveau des marches, dans un jaillissement d'eau ou de sable. Ici, un peu de couleurs s'imposait. Chris se frotta les mains avec son chiffon, chercha les tubes sur l'escalier.

— Chris !

Un pas léger sur les marches. Clara.

— Mais qu'est-ce que tu fais, voyons ! Et tu es plein de fusain ! Et tu n'as pas changé de costume ! On va être en retard !

Elle apparaissait à mi-hauteur de l'escalier, mi-souriante, mi-fâchée, et si belle qu'elle en devenait mystérieuse : son teint blanc, ses longs yeux noirs, les bandeaux ondés qu'elle allait couper bientôt, et la brume impalpable de fourrure blanche d'où jaillissait le cou gracieux.

— Je m'amuse, implora Christophe.

— Tu t'amuseras une autre fois ! Je t'avertis que Juste est de très mauvaise humeur !

Christophe se dressa sans hâte et descendit quelques marches, baissant la tête pour éviter l'ampoule qui éclairait parcimonieusement l'escalier. Le ronflement du moteur remplissait déjà la cour. Juste donna un coup de klaxon. Clara courait vers l'Oldsmobile, sans tituber, sans se tordre le pied. Comment était-ce possible, admirait Chris. Avec ces souliers minuscules, si hauts, en peau de serpent, courir sur ces pavés inégaux ? C'étaient les miracles de Clara. Du seuil de la Tour, il la regardait en souriant, sans inquiétude, alors que les époux s'expliquaient à travers la vitre baissée de la voiture. Puis Clara revint vers lui.

— Eh bien, reste, puisque tu n'es pas prêt. Mais ne te couche pas. Je te préviens, nous ramènerons très probablement quelqu'un qui voudrait te connaître. D'accord ?

Il fallait bien. Comme s'il était un divertissement toujours disponible pour leurs amis assommants ! Et on lui ferait exhiber ses dessins, ses tableaux, ce qui le plongeait dans la gêne et la mauvaise humeur ! Il en restait parfois bloqué deux jours entiers. C'était même pour se moquer de ces « amis » et de leurs commentaires qu'il s'était mis, depuis un an, à fabriquer des « machines », grandes comme des jouets d'enfant (puis un peu plus grandes, à mesure qu'il s'attachait à l'entreprise), qui fonctionnaient et ne servaient à rien. La machine à écrire musicale (qui était aussi une fontaine miniature), le métier à tisser qui tissait et défaisait sa trame à mesure (dédié à Juste, évidemment, et non moins évidemment baptisé Pénélope), la moissonneuse-batteuse-lieuse de rêves, la plus grande, étaient une protestation tacite contre ces exhibitions. « Ça, au moins, vous n'aimerez pas ! » Mais, ces lourdauds, ils aimaient quand même, parfois, ils avaient l'air de comprendre un peu. Alors il sentait fondre son animosité et il se mettait à parler, il leur expliquait, les faisait rire : il avait un peu peur d'eux, mais en même temps, tout à coup conscient de son pouvoir, il s'en amusait un moment — il n'aurait pas fallu que cela dure trop longtemps... En fin de compte, la « Moissonneuse-lieuse » s'en était allée chez un avocat ami de Juste et amateur d'art, qui l'avait payée un bon prix, et un de ces jours il allait se faire couper un vrai costume, sur mesure.

Saisi d'un remords, il courut jusqu'à la voiture. Juste allait démarrer, les sourcils froncés, il détestait faire attendre.

— Je ne me coucherai pas, promit Christophe en guise de compensation. C'est encore un amateur d'art ?

Juste leva les yeux, et, voyant à la portière cette tête décoiffée et barbouillée (Chris s'était gratté la tête avec son fusain), ne put retenir un éclat de rire.

— Pis que ça. C'est un marchand de tableaux.

Chris se mit à rire à son tour.

— Oh ! Juste, Juste ! Toujours à te figurer que tu feras de moi un peintre !

— Tu verras. Tu ne perds rien pour attendre, dit Juste, entre la colère et la jovialité. Recule-toi, je vais t'écraser.

La voiture ronfle encore. Ils partent, ils sont partis. Christophe aide Julia à refermer le portail.

On croirait un soir comme un autre, mais c'est le soir où le temps se remet en marche. Il ne va plus s'arrêter maintenant.

— C'est vrai, cette histoire de marchand de tableaux ? demande Clara.

Il commence à faire noir, les lampadaires sur le bord de la route sont allumés, jaune pâle, et défilent sans hâte. Juste conduit prudemment.

— Bien sûr que c'est vrai. Le type en question a une galerie d'avant-garde à Paris, il cherche des peintres nouveaux, il s'intéresse à Chris, il veut le rencontrer.

— Il ne le connaît même pas !

— Il a vu des choses de lui chez Rabanne, des pastels, et la « Moissonneuse-lieuse » chez Me Sipriot.

— La « Moissonneuse-lieuse » !

— Tu devrais te renseigner un peu sur les tendances actuelles, dit Juste avec condescendance. Il y a eu une chose qui s'appelait le Bauhaus, figure-toi. Le surréalisme, ça existe. Le cubisme, ça existe depuis trente ans. Le...

— Tu as lu ça cet après-midi dans un livre. Ou c'est ton marchand de tableaux qui t'a fait un topo ! dit-elle, malicieuse. (Elle n'avait pas encore senti le danger, la manie de Juste de caser les œuvres de Chris autour de lui lui paraissait inoffensive, une agaçante habitude d'adulte, qui veut tout étiqueter.)

Juste souriait. Il ne se fâchait que pour des choses sans importance.

— Il n'est pas interdit de s'informer. Si tu te tenais un peu au courant, tu ne te moquerais pas des recherches de ton frère.

(« Mais je ne me moque pas ! Qu'il est bête, parfois ! Mais ce que tu appelles les " recherches " de Christophe, c'est notre univers, notre secret à nous, notre enchantement à nous, dans lequel les marchands de tableaux et le Bauhaus n'ont rien à voir... »)

— Christophe n'a même pas fait les Beaux-Arts !

— Doutremont, c'est le marchand en question, te dirait que ça lui a évité d'être déformé. Les écoles officielles sont toujours en retard par rapport à l'art moderne.

Dans la voiture bien suspendue, bien close, une certaine tension s'est installée. Sous les mots bénins de Juste, Clara perçoit une résolution cachée. Il freine doucement devant le passage à niveau. Un train passe avec fracas.

— Enfin, si tu espères arriver à lui vendre quelque chose, avec ce genre d'arguments..., dit-elle avec une légèreté qui sonne faux. Mais crois-moi, un marchand de Paris, ce sera plus difficile à convaincre que nos amis...

— Je ne crois pas.

— Enfin, tu sais bien que si Chris a vendu quelques petites choses, c'est surtout pour te faire plaisir qu'on les a achetées...

— Sipriot, faire plaisir ?

La barrière se lève, la voiture repart.

— Pour te ménager, si tu préfères.

— Ma petite chérie, dit Juste calmement, tu surestimes ton mari et tu sous-estimes ton frère. C'est touchant, c'est très touchant, et j'en suis flatté. Mais je compte tirer de Doutremont beaucoup plus que de nos amis. Beaucoup plus. Je vais faire affaire avec ce garçon-là. Et crois-moi, quand je dis qu'une affaire peut marcher, elle marche, tôt ou tard.

Il ajoute :

— Qu'elle le veuille ou non.

Clara ne répond pas.

Ils sont arrivés devant le bel hôtel ancien des Rabanne, près de la place de l'Hôtel-de-Ville. Juste se gare avec précision entre un camion et une charrette, au centimètre près.

— Finalement on n'est pas en retard, dit-il avec satisfaction.

Avant même d'avoir vu Doutremont, Clara a le cœur un peu serré.

*

Toute sa vie, Clara restera un peu perplexe devant la peinture de Christophe : ses gaucheries voulues, sa fragilité, sa délicatesse minutieuse où elle perçoit tout de même, de très loin, l'écho d'une ironie secrète, un consentement à sa propre perte, qui lui cause un malaise, un vertige, presque, oui, de la colère. (Quant à s'interroger sur la *valeur* de cette peinture, vous voulez rire ! Tout ce qui vit, existe, a forcément de la valeur, non ?) Ainsi, quand commence à poindre la réussite de Christophe, regarde-t-elle ses œuvres sous un angle tout à fait personnel. S'éloigne-t-il, ne s'éloigne-t-il pas de cet univers de Chris-et-Clara ?

Il se sert de matériaux délicats, craies, pastels, aquarelle, il ajuste des boîtes d'allumettes, des boutons, des rouages de montre, il a recours à des métaphores enfantines, maisonnettes, bonshommes, à des procédés désarmants, insertions, collages. On dirait qu'il implore : « Ne me prenez pas au sérieux », et l'emballement de ses premières admiratrices semble prouver qu'il y réussit. Bien sûr, quand viendra Doutremont, ce sera différent (et une raison de plus, pour Clara, de haïr Doutremont). En attendant il perfectionne son leurre en montant lui-même les cadres de ses tableaux d'un format volontairement réduit ; cadres de carton bouilli, de papier mâché, plus tard de collages de bois, de liège, qui continuent le dessin sur cette marge qui s'agrandit, se développe, voudrait manger le mur : ce Petit Poucet a un appétit d'ogre.

Clara est dupe.

— Ah ! que c'est joli, ça !

— C'est gentil, n'est-ce pas ? dit Chris, éloignant de lui, pour mieux la voir, la petite toile aux couleurs d'aurore. Ça ferait un joli papier peint...

Elle ne perçoit pas la provocation dans les mots, elle ne perçoit pas la mélancolie. Imprimés, papier peint, toile peinte, bouquet, sourire, c'est tout un pour elle, c'est vivant, c'est beau.

— Mais pourquoi pas ? Pourquoi ne pas en faire un imprimé ? Veux-tu que je le montre à Juste ?

Il rit. Il rit de lui, d'elle, de son entreprise, et de ce que sa fausse modestie n'est peut-être au fond qu'une juste appréciation de ses mérites... Qui sait, qui sait ? Et quelle importance ?

— Pourquoi pas ? dit Juste à son tour. Un papier de chambre d'enfant, avec la cretonne assortie... Joli, très joli... Qu'il m'en fasse d'autres. Si je ne les prends pas pour l'usine, je les lui placerai. Il a beaucoup de talent, ton frère.

Juste a dit. Juste a prononcé. Clara est tout à fait rassurée. Christophe, en apparence, aussi, qui toute sa vie trop brève continuera à travailler pour l'usine de son beau-frère. Même quand sa cote aura vertigineusement monté, même quand il aura rencontré Doutremont, même quand il habitera Paris, il continuera fidèlement à envoyer des esquisses et des cartons, collections de printemps et d'été, à écouter avec une déférence charmante les critiques de Juste, à déclarer : « Je travaille pour l'usine de mon beau-frère », et à répondre sur les questionnaires, au mot : Profession, « dessinateur » ou même « décorateur », et non « peintre ».

Jusqu'à ce jour évidemment, ce dernier jour sur lequel on ne sait rien (non plus que sur sa dernière entrevue avec Clara, sa dernière lettre, sa dernière pensée, les circonstances elles-mêmes de sa mort), rien que cette vision dernière de lui couché comme un écolier sur son pupitre, la tête sur le bras replié, sur la grande table maculée de peinture et couverte d'entailles au couteau, de graffiti, d'esquisses, et au bas de cette table-palette qui est une œuvre aussi, une dernière, une magistrale signature, « Christophe Matthyssen, peintre ». Enfin.

Non loin, le sang a coulé de sa poitrine.

*

Marianne enfant, et plus tard Nadine et Stépha, joueront beaucoup dans l'escalier de la Tour, au pied de la Fresque. Marianne l'appellera « la Ribambelle », Nadine et Stépha « l'Alphabet », car ces personnages de taille inégale et de formes biscornues leur apparaîtront comme les lettres d'un long, très long mot qui monte. « Voilà les O », dira Stépha, mettant son petit doigt fin comme un sucre d'orge sur une citrouille à pattes qui se traîne, dans un tournant de l'escalier, à la poursuite du cerf-volant. « Voilà le C », dira Nadine, en montrant un homme-serpent, arqué en forme de pont et qu'escaladent des enfants-fourmis. Ribambelle, Alphabet, poursuite aussi, car ces lettres cherchent le mot, ces êtres fabuleux se bousculent vers un sommet, ces mains agrippent, frappent, écartent, pour saisir le fil qui monte vertigineusement vers la plus haute marche, donnant accès aux chambres de Chris-et-Clara. En face de la porte reste une place blanche ; en haut. Trop haut pour que les enfants aient l'idée d'y gribouiller quelque chose. La ficelle se termine dans un vide. Là, Chris avait l'intention (ou le disait) de peindre le cerf-volant.

Déplacement (été 36)

Mais il n'en a pas eu le temps. Ou l'envie. Il y a eu ce choc terrible, un peu avant l'été 1936, l'été du Front populaire si on veut, mais Chris ne s'en est aperçu qu'à l'encombrement des routes, à la foule des « congés payés » qui partaient pour la première fois vers la campagne, l'air pur, tandis que lui, à contre-courant, roulait vers Paris dans une camionnette blanche, empruntée au garagiste de Juste, et où il avait entassé ses biens les plus précieux.

Le choc :

— Je vais chez le docteur Blot, avait dit Clara au petit déjeuner. (En mars ? Début avril ?)

Le portail venait de se refermer derrière Juste, il allait à l'usine.

— Tu es malade ?

Il faisait chaud déjà, une abeille bourdonnait. Un essaim s'était formé à l'angle de l'atelier et Chris ne voulait pas qu'on le détruisît.

Elle avait éclaté de rire, un rire de défi.

— En cloque, mon vieux ! Tu ne t'es pas aperçu que je suis en cloque ? Un garçon, cette fois, je le sens !

Vulgarité voulue qui n'avait pas déridé Christophe. Elle n'avait pas hésité. Elle était allée s'habiller, elle avait donné quelques ordres à Julia, de sa voix claire et calme. Elle n'avait pas calé en démarrant sa petite voiture toute neuve. Seulement, elle n'était pas venue lui dire au revoir, comme elle le faisait d'habitude, comme elle le faisait toujours, comme elle devait se souvenir toute sa vie de ne pas l'avoir fait...

Quelques semaines de silence prudent, deux mois encore ? Un jour, il est allé emprunter la camionnette, et, calme lui aussi, il a commencé à y placer avec soin ses couleurs, ses palettes, ses esquisses, ses collections de sable et d'écorces d'arbre, les boîtes à chaussures dans lesquelles il gardait, enveloppés de papier de soie, des tessons, des fragments de papier peint dont la couleur lui avait plu, des ressorts de montre, des clous. Dans l'atelier, il avait quelques semaines auparavant emballé pour les protéger trois cents de ses meilleurs dessins. Il les y a laissés, avec une inscription à l'encre de Chine, en très gros caractères : « Pour Clara. »

Et voilà. Lille-Paris, Clara-Doutremont, au volant d'une camionnette blanche. Pour qui connaît Christophe, l'histoire paraît purement légendaire, car il sait à peine conduire et déteste les voitures. Il ne déteste pas moins les déménagements, les dérangements, les lieux nouveaux, les nouveaux visages. Il est vrai que Doutremont, dont il a fait la connaissance depuis plus de deux ans et qui l'a exposé, n'est pas vraiment un nouveau visage. Qui sait où irait Christophe, s'il n'avait pas ce refuge, le seul qui s'offre à lui, Doutremont, la galerie Minerve, le boulevard de Courcelles ?

Il jette un dernier regard à la Fresque. Une fatalité l'a-t-elle arrêté au moment où il allait d'un coup de pinceau arrêter l'escalade, finir la phrase, mettre un point final à une rêverie qui a duré tant d'années ? Ou ce vide, en haut de l'escalier, contient-il une promesse de retour ? Il se le demandera souvent, il ne le saura jamais. C'est mort seulement qu'il reviendra vers Clara. Tenir sa promesse ?

Georges Doutremont, sous sa véranda,
au Brésil, en 1975

Je puis en parler, maintenant, de la Fresque, avec les visiteurs qui viennent voir la réplique sur toile que Christophe m'a léguée. Je puis même parler de Christophe. Égrener des anecdotes en dosant la tequila que j'offre sur la véranda, sous les bougainvillées, très vieux, très sage dans mon fauteuil d'osier, et puis les faire passer dans le vaste living que ceinture la très, très longue toile. Le living a l'air conditionné, mais par pur romantisme j'y laisse tourner le ventilateur aux longues pales des films exotiques, en noir et blanc, ceux que Christophe aimait. Je puis raconter ce détail, qui suscite un sourire attendri, et que c'est en souvenir de Christophe, aussi, que je porte au soleil ce panama démodé qui fait rire. Moi-même ne suis-je pas, éternel exilé, réfugié à Paris en 1933, réfugié au Brésil en 1945, et, pour des raisons opposées, le personnage d'un de ces films ? Un Dalio, peut-être, ou mieux, un Peter Lorre, M. le Maudit, retiré des affaires et devenu le guide de ma propre histoire. Oh ! je suis intarissable, si on veut. J'ai d'ailleurs publié sur Christophe, sur nos conversations, sur ses vues picturales, un précieux petit livre, maintenant épuisé (épuisé ! les mots !) et je puis le débiter d'un bout à l'autre. Quand Tim reconduit les visiteurs, ils sont ravis. « Et quelle mémoire, pour son âge ! »

Oui, cette mémoire-là, je l'ai. Mais les autres souvenirs de Christophe ? Ceux qui, parce que insignifiants, n'appartiennent qu'à moi ? Parfois je les cherche fébrilement, comme une clé dans un tiroir, et je finis, les larmes aux yeux de rage, par faire appel à Tim, idiot bienveillant, témoin fidèle et incompréhensif. Ce que je cherche ? Des phrases banales, des tics, la marque de café qu'il buvait, le geste pour couper le pain, il ne supportait pas qu'on le rompît, le geste pour repasser ses vestes blanches (méticuleux, si propre toujours, s'acharnant sur la moindre trace de peinture sous ses ongles, si soigné, élégant, même pendant la guerre), le geste, le geste de sa main dans ses boucles de cuivre, qui disait la fatigue, la migraine. Le geste que j'ai oublié et que Tim, mon associé depuis combien d'années ? mon Dieu n'y pensons pas, que Tim, innocemment, me rappelle : « Tu sais, quand Chris pelait son orange... » C'est un truc qu'ils avaient, Clara et lui, un tour de main... Mon Dieu, mon Dieu, est-ce qu'on se console ?

Est-ce qu'on se console ? Est-ce que Clara s'est consolée ? Si coriace, la vieille garce, elle vit toujours, elle qui jouait les princesses sur un pois, les fleurs fragiles : son long cou, sa tête petite, le teint si blanc qu'elle avait, comme lui... Elle vit. Elle aurait dû mourir. Qu'est-ce qu'elle pouvait faire d'autre pour Chris ? Moi j'ai continué à faire connaître son œuvre, je lui ai donné une dimension internationale, j'ai préfacé des albums, suscité la rétrospective de 1965, j'ai... Mais je suis l'homme des concessions, n'est-ce pas, des compromis, le lâche, le vilain rôle... Je n'allais pas mourir d'amour. Déjà du vivant de Chris (le geste de la main dans les cheveux, le soupir devant mes questions, mes inquisitions), Tim disait : « Je ne sais pas comment il fait pour te supporter... » Et moi ? Comment est-ce que je fais pour me supporter ? Personne ne se le demande...

*

Tim prétend que je n'arrêtais pas de me plaindre, à Paris. Jusqu'à la mort de Christophe, parce que, depuis, je ne me plains plus. J'avais quitté Munich en 1933, au lendemain des élections de mars. Les campagnes d'intimidation et de menaces des nazis, depuis plusieurs années déjà, qui visaient la « culture de Weimar », les listes noires où figuraient nommément des artistes comme Brecht, Piscator, Kandinsky, le règne (bref comme un présage) de Frick, ministre de l'Instruction publique dans un gouvernement de coalition en Thuringe, Frick qui en quelques semaines avait donné la mesure de ce qu'allait être l'hitlérisme futur, faisant interdire les films de Pabst et d'Eisenstein, l'exécution des œuvres d'Hindemith et de Stravinsky, m'avaient fait peur, je ne crains pas de le dire. Dès le début des années trente, j'avais commencé à transférer des fonds en France, à mettre à l'abri des œuvres à moi confiées en Suisse et en Amérique. Des complications à n'en plus finir ! Max Schultz, mon ami et mon associé de l'époque, se moquait de moi. Il prétendait que le nazisme ne serait qu'un feu de paille, ou s'embourgeoiserait, mettrait de l'eau dans son vin... Pauvre Max ! Quand on en vint à brutaliser en public des personnalités comme Tucholsky et Else Lasker-Schuler, je le laissai à son optimisme, et je fis ma valise. Quand on en vient aux coups, adieu la culture. Je ne suis pas amateur.

J'avais un point de chute à Paris : le vieux Fabre-Lantier, propriétaire de la galerie Minerve, avec lequel j'étais en affaires (je l'avais rencontré dans une boîte de Munich, avec son tout jeune protégé Tim, qu'il présentait comme son « filleul »). Il désirait se retirer, et laisser la galerie au jeune garçon. Qui le guiderait mieux que moi, avec mon expérience internationale, ou du moins ce que j'appelais ainsi ? Je me faisais déjà appeler Doutremont. Avant... qu'importe ? Mes années d'apprentissage, qui ressemblent à celles de Tim (j'avais, moi aussi, un « parrain »), n'intéressent personne. J'avais trouvé chic ce pseudonyme français, avec son sens d'étranger, de voyageur. J'étais un gros garçon sensible, esthète et prétentieux, à l'époque.

Ici, au Brésil, le pseudonyme fleurit. J'ai rencontré parfois sous d'autres noms quelques-uns de mes persécuteurs de Munich et de Paris qui, me voyant réfugié comme eux, exilé comme eux, n'y comprenaient plus rien. Car c'est le comble qu'en 45 on m'ait classé collaborateur, moi qui par deux fois, à cause des nazis, ai tout perdu, ou, n'exagérons pas, presque tout. Il m'est même arrivé une fois ou deux de leur vendre l'une de ces œuvres qu'ils avaient cataloguées comme de l' « Art dégénéré ». Je suis trop vieux pour m'en indigner.

Mais je ne leur vends pas de dessins de Christophe. Du reste, la majeure partie de l'œuvre disponible, c'est la vieille Clara qui la détient, et, d'après sa fille, Mme Fabrizius, à qui j'ai écrit une ou deux fois, elle n'est pas prête à les lâcher, ses trois cents dessins. « Je transmets », répond Mme Fabrizius à mes offres. Elle transmet. Et la vieille garce, naturellement, ne répond pas. Un jour je lui écrirai directement, et pas seulement à propos des dessins. Je lui dirai son fait. Je lui dirai... Mais il faudrait être dans le bon état d'esprit... En ce moment, je suis trop fatigué.

C'est bon d'être fatigué. Ça endort la douleur, le regret. C'est bon de n'avoir rien à faire, de prendre un verre, de faire un poker, avec le père Benoît qui vient en voisin et qu'on ne scandalise jamais (il est devenu le confesseur de Tim, c'est tout dire !).

— Vous n'allez pas à New York, ces temps-ci ?

— Oh ! si j'y allais, ce serait pour me distraire... Ce n'est vraiment plus nécessaire. C'est amusant de penser à ce que ce commerce d'art est devenu. La Bourse. Absolument la Bourse. Tout se passe par téléphone. J'ai des clients qui achètent un Utamaro ou un Degas sans l'avoir jamais vu.

— Le signe remplace l'image. Progrès ou dégénérescence ? dit le père Benoît en remplissant son verre avec soin. (Il semblerait qu'il soit venu il y a des siècles s'occuper de bidonvilles, et puis des ennuis avec la hiérarchie, l'âge, il est resté, je m'en moque, il faut bien fréquenter quelqu'un.)

Nous sommes là, sur la terrasse, au milieu des fleurs, sans nous presser, fumant la pipe, un mot de temps à autre, Christophe, la peinture, l'état du monde, l'horticulture, de très vieux hommes éternels, qui regardent sans trouble sortir de la villa voisine, tenant en laisse son grand chien, l'Oberleutnant (ou est-ce le Hauptführer ?) Egon Feldau. Et s'il nous salue avec une nuance de défi, car il sait que le père Benoît a été taxé de gauchisme et il me croit juif (mais qu'importe ce que nous avons été ? Nous ne sommes plus que vieux, professionnellement), nous lui répondrons froidement, mais courtoisement : « Bonsoir, señor Perilla », puisqu'il a lui aussi changé de nom.

Quitte, s'il insiste, à abandonner la terrasse pour le vaste salon si frais, plein de plantes vertes et de fauteuils en vannerie, où tournent les pales du ventilateur, où un jeune garçon, veste blanche et pieds nus, donne un coup de plumeau nonchalant aux murs ceinturés d'une toile peinte un peu passée, dont les jaunes et les bleus s'éteignent. Ou est-ce, chez moi, un début de cataracte ? A mon âge, ce serait normal.

— J'aimerais mieux penser que c'est moi qui m'éteins et que la toile continue à vivre...

— Mais elle survit, voyons ! Elle survit ! Avec toutes ces reproductions, ces albums, les moyens qu'on a aujourd'hui..., dit le père Benoît qui se réinstalle confortablement dans le fauteuil le plus large, devant la table basse, avec sa pipe, son verre et son journal plié.

— Il y a des moments, au contraire, où je souhaiterais qu'elle disparaisse avec moi. Me faire incinérer avec elle...

— Allons, allons ! Nous n'en sommes pas là ! Et puis regardez-la, cette toile, peinte pour vous, par un être que vous avez aimé... Est-ce qu'elle ne vous donne pas un peu d'espoir ? Je l'aime, moi. Tous ces personnages un peu anges, un peu bêtes, qui s'élancent vers l'invisible... J'y vois une espèce de quête...

Il est rare que le père Benoît se lance dans le prêche. Je veux lui éviter cet écueil.

— La toile n'a jamais été achevée, dis-je un peu sèchement. La Fresque non plus d'ailleurs.

— Je sais.

Un moment nous contemplons la ribambelle de

personnages tombant, s'élevant, se battant, se chevauchant, qui nous entourent, et puis, là-bas, près de la porte de la cuisine, ce coin de toile blanche, recousu.

— L'effet devait être très différent dans un escalier.

— Forcément. (J'éprouve un peu d'humeur. Je n'aime pas à parler de la Fresque, de la Fresque de Clara.) On n'en voyait jamais la totalité, d'abord. A mon sens, la toile est plus belle que la Fresque. Plus animée.

Le père Benoît me surprend en acquiesçant :

— Plus adulte.

— ?

— Moins édénique. La spirale enlevait les personnages, sans à-coups. Dans votre toile, il y a la chute.

— Je n'avais jamais pensé à cela...

Je n'avais jamais pensé à cela.

Les pales du ventilateur tournent au plafond. Dans l'Avenida, on entend repasser l'Oberleutnant avec son chien. Il siffle un air militaire, très fort, comme un petit garçon avec lequel on a refusé de jouer et qui veut faire croire qu'il s'en moque.

*

« Autrefois, me dit un jour Christophe — nous ne nous connaissions pas depuis bien longtemps —, autrefois, quand on ne voulait pas d'un enfant, qu'on l'abandonnait dans les bois, à la merci du froid, de la faim et des loups, tu sais comment on appelait ça ? L'*exposer.* »

*

Des filles laides, on dit pour les consoler qu'elles ont de beaux yeux. Je n'ai pas de beaux yeux, je n'ai rien de féminin d'ailleurs. Je suis homme, je suis laid. Pas de cette laideur gigantesque qui fait les personnalités fortes : j'ai une grosse figure blême, bêtement joufflue, qui empêche de me plaindre, et pourtant je n'ai pas la jovialité, la bonhomie, excuse des gros. De petits yeux bleuâtres, enfoncés par un pouce sale sous les orbites sans sourcils ; et je suis blond, non, blondasse, fade, non, fadasse, un petit nez ridicule et rond, un corps bedonnant et informe ; vous voulez savoir ? Un bonhomme. Un bonhomme comme en dessinent les enfants sur leurs cahiers d'écolier. Comble du grotesque, j'ai de petits pieds et de petites mains. Quand je m'habille en confection, j'ai l'air d'un sac. Quand je m'habille sur mesure, costume anglais, écharpe de soie (j'ai un smoking, des masses de beaux souliers cirés avec amour), il y a toujours quelque chose qui cloche, sans doute, puisqu'on rit gentiment, qu'on me questionne. « On s'est fait beau, Jetsé ? Jetsé, on va faire des conquêtes ? » Le beau costume ne m'embellit pas. Il est posé sur moi comme sur un cintre. Un gros cintre. On n'en sort pas : le bonhomme, ou l'ours en peluche. Les dames vont jusqu'à s'extasier : « Ce qu'il est mignon ! » Rien d'humain. Le joujou. Dans cet ordre d'idées, j'aurais pu avoir des succès féminins. Si j'aimais les femmes. Des succès de laideur : il en existe à Paris.

C'est à Paris qu'on m'a appelé « Jetsé », à cause de Christophe. Il a toujours eu la manie des surnoms, et, à cause de mes tristes yeux bleus, toujours un peu enflammés (la conjonctivite chronique compte parmi mes charmes) et qui descendent comme ceux des cockers, il m'a tout de suite surnommé « Gethsémani ». C'est devenu « Jetsé ».

Certains croient qu'il s'agit du *Jet Set* dont je ferais partie, d'autres, que c'est un prénom oriental. Du reste, je passe pour juif dans les pays antisémites. Dans la bourgeoisie chic de Tel-Aviv ou de Jérusalem, je passerais probablement pour goy ou pour arabe. Toujours Doutremont. Sauf pour Christophe. Un miracle.

Il y a toujours eu autour de Christophe une espèce d'atmosphère de miracle. Un microclimat. L'erreur, c'était de croire que le miracle est à sens unique. Le prince changé en grenouille, ça existe. Il s'est bien produit, dans ma vie, une sorte de miracle, mais j'en suis encore à tenter de l'interpréter.

Les conditions météorologiques du miracle étaient réunies ce soir d'hiver 1934, glacial, d'une pureté insupportable ; soir scandinave, soir à traîneaux, à grelots, à son de cloche au loin, à paquets de neige tombant lourdement des branches surchargées, à feu de bois, à silence ouaté. Et en arrivant devant le grand portail qu'ouvrit d'un coup d'épaule Juste Matthyssen (il n'était pas beau non plus celui-là, mais il ne faisait rire personne, avec sa laideur de héros), je découvris au bout de la pelouse enneigée un sapin, un vrai sapin, couvert de guirlandes d'ampoules multicolores, allumées, qui, dans la nuit tombante, avait un aspect féerique. C'était un peu trop beau, un peu trop conte de Noël : je me méfiais. (Presque tout le temps, presque, de mes rapports avec Christophe, je me suis méfié, tenu sur mes gardes, je l'ai presque, presque soupçonné d'arrière-pensées, d'une trahison de l'esprit tout au moins, « et maintenant ça t'avance à quoi ? » dit Tim, avec son bon sens de fils de concierge.) Le portail ouvert, comme Juste faisait une manœuvre pour se garer, et que j'attendais, déboulèrent autour de moi un gros chien, une petite fille brune et ronde, que poursuivait une servante boulotte, en tablier blanc, des lumières s'allumèrent sur la longue et sombre façade, les cris et les abois se mêlèrent, et vêtue d'un lainage gris et rouge, son long cou soutenant sa petite tête parfaite, Mme Matthyssen parut sur le seuil. « Passez, monsieur Doutremont ! Vous voyez que vous êtes le bienvenu ici », me dit Juste cordialement. Mme Mathyssen ne dit rien.

La salle à manger, que j'aperçus par une porte entrouverte, était tout à fait à la mode de ces années-là, et les meubles purs, rectilignes, un peu froids, me parurent s'harmoniser on ne peut mieux avec le style de mon hôtesse. (Je la croyais froide alors, et préoccupée uniquement de son apparence.) Mais le salon-bibliothèque, la pièce la mieux chauffée de la maison, me dit-on, était une vraie pièce nordique, avec son poêle en faïence (hors d'usage), ses tableaux anciens et sans valeur (petits maîtres du XVIIe, du XVIIIe siècle, des scènes d'intérieur, un paysage assez joli, copie, me parut-il, de Jacques d'Artois), un amusant piano à bougeoirs, dont la petite fille apprendrait à jouer plus tard, sans doute, tout cela (avec un étalage un peu superflu d'argenterie, carafons et aiguières) témoignant d'une tradition. Une vieille famille, bien ancrée dans cette région que je découvrais. Le maître de maison me versa, avec les précautions d'usage, de la vieille fine dans des verres tulipes. Tout cela rassurant, solide, consistant : de la bonne brioche bourgeoise à couper en tranches. Un petit excès de « Gemütlichkeit », même. Matthyssen se mettait en quatre, m'offrait le cigare corrupteur, parlait d'art (sa cretonne au mètre !) et finalement, m'ayant amené, croyait-il, au degré d'échauffement et de cordialité nécessaire à son dessein, tira d'une commode une pile de grands carrés de papier fort, gouaches que son beau-frère avait exécutées pour l'usine, motifs floraux, géométriques, constructions chimériques, mosaïques de couleurs.

Nous sortions d'un dîner d'hommes, à Lille, il me semble. Tous amateurs d'art, et qui fondaient un cercle : moi l'expert, le conseiller, j'étais assez content de moi ce soir-là, condescendant, presque bien dans ma peau.

— Voyons cela...

— Ce sont les motifs que j'ai refusés, dit Juste Matthyssen avec une suffisance amusante. Vous vous rendez compte !

Je devins sérieux. Je me rendais compte. Il y avait dans ces carrés de papier une recherche, une variété de thèmes, des assemblages de couleurs, une savante naïveté narquoise, qui d'emblée donnait une place à Christophe parmi les peintres du moment ; le jeune Klee, le vieux Kandinsky, il relevait de la même sensibilité et, bien que son beau-frère le prétendît sauvage et solitaire, j'étais bien sûr qu'il avait dû compulser des livres d'art, des catalogues, voir des expositions, se tenir au courant d'une façon ou d'une autre des courants actuels. Ces dessins, qu'ils fussent ou non des projets d'imprimés pour les textiles Matthyssen, manifestaient une richesse d'invention surprenante, qui n'était pas le fait d'un ignorant, fût-il génial. (Ces dessins, et d'autres, retrouvés dans la cuisine de la Tour, ont été publiés en album au début des années soixante, juste avant la rétrospective Matthyssen que nous organisâmes, Tim, mon associé, et moi. Juste était mort d'un infarctus, Clara ne vint pas. Marianne Fabrizius me remercia, s'enquit de la cote, dit trois sottises et disparut.)

— C'est extraordinaire ! dis-je avec élan (la beauté me désarme, la surprise s'y ajoutait, je ne pus pas cacher mon emballement). C'est étonnant ! Je ne m'attendais pas...

— Vous vous attendiez à être piégé, n'est-ce pas ? fit Juste avec un bon rire. L'industriel prospère qui veut caser son bon à rien de beau-frère ! Eh bien, ce n'est pas ça du tout, mais pas du tout. Christophe a ici une voie toute tracée — si je voulais, je pourrais l'utiliser toute sa vie à dessiner des imprimés, des papiers peints, ou même des meubles. Il ne manque pas d'industries, dans la région, qui... Et Christophe est connu, apprécié de nos amis. Il s'en contenterait : il est d'une telle modestie ! Mais je veux qu'il fasse son chemin. C'est un peintre, qu'il le veuille ou non, et c'est vous qui allez le lui révéler !

Pourquoi pas ? Encore fallait-il juger sur autre chose que des gouaches, des projets. J'y étais prêt. Mais le silence, la gêne, sinon l'hostilité de Mme Matthyssen, blottie sur un canapé, ses petits pieds ramenés sous elle, son ravissant visage blanc et noir comme figé, me donnaient à penser que, derrière l'affaire en apparence innocente, un peintre tout neuf, jeune, libre de tout contrat, modeste et sans cupidité, se cachait quelque secret de famille. Alcoolique, peut-être ? Drogué ? Dissimulant quelque vice, quelque tare ?

— J'aimerais voir d'autres choses, le rencontrer un moment, quand il le voudra... Je reste deux ou trois jours dans la région...

— Je lui avais annoncé votre visite... enfin, l'espoir que j'avais de votre visite, dit Juste, mais...

— Oh ! je suis sûre qu'il s'est couché, dit Mme Matthyssen.

C'était une des premières phrases qu'elle prononçât qui ne fût pas de pure bienséance.

— C'est un tel ours !

Mais la porte-fenêtre du salon s'ouvrait à cet instant, et un grand jeune homme entrait, en manches de chemise, les cheveux saupoudrés de neige.

— Mais non, je ne suis pas un ours ! La preuve !

Et Christophe illumina la pièce de son sourire à la fois chaleureux et réservé, de sa beauté, de sa jeunesse.

Il a toujours été jeune. A trente ans, il en paraissait encore vingt : son regard timide d'abord, presque froid, puis qui tout à coup s'éclairait, au moindre signe de sympathie, de complicité (quitte à se retirer en lui-même, s'absenter, pour une nuance qui lui avait déplu : il était d'une extrême susceptibilité, masquée par une politesse d'enfant royal), sa façon de parler par saccades, il hésitait, surveillait avec appréhension votre physionomie pour voir si vous compreniez, si vous le suiviez, et soudain, mis en confiance, s'asseyait par terre près de votre fauteuil, vous expliquait avec des gestes, avec des croquis parfois, de quoi il retournait...

Juvénile, oui. Le geste de la main dans ses boucles serrées, couleur de cuivre, rejetées en arrière, quand la discussion s'échauffait... Le même, des années après, boulevard de Courcelles, le même geste, mais plus las. Il n'avait pas vieilli, c'était toujours un jeune homme, mais un jeune homme fatigué. Il est mort ainsi. Jeune. Fatigué. De beaucoup de choses. Nous avons parlé de peinture. Ce soir-là, et souvent. Mais moi je ne parle pas de peinture, quand je parle de Christophe. Je parle d'amour.

La soirée s'est passée dans le mélange de gêne et

de fausse cordialité qui caractérise ce genre de situation : famille d'un peintre réticent montrant son œuvre à un marchand de tableaux scrutateur. L'atelier était dans le bâtiment qu'ils appelaient la Tour, et nous y sommes montés. Christophe se tenait debout au milieu de cette pièce où régnait l'ordre le plus minutieux, sortant de petites toiles et les reclassant avec soin, gêné comme un petit garçon qu'on prie de réciter sa fable, un peu moqueur aussi mais gentiment. Juste faisait l'article.

— Vous pourriez m'objecter, monsieur Doutremont, que Chris n'a fait jusqu'ici que de très petits formats. Mais une fois mis en confiance, introduit dans des circuits que vous connaissez bien...

Christophe me souriait. Du regard, il m'avait soupesé, scruté, discrètement mais d'un regard pénétrant, et maintenant il me souriait. Mieux, il m'admettait dans son intimité, dans l'indulgence qu'il avait pour Juste, pour ses façons un peu frustes, son enthousiasme un peu pesant, et il avait un air de me dire : « Excusez-le. C'est par affection, ce qu'il en fait », où je croyais déchiffrer une exquise, une délicate bonté. Et à ce moment-là, j'ai su d'un coup d'œil qu'il serait un peintre véritable, une œuvre, une carrière, avec la même évidence que j'ai compris qu'il ne voyait pas ma laideur, qu'il m'acceptait dans son univers sans question, sans problème, comme un enfant accepte d'emblée un gros chien qu'on lui amène et qui devient aussitôt *le* chien, l'archétype du chien, intégré dans le paysage. Second miracle. Dans l'univers de Chris j'étais devenu un bonhomme (et pour la première fois l'acceptant), un bonhomme comique et triste comme ceux qu'il dessinait partout, sur des carnets bien classés, sur des toiles pas plus grandes que les deux mains, et jusque dans l'escalier de la Tour. J'étais admis, soudain intégré. Plus Doutremont. Un miracle.

Je parle d'amour. Je parle de cet amour qui a tout de suite dépassé le désir, la réciprocité, l'anecdotique, qui prend son élan sans rencontrer aucun obstacle, ivre de pouvoir enfin éprouver sa propre puissance. Et dont la fin est inévitablement la mort. Cet amour-là, qui vous frappe avec le sourire gracieux de l'ange du Bernin, plein d'une douce pitié car lui qui est l'amour n'en sera jamais frappé. Je parle de l'amour que j'aurais pu vivre jusqu'au bout...

Je parle d'un jeune peintre de trente ans, dont on m'a cité le nom au cours d'un de ces dîners futiles, inutiles, auxquels on se rend on ne sait pourquoi. Quand je m'ennuie, je mange trop, je mélange les vins, je pérore, ma digestion s'en ressent, ma résistance s'affaiblit, et quand on me parle d'un jeune prodige à treize kilomètres de là, qui ne veut rien montrer et qui va m'enthousiasmer, je n'y crois pas, absolument pas, mais la politesse molle née des digestions difficiles m'enchaîne, je me laisse couvrir de mon pardessus trop lourd, pousser dans la voiture où j'ai peine à caser mes jambes, mon ventre, et installer dans un salon trop chauffé, où je bois un verre de fine dont j'aurais bien pu me passer. Et je m'attends à tout, entre ce grand bûcheron sympathique, plein d'élan, de force, de gaieté, qui a l'air d'un hussard, d'un brigand, mais pas d'un amateur de peinture, et cette femme ravissante qui m'épie avec l'air sournois et tyrannique d'une petite sultane, je m'attends à tout sauf à rencontrer ces deux miracles, la peinture et l'amour, et les gouaches sont là, étalées devant moi avec leurs couleurs de bijoux, et Christophe entre, l'ange avec sa flèche, sa malice, sa pitié (notez que j'ai horreur du baroque, mais enfin c'est cet ange-là), son air de dire : « Ça va faire un peu mal mais je ne peux pas faire autrement... » L'amour.

Et la peinture. Bon. C'est beaucoup, c'est énorme pour un Doutremont, rusé, humble et suffisant, intelligent et très cultivé, riche déjà et craintif encore, gros garçon blême de Munich, Brême ou Hambourg, ou de plus loin encore, qu'importe, quel que soit le trou dont il est sorti, il a eu besoin de toute son énergie pour en sortir, et pendant tout ce temps où il s'est donné un mal fou, il n'a jamais constaté, je n'ai jamais constaté, même en affaires (il y a des marchands qui trouvent un Corot pour cent sous dans une arrière-cuisine), que j'étais sujet aux miracles, prédisposé aux miracles. Je ne suis pas prêt.

— Il y a encore, dit Christophe, mis en confiance, mes petites machines... Juste prend cela pour de la sculpture, comme il prend mes petits dessins pour de la peinture, mais en réalité je ne suis bon à rien quand on me sort de mes imprimés... Je bricole, voilà tout, je bricole... Mais c'est amusant. Regardez.

Dans un coin, sous une toile de jute, les « machines ». Christophe s'accroupit, les déballe, les explique avec une fierté modeste. Il s'est amusé à dérober leurs formes aux machines dont le siècle est si fier et à les détourner de leur usage. La machine-à-écrire-piano-fontaine lui plaît particulièrement, chaque bouton du clavier déclenchant un son et actionnant une petite fontaine lumineuse.

— Naturellement ça dure très peu de temps parce qu'il faut remplir d'eau les petits tubes qui sont là, derrière, vous voyez ?

Pour voir, je me penche, je m'accroupis à mon

tour, et, bien sûr, adroit comme je suis, je culbute, je tombe en arrière, écrasant quelque chose sous mon poids. Le rire aigu de la petite sultane souligne mon embarras. Juste se précipite, me relève, m'époussette (je sens, à l'aisance avec laquelle il accomplit ces gestes, la force énorme qui joue dans ses muscles, sous le costume gris, discret, de l'homme d'affaires). Christophe ne dit rien, ne fait rien, replie soigneusement la toile de jute autour de ses machines puis me regarde. Avec le regard de l'ange : malice, pitié, « Ça va faire un peu mal... » Il dit :

— Si vous restez pour le week-end, je ferais bien votre portrait, Gethsémani.

— Mais tu ne fais jamais de portrait ! proteste Mme Matthyssen, mécontente, semble-t-il, de cette invitation improvisée.

— Il a fait celui de ton père, dit Juste.

J'élève une protestation de pure courtoisie.

— Je ne voudrais pas déranger... mais je serais, bien sûr, ravi...

— Je vais vous faire préparer une chambre, décide Juste. Demain nous irons prendre votre bagage au Royal. C'est une idée épatante. Vous aurez ainsi le temps de vous faire une idée d'ensemble du travail de Chris...

— Très, très bien. On va s'amuser, décrète Chris en bondissant sur ses pieds. Bonsoir, je remonte. Je couche tout là-haut, sous le toit. A demain, Gethsémani.

— Mais qu'est-ce que c'est encore que ce surnom grotesque ? soupire Mme Clara comme nous redescendons. Excusez-le, il faut toujours...

— C'est parce qu'il a des yeux si tristes, qui tombent, qui tombent..., crie Christophe du haut de l'escalier. Et puis que vous lui avez imposé un calvaire ! (Il rit.) Vous ne m'en voulez pas, hein ? J'aime les yeux de cocker.

— Alors tu aurais pu aussi bien lui donner un nom de chien, rétorque Clara.

On ne va pas très bien s'entendre, Mme Clara et moi ; je le sens.

Frédéric Mann a pu écrire que Christophe était un peintre naïf — encore que sa peinture fût souvent savante et méditée. Je crois que ce qu'a voulu dire le jeune critique, c'est, tout bêtement, que Christophe ne connaissait pas sa propre valeur. Mann avait raison et tort. Si Christophe me manifesta, dès le premier soir, une sympathie et une confiance dont, je devais l'apprendre ensuite, il n'était pas prodigue, c'était bien parce qu'il s'était rendu compte du coup de foudre pictural que j'avais reçu. Quant à cet autre saisissement, aussi brutal, aussi soudain, qui me frappa, je crois qu'il le comprit aussi, et qu'il l'*accepta*.

Oui, je le crois encore aujourd'hui. Il sut, instantanément, que je l'aimais, et l'accepta. Est-ce que cela n'aurait pas dû me suffire ? J'aimais sa peinture, je l'aimais : j'étais de la famille. La haine même de Clara, subite aussi encore que dissimulée, avait le caractère d'un de ces sentiments familiaux qui ne blessent si juste que parce qu'ils comprennent si bien. L'offre de faire mon portrait, si inattendue, n'était ni une flatterie destinée au marchand ni une consolation, comme je l'avais cru d'abord, que Chris m'aurait offerte après ma chute ridicule au milieu des pots de peinture. J'étais admis à faire partie de son univers, de ses familiers, de ses *objets* familiers. Et ce cadeau qu'il me faisait, telle a été ma passion qu'elle l'a empoisonné ; cette alliance qu'il m'offrait royalement, et à laquelle il est toujours resté fidèle, je l'ai trahie cent fois ; ce portrait, cent fois je l'ai regardé avec colère, avec désespoir : il aurait mieux valu qu'il me vît laid, bouffi, ridicule, il aurait mieux valu qu'il me vît lâche et fanfaron que de me voir ainsi, comme un objet. Que de ne pas me voir.

Mais qu'il ne connût pas ce qu'il valait, non. Il savait disposer d'un pouvoir. Peut-être ce pouvoir ne relevait-il pas uniquement de la peinture, et s'il refusait si énergiquement (jusqu'à ce dernier jour, sa signature sur la table) qu'on le traitât de « peintre », peut-être était-ce pour ne pas le diminuer ?

Je ne sais pas, ou plus. Ce que je sais c'est que je quittai Kerkhove, après ce week-end, résolu à faire connaître Christophe, à l'exposer, à l'attirer à Paris et à l'y garder.

Fables (1974)

Nadine, fille de Marianne, sœur de Stéphanie, dîne, à Lille, au Flambart, restaurant super-chic, avec Joseph Malinov, un ami de sa sœur, étudiant en histoire de l'art, d'origine bulgare, qui s'est spécialisé dans la restauration de tableaux, et qu'elle a décidé d'épouser. Il n'en sait encore rien.

— Je voudrais être allemand, dit tout à coup Joseph, qui a un peu bu. Un jeune Allemand, habitant en France.

— Pourquoi ?

— Parce que mon père serait un vieux salaud de nazi sur lequel je pourrais cracher tranquillement, sans remords, et parce que je pourrais travailler à régénérer mon pays. Parce que je serais d'un pays qui, à un moment donné, a carrément eu tort. Ce serait simple. Mais mon père n'est pas un vieux salaud. Pas carrément.

— Et tu ne peux pas tout à fait donner tort à ton pays.

— Non.

Il était étonné que Nadine le comprît aussi bien. Mais sa compréhension, sa maturité naissante étaient liées à l'histoire personnelle de Nadine, et pas à sa connaissance de la Bulgarie.

— Et ce que tu voudrais, au fond, très, très fort, c'est qu'il ait tout à fait raison...

Elle comprenait trop. Il biaisa.

— C'est un pays ridicule, ridicule ! Tu ne peux pas savoir ! J'ai deux copains, ils sont en France maintenant, ils étaient comédiens à Sofia, on les a virés et renvoyés à la campagne, tu sais pourquoi ? Parce qu'ils étaient grands et minces tous les deux et qu'on appelait ça « un physique aristocratique ». D'abord on ne leur donnait que des rôles antipathiques, et après, on les a renvoyés à la terre. Pour leur apprendre à ressembler aux autres.

— Parce que les autres... ?

— Oh ! les Bulgares, ils sont plutôt petits et gros... Genre pot à tabac, tu vois ?

Nadine rit. Joseph n'est pas très grand, mais svelte, bien fait, un visage fin et naïf à la fois, de renard, très jeune, auquel il essaie d'imprimer un air de lassitude désabusée parfaitement raté. Nadine est indulgente : Joseph a un an de moins qu'elle. Elle se demande même si elle n'est pas trop vieille pour lui.

— Tu n'as rien d'un pot à tabac !

— Oui, mais moi, ma mère était russe...

— C'est bien vu, ça, là-bas ?

— Ça dépend. Oui. D'un sens. On ne peut pas répondre oui ou non aux questions sur là-bas. C'est trop différent. J'ai l'avantage de participer de deux civilisations ra-di-ca-le-ment opposées, vois-tu...

Nadine a bien envie, pour le taquiner, de lui rappeler qu'à son départ de Bulgarie il n'avait que neuf ans. Mais elle ne le dit pas. Elle a perdu tant de batailles verbales avec sa mère qu'elle est devenue prudente.

— Elle est morte, ta mère ?

— Pourquoi ?

— Parce que tu dis, elle *était*...

— Elle est morte, mais pendant longtemps je ne l'ai pas su. Au fond, je ne le sais pas encore. Elle est restée là-bas, elle a eu des ennuis à cause de nous, papa et moi, certainement, mais elle, elle a dû s'accrocher... Elle avait une haute situation là-bas. Chef de clinique. Apte à décider si les gens sont dans la norme. Tu te rends compte ? C'est un pays... ridicule, je te dis. On lui amenait un malheureux qui avait écrit quelques poèmes subversifs et elle le soignait, tu m'entends, avec du soufre et du chloral. Elle le rééduquait avec des piqûres dans les fesses, elle l'abrutissait, l'endormait, le réveillait, et finalement il était guéri, il n'écrivait plus de poèmes subversifs, et on le rendait à ses responsabilités d'éboueur.

— Et s'il ne guérissait pas ?

— Ah ! alors c'est qu'il y mettait de la mauvaise volonté et on l'envoyait dans un camp de travail. Et il y mourait, ce qui prouve bien qu'il était malade.

— Et tu as l'air tout content de me raconter cela ! dit Nadine, mi-indignée, mi-incrédule (elle a déjà constaté une fois ou deux que Joseph a tendance à fabuler). Si c'est vrai, c'est... c'était un monstre, ta mère !

— Pas du tout. Je la revois. C'est une très belle femme, blonde, avec un chignon, mais un joli chignon, flou, pas tiré, pas sévère, de très grands yeux gris, très doux, pleins de compassion ; quand elle part pour son agence de tortures, elle soupire, elle n'est pas gaie, et elle essaie toujours de les raisonner, les malades, avant de passer aux piqûres... Ce n'est pas sa faute, à elle, s'ils ne veulent pas comprendre.

— Tu inventes ! dit Nadine, incrédule. Tu as lu ça dans un roman-photo !

— Quand nous nous sommes enfuis, papa et moi, poursuit Joseph, imperturbable, elle a dit à un copain de papa, qui est à Bruxelles maintenant : « Ils sont morts pour moi tous les deux, je ne veux plus jamais entendre leurs noms. » Et elle a fait piquer mon chien, que je n'avais pas pu emmener. Elle avait peur qu'il n'ait été contaminé par nos idées subversives.

Nadine rit encore. Elle est maintenant convaincue que Joseph brode, s'il n'invente pas purement et simplement. Mais comme c'est pour l'éblouir, elle n'est pas fâchée. Quant à Joseph, qui a eu l'habitude, à Paris, de séduire les étudiantes avec des récits d'épouvante, il est un peu déconcerté par le rire de Nadine. Mais comme il sent, derrière ce rire, une vraie tendresse, il n'est pas vraiment vexé.

Il continue à lui raconter des histoires de sa mère. Sa cruauté, sa compassion, sa conformité à la « norme » touchant presque à la caricature, ses dons musicaux (elle aurait fait partie d'un ensemble de musique folklorique et chanterait à ravir), son autorité sur les autres médecins et les infirmières (« Elle est notre conscience », aurait dit le directeur un jour), son optimisme, sa confiance dans le progrès des peuples, notion déjà un peu « dépassée » même dans les pays de l'Est, dit Joseph, et il se moque, et il boit un peu trop, et il sort du restaurant appuyé sur l'épaule de Nadine, et ils marchent dans la ville endormie. C'est l'anniversaire de Nadine, elle a vingt-quatre ans, sa grand-mère lui a donné un dessin de Christophe Matthyssen, un dessin « signé », a-t-elle précisé, dont un jour elle lui raconterait l'histoire. C'est de cette façon, en lui racontant des histoires, que se manifestent à Nadine les gens qui l'aiment un peu. Ils ont l'air de penser qu'elle va savoir quoi en faire. Elle ne sait pas encore, mais elle saura. Une patience est née en elle, un embryon qui a besoin encore de son temps, de son sang, pour se développer. Cette maturation lui donne une démarche un peu lourde, un rayonnement voilé, une précoce gravité de femme enceinte. Joseph y est sensible, sans l'analyser.

Ils sont maintenant dans le studio modeste, moderne, de Nadine, Joseph étendu sur le lit, fumant des cigarettes à bout doré (elle lui dira un jour que c'est de mauvais goût, elle lui dira tant de choses, un jour), il parle encore, entre l'ivresse et le sommeil. Nadine, assise au bord du lit, les mains sur ses genoux, l'écoute.

— Un jour, j'irai la chercher (il délire avec complaisance). Quand j'aurai obtenu ma naturalisation et que je ne risquerai plus rien, j'irai la chercher, je la ramènerai ici par la peau du cou, et je lui dirai : « Où sont-elles, maintenant, tes normes ? Tu vas faire des piqûres à toute cette ville maintenant ? » Je lui achèterai des robes, un autoradio, un flacon de parfum grand comme un frigo, d'ailleurs je lui achèterai aussi un frigo, un petit, pour qu'elle puisse l'emporter dans l'avion, et je le remplirai de bouteilles de champagne, du brut. Et elle ne voudra plus s'en aller...

« Tzigane ! pense Nadine tendrement. Ivrogne et sentimental, j'ai mis la main sur le bon numéro ! »

Il a laissé tomber sa cigarette, le mégot va faire un trou dans la moquette que Nadine a mis quatre mois à payer, et maintenant il pleure, deux petites larmes, comme chaque fois qu'il fabule autour de sa mère oubliée, et cela, de l'avoir, sa mère, *oubliée,* c'est le vrai malheur, celui dont il ne parle pas, et Nadine s'allonge près de lui, l'entoure de ses bras, et embarquée à son tour dans un rêve bien construit, bien consistant, tandis qu'il s'endort, l'épouse (naturalisation de fait), l'installe dans la Tour en obligeant ses parents à l'accepter par quelque subterfuge, fait sa fortune et quelques beaux enfants, se place comme un mur (elle a, en s'endormant à son tour, une vision fugitive du mur de Berlin), se place comme un mur entre sa fable et lui.

*

C'est Stépha qui a connu Joseph la première et lui a présenté sa sœur. « Tu verras, c'est une fille épatante, elle est belle, elle est bonne, elle n'est pas con du tout, elle est cent fois mieux que moi. »

Quelques semaines après, s'apercevant que Joseph et Nadine, qui se sont plu, « sortent » ensemble, Stépha à sa sœur :

— Alors, tu ramasses dans mes poubelles, maintenant ?

Stéphanie aime bien sa chambre de bonne, celle qu'elle loue pour préparer ses examens, à Lille. La fenêtre donne sur un mur, qui comporte une fenêtre, à travers laquelle on aperçoit un mur. Elle ne couche pas, ou rarement, dans cette chambre. Elle « habite chez ses parents », comme elle le déclare elle-même, avec ironie, à ses camarades de faculté. Le livre de psycho (elle prépare un mémoire de doctorat) est ouvert devant elle. Elle appuie sa tête sur son poing, et, pensive, regarde le mur à travers le mur.

Elle est brune de cheveux, d'yeux et de teint, mince et presque maigre, de taille moyenne mais parfaitement bien faite, si l'on en excepte la tête un peu trop grosse, un front bombé, puissant, de sibylle, qui plie sous le poids d'une chevelure sombre et exubérante, les « cheveux Matthyssen » dont Marianne est si fière. Attirante sinon jolie, capable de brusques éclats d'enthousiasme ou de colère, Stéphanie pourrait plaire si, la plupart du temps et depuis quelques années, son expression la plus courante n'était pas celle d'une méditation passablement morose, ou d'une ironie assez désagréable. Elle peut aussi se rendre totalement inexpressive, son visage un peu large, fier, s'empreint alors d'une stupeur passive qui peut passer pour de la rêverie, ou de la douceur.

Du moins c'est ainsi que sa mère la voit. A ces moments-là, elle ose lui passer la main dans les cheveux, voire l'embrasser, sans risque de sentir le mince corps sauvage se raidir contre son étreinte.

Même enfant, Stéphanie était tout, sauf un beau bébé, une belle petite fille comme on l'entend dans le Nord, rose, riante et bien nourrie.

— C'est la première fille de la famille qui se permette d'être laide, dit Clara sa grand-mère quand elle eut six ans.

Elle parlait sans méchanceté comme sans indulgence. Elle constatait.

— C'est un petit pruneau, dit son père banalement.

— Elle a des traits d'une finesse ! protestait Marianne.

— Justement. Il ne faut pas qu'un enfant ait des traits trop expressifs. Regarde Nadine, on dirait une patate, eh bien, je suis sûre que ce sera une beauté.

— Une patate ! (Marianne.)

— Et c'est bien fait pour toi, poursuit sa mère avec l'entêtement d'un enfant. Quel besoin avais-tu de l'appeler Stéphanie ? Si c'était pour qu'elle ressemble à ma mère à moi, c'est réussi ! On voit bien que tu ne l'as pas connue. Une figure petite comme un poing, souffreteuse... Un bel exemple ! Si tu ne voulais pas de Clara, tu aurais pu l'appeler Christine, en hommage à son oncle, ou Justine, puisque papa était son parrain...

Cette discussion est rituelle.

— Justine, quelle horreur, maman ! Autant Juste est un beau nom... Et Christine... Je n'aime pas... Mais je n'ai pas refusé de l'appeler Clara ! On espérait un garçon, alors j'ai été prise au dépourvu...

— Mais non, c'est pour Nadine qu'on attendait un garçon, dit Wilhelm Fabrizius qui parle peu mais toujours à contretemps.

Bien entendu, Nadine (quatre ans) se met à hurler.

— Pourquoi on me voulait pas ? Pourquoi on me voulait pas ?

Marianne la porte dehors, excédée, comme on porte un petit chien.

— Elle est agaçante, cette gosse ! Elle éclate de santé et il faut toujours qu'elle crie ! Stéphanie qui est si fragile... Stéphanie...

Clara ferme à moitié les yeux et rêve. Il y a longtemps qu'elle a remarqué la partialité de Marianne envers sa fille aînée. Elle ne s'en indigne pas. A son âge, elle sait avec quelle inégalité l'amour est réparti dans le monde. Et qu'il n'est pas forcément chose enviable.

— Elle embellira peut-être, dit-elle, conciliante. Elle a quelque chose de moi.

On rit.

*

A peine sait-elle écrire que Stépha invente un jeu. Elle libelle de petits billets, cachée derrière les bouleaux de la cour, confectionne soigneusement des enveloppes avec colle à papier et ciseaux empruntés au bureau de son père, et, en revenant de l'école, les glisse dans les boîtes aux lettres des maisons du village, choisies selon des critères qui lui sont propres. Parfois elle autorise Nadine à participer à ce jeu, à glisser les enveloppes dans les boîtes, et même à en déchiffrer les en-têtes : « Monsieur Salmigondis. Maison Verte. Courte rue du Malheur. »

— Qu'est-ce que tu lui dis, à M. Salmigondis ? demande Nadine.

— Tu n'as pas à le savoir. Tu es le facteur.

On le saura le jour où M. Salmigondis (en réalité le docteur Salèze, médecine du travail) apportera, indigné, l'une de ces missives à Marianne (« Je sais que ce sont vos petites ! Je les ai guettées ! ») et que cette pauvre mère lira sur la feuille blanche, tracé d'une écriture nerveuse et irrégulière qui est bien celle de Stépha : « Pense à tes fins dernières et fais ta prière avant d'aller travailler ! Tu n'en as plus pour longtemps avec ta *syrrose*, alors fais une bonne mort ! »

Le docteur Salèze s'étrangle d'indignation. Stépha se défend avec rage : l'histoire de la « *syrrose* », tout le monde le sait, elle l'a entendue raconter dix fois par les ouvrières de l'usine. Et elle n'a pas voulu que le docteur aille en enfer sans le savoir, voilà tout ! Est-ce comédie ? Son visage sombre se fait si douloureux (« Non, docteur, il ne faut pas aller en enfer ! ») qu'il finit par se retirer, démonté, persuadé d'avoir inspiré un bizarre intérêt à cette petite fille. Mais Marianne, assistée du curé, insiste en vain pour que Stépha, à défaut de se repentir, jure de ne plus recommencer à distribuer ces pieux messages.

A force d'insistance, ils obtiennent cette réponse : « D'accord. Mais ce n'est plus la peine de venir me raconter que vous y croyez, à l'enfer ! » Et quelques mois après, Mlle Stéphanie Fabrizius, de la maison Matthyssen, de l'usine Matthyssen (on dit cela comme on dirait : des ducs de Normandie), refusera tout de bon de faire sa première communion.

« Et Marianne pleura pour la seconde fois. »

Juste a mis fin à la guerre de 1914 (1919)

Il y eut un temps entre l'Armistice et l'Avenir. Un temps minuscule, rieur. Juste *allait* revenir, la maison *allait* être évacuée mais il faudrait beaucoup de travaux, le père Matthyssen *allait* se rendre à Bordeaux pour négocier l'achat de l'usine...

Le présent, l'affreux appartement de la rue de Tourcoing, Mme Corbeau le répétait tous les jours, n'était que provisoire. Le provisoire convenait assez à Chris-et-Clara. On s'occupait beaucoup de reconstruction, de dommages de guerre, tout le monde faisait des projets, on les laissait tranquilles. Ils se jouaient des scènes à moitié drôles, provocantes mais pour qui...

— Suppose que tu ne l'épouses pas, quelle catastrophe ! Imagine, tu dis à la Corbeau : « Moi, épouser ce paysan, ce rustre ! »

— Je fais le notaire : « Mais mon enfant, ma parole est engagée ! Mon honneur est en jeu ! Pense au drapeau, pense à ma croix, pense à mon béret ! »

— Je fais la Corbeau : « Quand je pense... Quand je pense que tu pourrais avoir une usine, une argenterie, des peintures neuves et un petit chien ! »

— Je fais la bonne société : « Et d'où vient l'argent ? Des rutabagas ! »

— Enfin, c'est tout de même Juste qui a mis fin à la guerre de 1914 !

C'était un jeu très bête, le jeu de Clara-qui-ne-se-marie-pas.

Il y a toujours un commencement, une période où le pouvoir n'est pas encore légitime. Alors on en rit, on s'en moque pendant qu'il en est encore temps. Cette ironie même exprime qu'on ne le combattra pas.

Un jeu très bête. Ils cessèrent d'y jouer un jour où Clara dit, rêveuse :

— Au fond, il n'y a qu'une personne qui pourrait empêcher ce mariage...

— Qui ?

— Devine.

Il ne voulut pas deviner. Il ne voulait pas prendre le pouvoir. Les majuscules, ce n'était pas son affaire, au futur grand peintre, au futur héros.

Cette année-là, avant le mariage de Clara, ils marchaient souvent côte à côte ; lui avait seize ans, elle dix-neuf. Il devenait très grand, les yeux gris, les boucles de cuivre, le teint blanc de certains roux ; et elle, élancée, vive, toute noire et blanche, avait la même pâleur, plus seyante ; leur seul point commun. Dans l'appartement, trop petit, il avait annexé la salle de bains, les Corbin n'étant pas des passionnés d'hygiène, et toute cette année-là il collait, amalgamant à des gouaches toutes petites les matériaux les plus fugaces, du sable, des plumes d'oiseau dont il eut brusquement la folie. Il battait la campagne avec Clara pour en découvrir, ils passaient des heures ensemble sans plus parler de rien. C'était, comme plus tard pendant six ou sept ans, un de ces arrêts miséricordieux du temps dont ils devaient parfois, Chris-et-Clara, bénéficier. Cette série des collages aux oiseaux exprimait peut-être cette grâce qui leur était faite, mais le support, le papier fort sur lequel Chris travaillait, manquait d'épaisseur, et des années après, trente, cinquante ans après, Clara avait retrouvé l'une de ces caisses en carton, elles-mêmes décorées avec soin, dans lesquelles il entassait, l'un sur l'autre, séparés par du papier de soie, ces collages, et comme elle voulait, émue, les soulever, l'un après l'autre sous ses doigts retombaient en poussière, ou s'envolaient, ou s'écoulaient au fond de la caisse, le sable bleu redevenu sec, les plumes impalpables, les matériaux dont s'était servi le jeune Christophe retournant à leur origine, comme lui-même, poor Yorick, comme lui-même...

Elle avait refermé la caisse comme la tombe d'un pharaon, comme la grotte de Lascaux polluée par le souffle humain, que sais-je, ou dans le film de Fellini les catacombes du métro de Rome, une beauté qui ne supporte pas la lumière, l'impureté grouillante de la vie... Plumes d'oiseau... Elle ne s'en souvenait même pas, de cette année-là.

Si : 1919, elle copine avec des infirmières qui lui passent des produits de beauté, transmis de l'une à l'autre dans la tempête comme des talismans, un vieux rouge à lèvres, du mascara, un bleu qu'on se met sur les paupières. Si : 1919, les gémissements de Mme Corbeau qui ne portent jamais sur les vrais malheurs de la guerre, son mari revenu avec un bras manquant, la mort de ses proches, les dégâts de l'Occupation, la grippe espagnole, les difficultés du ravitaillement, toutes choses qu'elle a endurées avec son petit courage de fourmi, mais sur la déchéance qu'il lui semble avoir subi. « Quand on pense... que j'avais deux bonnes et une femme à la journée... Quand on pense que nos massifs d'hortensias... Quand on pense... qu'on ne trouve plus de vraie cire d'abeille... » Et toutes ses doléances se terminent par un regard sur sa fille (qu'elle n'aura jamais tant regardée) et un soupir : « Heureusement... »

« Heureusement que Juste a gagné la guerre de 14. »

On le savait. On le saura.

A quel moment précis ? 1914 ? 1915 ? Pendant le froid, le passage des réfugiés, la peur des Boches-qui-coupent-les-mains-aux-enfants (Christophe regardait ses mains), pendant les gémissements de Mme Corbeau, pendant les brèves réapparitions de Juste en uniforme, ses grandes mains façonnant adroitement une allonge à la table cassée, repeignant avec de la peinture de l'armée la petite office triste, pendant les patates gelées et les flammes sur le mur et le colombophile fusillé, pendant tout ce temps, Chris ne s'inquiète que de choses matérielles, trocs en tous genres, rutabagas à accommoder, toiture à consolider, et puis grandir, et puis dessiner ; il sait que Juste va revenir, mettre fin à la guerre et épouser Clara.

Au moment même où il peint les flammes sur le mur chaulé qui sépare leurs deux chambres, « un peu de rouge, un peu de rouge, j'ai froid », implore Clara, mais il ne lui reste pas de rouge et il n'aimera jamais cette couleur, à ce moment-là, où il est si proche de sa sœur, il sait tout de même que Juste « va gagner la guerre de 14 ». Que Juste, qu'il a vu, lui encore enfant, passer la tondeuse sur la pelouse, passera encore la tondeuse sur cette pelouse quinze ans plus tard, et que ce sera sa pelouse, et sa maison. Il connaît le pouvoir, le secret de Juste. Les envie-t-il ? Si jamais la question s'est posée, ç'aurait pu être en 1919. Seize ans, n'est-ce pas... S'il connaît le pouvoir de Juste, Juste connaît-il celui de Christophe ? Chris n'en est pas sûr, il dissimule bien, et puis il a Clara pour complice. Mais de ce pouvoir qu'il commence à sentir en lui, quel usage Chris pourrait-il faire ? Il aurait horreur d'être propriétaire de quelque chose, d'une maison, d'une femme, d'un jardin. Quelques objets, mais lui appartiennent-ils, ou est-ce que c'est lui, plutôt, qui leur appartient ? Une hésitation peut-être, au moment du jeu si bête (« Devine... »). Il a renoncé. Comment dire ? Juste a un secret, Christophe est un secret. Et Clara le sait bien. « T'aimerais-je si tu étais différent, mon frère ? T'aimerais-je et l'aimerais-je si vous étiez pareils ? »

1919 : Christophe a installé une planche sur la vieille baignoire en fonte. Il est assis sur un tabouret et Clara regarde le dos penché, la main qui tâtonne entre les tubes, les flacons, la colle, les couleurs, regarde la boucle rousse qu'il rejette en arrière, regarde le garçon opaque, immobile, le garçon d'une infinie patience, un arbre qui attend que les oiseaux s'y posent. « Oh ! non, ce n'est pas moi qui te dérangerai. Rien ne te dérangera tant que je serai là. N'aie peur de rien, mon amour, mon frère. Je vivrai pour toi. J'entends : je vivrai à ta place. »

*

1920 : Juste ouvre la porte, il entre. Quand il ouvre la porte, il ouvre la porte. Tout entre avec lui, le vent, la pluie, le bruit des voitures, le hennissement d'un cheval, on sursaute. Pourtant il n'est pas brusque.

— Alors, papa ? Petite Mère, vous serez contente. Enfin le service sanitaire évacue... Les dommages de guerre... Les possibilités d'emprunt... Un bon nettoyage, et la maison sera habitable... J'ai trouvé un autre appartement pour vous, un loyer raisonnable, et il y a une pièce en plus... Alors, Clara, si on faisait ça en avril ou en mai ?

Juste a pris le pouvoir. La maison, l'usine, Clara.

Et Chris. Et les Corbin. De ses grandes mains patientes, il modèle la famille idéale, celle qu'il a voulue, une famille enracinée dans cette région laide et fertile, une famille qui se voie de loin, dans cette plaine, comme un toit.

Le notaire reprend forme, ses moustaches se redressent, il commence à raconter des anecdotes sur la guerre, sa guerre, il arbore sa croix. Qu'est-ce qui « lave » mieux qu'une guerre ? Juste ne parle pas de la sienne. Et comme s'il avait délégué à son futur beau-père le soin d'afficher tout l'héroïsme de la famille, devant lui il s'efface, il a eu la chance de survivre, sans plus, tandis que le valeureux manchot ! Me Corbin devient membre d'un groupe d'Anciens Combattants, il défile, il est convié à des banquets qui rassemblent trente héros congestionnés autour d'un lapin à la bière, il se met à boire trop, à afficher des opinions politiques, et comme sa ruine l'oblige à la retraite (Juste pourvoira dorénavant à tout), il est assez heureux, il a retrouvé un personnage. Il fait même parfois la causette aux commerçants de son nouveau quartier. Chris-et-Clara l'observent avec amusement. De même qu'ils voient Mme Corbeau se mettre à ressembler à une mère sous les soins attentifs de Juste, toujours un peu jardinier. Tirera-t-il une floraison de cette plante ingrate, de celle dont on dit qu'elles ne fleurissent que tous les cent ans ? On dirait bien que oui. Elle sourit parfois, et un jour, d'une voix maigre et pure, elle chantera pour Juste une chanson patoisante :

« *J' répét'rai toudis*
Que l' si beau Paradis
d'Adam et de s'campane
Ch'étot chi à Tourco... »

— Ça alors !

Pour Chris-et-Clara, la stupeur. Ils n'en ont pas fini avec les découvertes. Pour eux, Juste est venu en conquérant, a jugé les Corbin, et les a attelés à son char. Il lui fallait une famille, il s'est emparé de celle-là qui flottait à la dérive. Mais, sans que ce jugement comportât le moindre blâme, ils n'ont jamais supposé que Juste nourrît pour leurs parents le moindre attachement réel. Or, quand Mme Corbeau se découvrira atteinte d'un cancer, c'est Juste qui, en dépit d'un travail accablant, va la conduire à l'hôpital, chercher le meilleur chirurgien, apporter des fleurs et des bonbons, s'asseoir le dimanche avec une patience inlassable au chevet de la malade, et c'est le seul, à l'enterrement de Stéphanie Corbin, qui va verser des larmes apparemment sincères, à la stupéfaction de Chris-et-Clara.

— Il y a des secrets partout..., dit pensivement Christophe lorsque dans la chambre de la défunte (le notaire s'est alité) un placard fermé à clé déverse dans la pièce un torrent de livres brochés.

Stellio, l'enfant des étoiles, Le Voyage de lady Ashton, Galathée... Le livre jaune et noir avec un bois gravé (Ferenczy) s'ouvre et sur la page de garde, de la petite écriture grise, ces mots : « Stéphanie Corbin. Donné par Juste. »

— Tu offrais des livres à Mme... à maman ?

— Mais oui. Souvent. Elle lisait énormément.

— Pourquoi tu ne me l'as jamais dit ?

— Oh ! ça ne se dit pas, voyons...

Pudeur inattendue de Juste.

— Elle lisait énormément... ? répète Clara, pensive.

— Elle dévorait !

L'anorexique Mme Corbeau ! Elle dévorait... Est-ce que dans cette faim, au bout du compte, Clara l'insatiable se découvrirait avec sa mère une sorte de ressemblance ?

— Ça m'est presque désagréable, tu vois, cette idée, confie-t-elle à Chris.

— Moi aussi. J'ai toujours pensé que nous étions nés par génération spontanée. Ou du moins, qu'on nous avait déposés par hasard, par erreur, dans le jardin...

— Moi, je croyais que c'était à cause de la plaque, quand j'étais petite. A cause de la plaque de l'étude. Qu'on nous avait déposés là à cause de la plaque, qui inspirait confiance.

Les révélations de Juste, l'affection qu'il semble avoir éprouvée pour leurs parents, qu'il était donc possible d'éprouver pour leurs parents, les surprennent. Quoi, ce pouvoir-là, il le possède aussi ?

— Ton Juste, dit Chris en plaisantant, c'est un meuble à secrets. Il faudra s'en méfier.

— Oh ! mais je m'en méfie, répond Clara.

*

Il y a toujours un commencement, une période où le pouvoir n'est pas encore légitime.

Dans la maison dévastée où entrent Juste et Clara après leur mariage subsistent les images mortuaires qui vont fasciner, des décennies après, leur petite-fille Stépha, mais aussi, quand ils pénètrent dans l'entrée de la maison, ils y découvrent, au milieu des meubles brisés et des tentures arrachées, suspendu au mur, intact, et dûment encadré, le sonnet de Plantin, cher aux époux Corbin, qui les attend.

« Avoir une maison commode, propre et belle,
Un jardin tapissé d'espaliers odorants,
Des fruits, d'excellents vins, peu de train, peu
[d'enfants... »

— Oh ! gémit Clara, l'index tendu vers l'infâme chose restée indemne au milieu des désastres de la guerre, comme pour signifier que la médiocrité ne meurt jamais, le sonnet de Plantin ! Il est toujours là ! Quelle horreur !

Et, coulant vers Juste un regard malicieux :

— Je peux ?

— Tu peux.

Elle saisit le cadre, le jette par terre, le piétine avec une colère rieuse. Juste la prend dans ses bras, comme il convient de prendre une jeune mariée, et c'est en enjambant le sonnet de Plantin que Juste et Clara entrent dans la maison et dans la vie conjugale.

*

Mauvais début, pour Juste ? Y aura-t-il une vengeance de l'humaniste piétiné ?

*

Donne et redonne. Voyons ses cartes. Depuis le lointain marquis qui jouait au billard à l'emplacement des paulownias et fut arrêté au milieu du carré d'asperges de Mme Corbin, la maison a été exorcisée de tout romantisme : une tribu de petits avocats, juges et tabellions, bien mariés, enfantant dru, lui ont donné un cachet de respectabilité sans poésie. Les arbres étaient taillés, les gazons tondus, les enfants mis sous cloche dans des pensionnats religieux, les chiens bien dressés, nourris, piqués quand en venait le temps. C'est ce qu'on appelait avant la guerre de 1914 la « belle bourgeoisie ». Après, on a plutôt dit la « bonne » bourgeoisie. Le concept de beauté s'était éclipsé. Trop dangereux ?

Mme Corbin, Mme Corbeau, après une petite crise de boulangisme, restée secrète, dans sa prime jeunesse, était revenue à un royalisme non moins secret. Pour elle, la beauté se réfugiait là, un feu secret, avare, entretenu au petit bois des romans historiques qu'elle envoyait Juste lui chercher à la bibliothèque de Lille et des généalogies compulsées avec le curé. Cette étincelle, non comprise dans l'inventaire, fut cependant transmise à Juste avec la maison, à charge pour lui de l'administrer ou de l'éteindre, à son gré.

N'oublions pas les flammes peintes sur le mur par Christophe, au milieu des flammes de la guerre. N'oublions pas Clara, femme flamme. Et quelque part, ricanant malicieusement, le nègre au diamant qui, n'ayant pas réussi à faire perdre au notaire toute considération, lui a tout de même coûté un bras. L'obligation de se « racheter ».

Voilà pour la maison.

Du côté de l'usine, Juste était-il plus tranquille ? On aurait pu le croire. La filature, à l'extrémité du village de Kerkhove, datait de la fin du siècle dernier. Elle appartenait en 1914 à la famille Bureau (c'était leur patronyme dépourvu d'élégance) qui s'était trouvée malheureusement décimée dès les premiers mois de la guerre. Trois fils avaient été tués à Souchez et à N.-D. de Lorette, le quatrième gazé sur l'Yser ; avec le blessé évacué et deux filles d'une décente laideur, le père Bureau put atteindre Bordeaux, où, fût-ce l'exotisme, fût-ce le rachat par le chef de famille d'une maison de bonneterie qui périclitait, les deux filles se marièrent aux deux frères bonnetiers en permission, le blessé se refit une petite, toute petite santé qu'entretenait le climat moins rude, et à la fin de la guerre M. Bureau fut tout heureux de revendre l'usine, fermée depuis trois ans et qui se dégradait, au père Matthyssen, traitant pour son fils Juste. Le petit parfum de marché noir qui entourait le vieux lui inspirait confiance.

Nous l'avons dit, le sens de l'opportunité de la famille Matthyssen se montra en cette occasion : le providentiel vieillard, robuste comme un chêne, qui avait nourri la famille Corbin et préparé l'offensive de Juste, mourut de la grippe espagnole avant même la célébration du mariage, ce qui arrangeait bien tout le monde.

Abandonnée l'usine, et dévastée la maison, la tâche de Juste exigea pendant des années une énergie et une invention en continuel éveil. Mais croirait-on qu'en dépit de son très prosaïque propriétaire l'usine recelait aussi un subtil ferment de danger ? Malgré les bombardements, elle était restée solide, massive, structurée par les jeux savants de briques de teintes variées qui soulignaient les saillies des fenêtres, les décrochements des murs. Elle était restée belle aussi, on pouvait dire belle, avec ses cheminées se terminant en couronnes et ressemblant à des clochers, avec ses deux tours, dites « tours de guet » (peut-être avec ironie ?), belle de toute sa masse qui affirmait, avec une arrogance sans complexe, sa volonté de survie et de puissance. A Juste, elle dictait un vouloir qui n'était ni sans poésie ni sans cruauté.

Il y a toujours un commencement, un parti à prendre, où le pouvoir qui naît se mesure avec ce couple ami-ennemi, qu'il lui faut intégrer et manipuler avec soin : l'injustice et la beauté.

*

Juste commence par le commencement. L'usine pas encore remise en marche, ou à peine, douze ouvrières, on y sonnera la cloche (c'est encore une cloche, plus tard ce sera une sirène, mais Juste n'aimera jamais ça). La maison à repeindre, à retapisser, on engage une jeune servante, Julia, avenante, boulotte, aux yeux de mûre, un orage de cheveux noirs sur la tête ; et Juste trouve le temps de lever la tête des dossiers de l'usine pour demander :

— Sait-elle faire le mazeppa ?

— S'il y a une chose que je n'ai pas pensé à lui demander...

— Eh bien, demande-lui. Je voudrais qu'il y en ait un dimanche.

— Mais bien sûr, si ça te fait plaisir ! dit la jeune Clara qui ne se doute pas que Plantin vient de marquer un point.

Et le dimanche suivant les voit réunis, le notaire et Mme Corbeau, et Chris, dans la cuisine, où il est resté une grande table, déjà encaustiquée, autour du mazeppa. C'est le début de la conquête de Juste, de sa légitimation : ce qui a été sera. Le déjeuner à midi tapant, la cloche de l'église le dimanche, celle de l'usine en semaine, le croquet sur la pelouse (plus tard ce sera le ping-pong, plus tard encore le tennis) et toujours, toujours le mazeppa.

Le mazeppa est une pâtisserie que confectionnait Mme Corbeau pour les jours de fête, recette transmise par sa mère et sa grand-mère (plus fidèlement, hélas, que la particule), recette restée identique tout en se dépouillant lentement de son sens. Peut-être en eût-il été de même de la particule ? Mme Corbeau ne se le demande pas. Elle remonte à l'époque où la nourriture riche, qui tient bien au corps, l'étouffe-chrétien en d'autres termes, représentait l'idéal de la pâtisserie. Plus on avance vers le temps de la sveltesse et des sorbets, plus la formule du mazeppa devient absurde, mais cette absurdité même en accentue le caractère éternel et sacré. A travers Stéphanie Corbin, puis Clara, puis Marianne, le mazeppa se perpétue, accompagné parfois d'un dessert plus léger, la consommation du premier devenant alors purement symbolique. Comme tous les rites, celui-ci est sujet à gloses et discussions, les uns soutenant que le pavé traditionnel contenant des amandes a un nom d'origine espagnole (comme les cheveux noirs de Clara ?), marzapan ou massepain, tandis que d'autres protesteront vivement, et y verront une allusion à l'hetman des cosaques de l'Ukraine, qui parvint en ce lieu et à cette dignité attaché sur un cheval sauvage, et fut à la fin du XIXe siècle le sujet d'estampes et de chansons sans nombre. D'après les tenants de cette étymologie (Christophe), ce nom aurait été donné à la solide pâtisserie corbinienne à cause de son pouvoir calorique qui aurait soutenu le cosaque dans sa chevauchée.

Qu'importe. Voit-on naître le sacré ? Personne n'aime le mazeppa ou marzapan et n'en mange plus de quelques bouchées, mais la controverse maintient vivante l'habitude. Et entre autres définitions devenues dogmes, cette famille est de celles où l'on mange du mazeppa. Ou marzapan. Ainsi l'on se définit, l'on s'affirme, les contours bien nets d'un édifice se devinent en dépit des brouillards du Nord, et quand il pleut interminablement, que la journée s'enlise, que tous les arbres et tous les chemins se ressemblent, que disparaît la base des cheminées et le grain même du sol pour que la pensée y dérape et verse dans les ornières de la spéculation métaphysique, on est sauvé des égarements hérétiques quand on peut se dire : « Voici une maison où l'on mange du mazeppa le dimanche, où les filles sont belles, où les garçons s'appellent Juste, et dont on repeint la façade chaque année. » Ainsi s'édifie la maison Matthyssen.

Composition française (1964)

Marianne reçoit. Quelques dames et leurs filles, des adolescentes « amies » de Nadine et de Stépha. Clara est assise gracieusement au bord de son fauteuil, au bord de l'ennui. « C'était autre chose de notre temps, mon Juste. (Elle a l'habitude de s'adresser mentalement à son mari défunt.) Autre chose que cette atmosphère de patronage. »

La conversation tombe sur les études de ces jeunes filles. Marianne se lance avec enthousiasme dans l'éloge des dons de Stépha.

— Bien sûr, dit-elle en se rengorgeant avec un naturel qui fait sourire, et qu'on lui pardonne, il y a un don artistique dans la famille... Mais tout de même, elle est étonnante pour son âge ! Elle écrit des textes d'une maturité ! Et elle a des images si inattendues... Sûrement cela lui vient de l'oncle Christophe. Le talent saute une génération, parfois...

« Elle est désarmante », pense Clara, et elle

s'étonne de voir Stéphanie, si rebelle, subir ce dithyrambe avec sang-froid.

— Chérie, tu ne voudrais pas nous lire ce joli texte sur les arbres, tu sais, les bouleaux ? Je suis sûre que cela ferait tant plaisir à ces dames...

— C'étaient pas des bouleaux, c'étaient des saules..., répond Stépha d'une voix traînante.

Puis, plus vivement :

— Mais si tu veux, je peux lire ma dernière composition française ? Le sujet était joli : « Faites le rapprochement entre un paysage aimé et un livre de votre choix... »

Il y a un murmure appréciateur. Ces vaillantes mères d'adolescentes sont entraînées de longue date à écouter ânonner Prévert ou estropier Ravel. Pourquoi pas les effets de style de Stépha ?

Elle lit. Ce n'est pas si mal, estime Clara, et c'est original, encore qu'un peu en dehors du sujet. Stépha a décrit l'usine paternelle, son environnement, et l'a comparée à certaines descriptions de Londres de Valery Larbaud. En dépit de quelques maladresses, il y a là, en effet, du goût, de la sensibilité, une maturité réelle. Parler de talent, c'est peut-être beaucoup dire, mais il est certainement possible d'y trouver de la personnalité.

Marianne s'extasie, suivie d'un chœur de bonne volonté.

— C'est peut-être encore mieux que les bou... que les saules ! Et sur un sujet imposé ! Pourquoi ne me l'avais-tu pas montrée ! Quelle note as-tu obtenue ?

— Tu trouves ça bien, vraiment ? demande Stépha avec une apparence de satisfaction naïve qui surprend Clara et comble Marianne. (Stépha, rechercher, apprécier ses suffrages !)

— Remarquable ! Je ne crois pas que c'est parce que je suis ta mère, mais...

— Eh bien, fait tout à coup Stépha avec éclat, c'est encore mieux que tu ne penses, car ce n'est pas un texte de moi, mais de Mlle Nadine Fabrizius, douze ans et demi... ton autre fille !

Nadine est écarlate, le chœur s'extasie sur le talent de l'une, la gentillesse de l'autre... Dix ou douze ans après, Clara revoit encore le visage mystifié, ahuri, de Marianne (on dirait qu'elle vient de recevoir une gifle), le regard de défi ironique de Stépha...

— Tu vois, dira-t-elle un jour à Nadine jeune fille, c'est tout Stépha, ce genre de geste... On ne peut jamais démêler dans ce qu'elle fait le bien du mal. Est-ce qu'elle a voulu vexer ta mère ? Est-ce qu'elle a voulu lui démontrer son injustice envers toi, ou son incapacité à distinguer un texte d'un autre ? Te faire plaisir ? Ou simplement se moquer du monde ?

— Je ne sais pas, soupirera Nadine. Tout à la fois, peut-être. Elle est comme ça. Elle a la générosité méchante.

Et toutes les deux se tairont, dans une vague appréhension de ce que peut susciter encore de remous, dans la famille, la froide et folle Stépha.

Fragments d'un amour

Mais ce dont personne, jamais, ne prendra conscience, c'est qu'à treize ans, quatorze ans, Stépha est entrée dans le mystère de l'injustice de Dieu. De l'injustice de l'amour. De l'injustice.

« Dieu aime les hommes, monsieur le curé, mais est-ce qu'il les aime tous *autant* ? »

Aimée. Pourquoi ? Un jour (mais c'est beaucoup plus tard, Nadine a dix-sept ans, elle vient de quitter la maison, elle travaille dans une galerie de peinture de la place aux Oignons, sur la recommandation de sa grand-mère ; elle a pu aussi se louer un studio, avec son aide, et si quelqu'un dit à Marianne : « Dix-sept ans, est-ce que ce n'est pas un peu jeune pour vivre indépendante ? », Marianne répond avec sérénité : « Mais elle a sa grand-mère », et Stépha sait très bien que si Nadine « n'avait pas sa grand-mère », ce serait le même prix), un jour, Nadine vient passer le week-end chez ses parents (ça ne fait plaisir ni à elle ni aux autres, mais c'est le rite). Elle affirme sa toute jeune indépendance : blouson de cuir usagé, pull trop grand, bottes à talons. En outre, elle s'est fait teindre une mèche de cheveux, sur le devant, en bleu.

En bleu ! Wilhelm, qui ne s'indigne de rien, cette fois éclate.

— C'est trop fort !

Il la gifle. Nadine reste là, debout, très rouge, toute bête.

Marianne s'esclaffe.

— Tu es trop dur, Willy ! Elle est bien assez punie de s'être délibérément rendue aussi ridicule ! Les cheveux bleus ! Pourquoi pas le nez rouge, comme les clowns ? Et elle a des boutons, avec ça ! Oui, vous pouvez venir voir, Julia ! Qu'est-ce que vous pensez de la nouvelle invention de ma fille ?

Nadine est au supplice.

Le lendemain, Stépha va à Lille et en revient avec une mèche framboise.

— C'est vraiment la mode, alors ? demande Marianne.

La mode, c'est Stépha. Quoi qu'elle fasse, elle

aura toujours raison, Nadine, toujours tort. Ça paraît simple, comme ça. Mais c'est les réduire toutes les deux à l'impuissance, à l'insignifiance. Rien ne pourra-t-il vaincre cet amour, ce non-amour ? Injustice. Amour qui appelle la révolte, la provocation. « Est-il possible qu'elle m'aime *quoi que je fasse* ? »

Dans le jeune cœur de Stéphanie, un sombre orgueil blessé prend racine.

*

C'est plus tôt, bien plus tôt, que Stéphanie s'est mise à regarder sa mère. A souffrir de cette mère qui l'aime et qu'elle aime aussi, quoi qu'elle en dise. Heureuse Marianne, simple et brutale dans son amour, sans nuances, sans retours, simple et brutale dans son injustice, le coup de pied au chien, la rebuffade à Nadine, les reproches à la vieille Julia qui l'a élevée : « Vous ne pourriez pas aller un peu plus vite ? Soixante ans, c'est encore la jeunesse ! Regardez Mme Clara ! Est-ce qu'elle lambine, elle, et elle est plus âgée que vous ! »

« Être comme elle ! Ne pas être comme elle ! » pense Stéphanie tour à tour.

*

Stépha a une adolescence difficile.

Tranchante : « Mes parents ? Des médiocres. »

Une indulgence méprisante, coupée de brèves cruautés. A son père : « Du temps de grand-père, est-ce qu'il n'y avait pas davantage d'ouvrières à la filature ? J'étais toute petite, mais je voyais passer les vélos, derrière la haie... C'est vraiment à cause de la crise ? » A sa mère, qui va proposer les nouveaux imprimés aux acheteuses des grands magasins, à certains couturiers : « Ça t'amuse, d'être à tu et à toi avec les acheteuses des Galeries Lafayette ? Tu devrais au moins en profiter pour acheter des robes un peu moins moches... » Marianne rougit, a un sursaut de cavale blessée par le mors, se domine : « Qu'est-ce qui ne te plaît pas dans cette robe ? La coupe ? La couleur ? Veux-tu que j'en change pour dîner ? »

Humilité qui humilie.

Stépha affecte une grande amitié pour une certaine Émilie Stass, poupée blonde de quinze ans, sotte et maniérée, qu'elle impose à sa mère. « Tu ne pourrais pas couper une jupe pour Émilie ? Tu as vu comme elle est bien coiffée, Émilie ? Je voudrais la même coiffure. Je veux aller passer les vacances de Pâques à Gstaadt avec Émilie. Je veux passer le week-end chez Émilie. » Mais la provocation ne prend pas. Marianne n'a même pas conscience d'une provocation. C'est normal que Stépha préfère la compagnie d'une amie de son âge à celle de sa mère. Un jour pourtant :

— Je vais dîner chez Émilie. (Stépha, seize ans.)

Wilhelm, qui se trouve là, indigné :

— Mais c'est l'anniversaire de ta mère !

— Ah ? J'avais oublié... Je peux y aller, man ?

— Je te dis que c'est l'anniversaire de ta mère, Stéphanie ! Et ta grand-mère vient de Lille exprès.

— Et j'ai un cadeau super ! fait la grosse Nadine (à quatorze ans elle n'a pas encore « déboulé »).

— Et j'ai fait un mazeppa magnifique, insiste Julia, du seuil de la salle à manger.

— Enfin, tu n'as pas pu oublier...

Stépha, droite, les yeux étincelants, défie sa mère d'accepter l'inacceptable.

— Je peux y aller, man ?

— Vas-y, dit Marianne.

Et sur un geste de Wilhelm :

— Non, laisse. Mon cadeau d'anniversaire, c'est son plaisir...

Stépha part en claquant la porte. Stépha reviendra au milieu du repas, avec un énorme paquet dans les bras, une espèce de mille-pattes en peluche qu'elle a dû acheter dans une station-service. Marianne s'extasie puis, avec une totale ingénuité :

— Il ne fallait pas revenir pour moi, ma chérie...

Stéphanie éclate en sanglots.

— Puberté tardive, dit Wilhelm sèchement.

Il ne sera plus jamais question d'Émilie Stass.

*

Stépha (dix-huit ans) voudrait une voiture. Une petite Austin. Elle vient de passer son bac, elle va commencer des études de psycho à la faculté, il lui faudra aller et venir tout le temps...

— Ton père ne va pas vouloir... Tu sais que les affaires de l'usine...

— Dis-lui que c'est pour toi. Dis-lui que si grand-père était vivant, il te l'aurait donnée.

Marianne est prête à mentir, à humilier son mari, Marianne est prête à tout pour voir sourire le sombre visage au beau front lourd.

— Ah ! oui, c'est une idée. Je vais essayer.

Stépha, tout de même, est un peu soufflée.

— Mais non, maman ! C'était pour rire !

Regard incompréhensif de Marianne.

« Ce n'est pas pour rire, moi, que je t'ai aimée », disait le Seigneur à Angèle de Foligno.

« Oui, elle est un peu idiote, pense Stépha, seule dans sa chambre, appuyant son front fiévreux à la vitre glacée par l'hiver. Mais suis-je capable, moi, d'un tel amour ? »

*

Possessive, violente, sensuelle, généreuse comme peut l'être une personne douée de peu d'imagination, c'est-à-dire à tort et à travers, Marianne s'était mariée dans l'enthousiasme et la niaiserie. Le choix du mari au fond importait peu ; pourvu qu'il eût bonne apparence et fût accepté par son père, elle devait fatalement en tomber amoureuse. Wilhelm, bras droit de Juste, disposait de quelque argent qu'il investit dans l'usine (sa sœur, carmélite de fraîche date, n'avait besoin de rien). Elle épousa Wilhelm. Manquait un élément au tableau : dans le berceau ancien, tout de suite préparé, un bébé. *Le* bébé, avec son attirail de voilages, de chaussons adorables, de baignoire miniature, de tableautins extraits des livres de Beatrix Potter suspendus un peu partout, et sitôt née Stéphanie, Marianne fit porter à la fille du cordonnier, élevée à la dignité de nurse, de grands tabliers de lin bleu ou rose, ravissants, achetés dans un magasin anglais.

Le plan se déroulait selon toutes les prévisions. La maison Matthyssen était alors à l'apogée. Marianne avait tout prévu. Après le premier enfant, six ou huit mois de repos, et en route, le second, un fils. Après, terminé. L'existence de deux bébés impliquerait tout naturellement l'aménagement, aux frais du chef de famille, du bâtiment de la Tour, qui restait dédié au souvenir de Christophe, de manière un peu agaçante. Toute cette place perdue ! Marianne faisait déjà pour l'atelier, transformé en living, les projets les plus délicieux, quand le premier obstacle survint, sous la forme de

Nadine qui se refusa à être un garçon, par pure mauvaise volonté.

La lutte entre elle et sa mère commença avant sa naissance, dans ce grand lit garni de dentelle qui lui aussi faisait partie du tableau que Marianne fignolait depuis son mariage. Le lit, l'accouchement à la maison, le grand-père à l'usine (où il préparait l'avenir du nouveau-né), le père réfugié dans la Tour, au milieu des toiles d'araignée et des petits monstres bleu et jaune de l'oncle Chris (les unes comme les autres appelés à disparaître dans les plus brefs délais), le « bon docteur » Leroy, accoucheur réputé (qui devait bien plus tard devenir le héros d'un scandale local, ayant abusé d'un mineur débile mental), la grand-mère compétente et attendrie (attendrie, Clara l'était peut-être mais n'en laissait rien voir, et compétente, elle ne l'était guère plus, n'ayant eu que deux enfants dont l'un mort-né et ayant à chaque fois, disait-elle, exigé qu'on l'endormît, ce qui fait qu'elle ne se souvenait, disait-elle, de rien), bref tout était prêt sauf l'enfant.

Car il (avant sa naissance, c'était *il,* naturellement) se refusait à naître. Les premières contractions avaient eu lieu un samedi soir ; Marianne avait souffert toute la nuit, et on s'attendit, vers cinq heures du matin, avec les premières lueurs de l'aube, à ce que vînt au monde glorieusement Juste Arnold Fabrizius, fils et héritier des Fabrizius et des Matthyssen, qu'attendait le berceau ancien, garni de bleu. Mais le soleil de ce dimanche de juillet se leva, et les souffrances de Marianne s'accrurent sans qu'une naissance parût imminente. Elle avait annoncé, pour narguer sa mère (Clara avait été une des premières dames de la région, vers 1930, à accoucher en clinique), qu'elle accoucherait chez elle (elle marquait son territoire, celui de son fils) et refuserait tout anesthésique. La matinée s'avançant, le bon docteur, la voyant s'affaiblir, lui administra deux piqûres destinées à hâter le processus de la naissance. Marianne hurlait. On avait dû ouvrir les fenêtres, la chaleur était suffocante. « C'est ce qui s'appelle un bel accouchement, remarqua la vieille Julia. On entend Madame jusqu'au bout du village ! »

Clara fumait dans un coin, le visage révulsé d'anxiété, crut-on, en réalité de dégoût. Craignit-elle qu'on ne lût ce sentiment sur son visage ? Elle eut ces mots malheureux, qui au milieu de sa souffrance marquèrent Marianne comme un fer rouge :

— On dirait qu'il ne veut pas naître !

— Mais on va l'y forcer ! dit le docteur en riant.

« Ils rient ! » pensait Marianne écartelée. Et Wilhelm qui l'aimait, et son père qui l'avait toujours protégée de tout, on les avait mis dehors ! Elle eut un sursaut de haine, et perdit les eaux.

L'enfant naquit au forceps. C'était « une mignonne petite fille », comme l'annonça le docteur avec un enjouement un peu forcé. A son poids (quatre kilos cent !), à sa physionomie farouche (la longueur de l'accouchement l'avait fripée) et jusqu'à une touffe de poils incongrue qui déparait l'une de ses oreilles, on voyait bien qu'il n'aurait tenu qu'à elle d'être un garçon, si elle y avait mis de la bonne volonté. Marianne sanglota avec violence, Wilhelm fut consterné, et crut sentir du mépris dans le regard de son beau-père. Clara s'en fichait complètement, ils en feraient d'autres, et puis, elle, ces histoires d'enfants... Marianne fit enlever le nourrisson de sa chambre ; l'enfant dormirait durant ses premières semaines chez sa « nurse » (la fille du cordonnier) et elle reprit près d'elle la petite Stépha. Pendant toute une journée, elle se refusa à choisir un prénom pour la nouveau-née.

« Pauline, comme la tante Pauline qui était si jolie ? Clara, comme ta maman ? Justine ? C'est original et ça ferait plaisir à ton père. Hilda, comme ma sœur ? Axelle ? Christine ? Sophie ? » Wilhelm lui tendait, pour l'allécher, comme des bonbons, les prénoms qui avaient été ceux des Matthyssen, des Fabrizius, et même des Corbin-Dazincourt, des prénoms chargés de souvenirs et de présages, qui avaient une histoire, racontée quelque part dans le grenier, sur les petites images mortuaires écartées par Clara... Mais Marianne, frémissant encore de fièvre et de colère, refusait d'associer le bébé blond, d'une robustesse insolente, aux figures du passé qui lui appartenaient. Enfin :

— Vous serez sa marraine, dit-elle à la « nurse », éblouie d'un tel honneur (c'était la fin de ce qu'on appelait dans la famille des « vrais domestiques », mais il en restait quelques-uns). Maman n'y tient pas. Il n'y a qu'à l'appeler comme vous.

La petite s'appela Nadine, comme la fille du cordonnier.

Marianne n'eut pas d'autre enfant. C'était comme si ses entrailles s'y refusaient. Elle n'en voulait pas, consciemment, à Wilhelm ; il partageait sa déception. Elle l'aimait toujours, elle n'en était plus amoureuse. Et c'était comme le cheval tombé sur un obstacle qui s'obstine à éviter le même chemin. Son corps si puissamment animal renâclait, se refusait à procréer. Chaque mois, son cycle revenait avec des douleurs nouvelles, jamais éprouvées avant la fatale naissance, et la lui rappelaient. Elle eut encore le chagrin de perdre son père. Après, elle n'aima plus que Stépha.

Elle se mit à travailler à l'usine, avec Wilhelm. Elle allait à Paris représenter la firme, montrer les tissus nouveaux aux couturiers, aux « acheteuses » des grands magasins, les convaincre de passer commande. Ces victoires qu'elle remportait aisément, ayant hérité de la chaleureuse conviction de Juste, de ses contacts aisés, de sa parole facile, lui rendirent son éclat, un moment altéré par la conscience d'un échec (Nadine) qu'elle avait cru impossible. On l'admira. Elle n'avait pas la distinction de sa mère, mais sa beauté moins rare était plus accessible. A la « belle Mme Matthyssen » succéda la « belle Mme Fabrizius ». Le monde changeait, les affaires devenaient plus difficiles, elle eut des soucis qui l'occupèrent, et puis la santé de Stépha ! Les toitures étaient chères à refaire, le jardinier montait ses prix et comment se passer d'un jardinier ? Et la vieille Julia qui avait un cancer du sein ! On ne sait où donner de la tête. Mais elle avait Stépha, à cette époque-là, elle pouvait faire front. Une seule chose altérait son humeur superbe, pendant que grandissaient les petites filles, c'est que le temps passant, on se mit à lui dire de plus en plus souvent : « Comme Nadine vous ressemble ! » Et être obligée de répondre poliment !

*

Après la mort de son père, Marianne avait eu une satisfaction : l'éviction de sa mère. Une molle proposition d'aménager la Tour pour elle s'était heurtée à un refus. Puis, sans qu'on sût d'où elle tirait l'argent (le mystérieux dépôt des dessins de

Christophe ?), et sans qu'elle eût vendu ses parts de l'usine, Clara acheta un très bel appartement à Lille et déménagea du jour au lendemain. Elle serait plus « chez elle », déclara-t-elle. Ce départ se fit avec une promptitude presque magique. Seule maîtresse de la maison ! Un moment Marianne se crut heureuse. Mais, comme une fée un peu méchante, Clara ne partit pas sans décocher un dernier trait.

— J'ai oublié de vous prévenir, dit-elle, et puis je voulais vous faire une surprise... Je viens d'obtenir le classement de la Fresque.

C'était leur interdire tout aménagement de la Tour. Marianne, qui voulait abattre des cloisons, percer des portes, disposer de l'ancienne chambre de Christophe pour y faire une chambre d'amis, était furieuse.

— Ça ne fait rien, dit-elle, j'y logerai la bonne.

Ce qui fut fait.

La tristesse du cerf-volant (1934-1935)

Des lettres s'étaient mises à arriver, des lettres tapées à la machine, mais dont Clara regardait la suscription, sur l'enveloppe, avec l'antipathie que lui eût inspiré une écriture. Les mots « Galerie Minerve » étaient imprimés au coin de l'enveloppe longue, dans un graphisme prétentieux. Les jours où arrivaient ces lettres, Clara, en robe claire dans le jardin qu'elle faisait débroussailler, allait et venait nerveusement, bousculait Marianne qui commençait à marcher et la suivait partout, et malgré elle, en donnant ses ordres, en faisant ses calculs (Juste lui avait alloué une certaine somme pour la maison, une autre pour le jardin, qu'il ne s'agissait pas de dépasser), elle attendait un appel venant de la Tour, un signe de vie de Chris ; du coup elle n'osait plus monter, de peur de se trahir. « S'il n'en parle pas, s'il ne les montre pas, c'est qu'il n'y attache aucune importance... », se répétait-elle. Et pourtant un lourd pressentiment planait au-dessus d'elle, et lui coupait l'appétit. Elle maigrissait, satisfaite malgré tout des robes de ce printemps 1934, qui soulignaient sa nouvelle silhouette, la rendaient plus élégante et plus moderne. Elle hésitait toujours à se couper les cheveux : la femme de Me Sipriot l'avait fait et en tirait une infinie supériorité.

Elle passait devant la porte de « la Tour », jetait un coup d'œil sur la pièce d'entrée, encombrée de toutes sortes de rebuts qui servaient à Christophe pour ses machines, elle s'appuyait au mur, elle attendait... Parfois elle entrait, prenait tout de suite à gauche la porte de la cuisine, s'y attardait sous prétexte de faire un peu d'ordre. Et elle laissait tomber une cuillère, heurtait deux casseroles, faisait couler à fond l'eau tumultueuse dans l'évier... « Il va descendre... Il va m'en parler. » Christophe entendait parfois le bruit qui montait vers lui et le faisait sourire : Clara se livrait encore une fois à sa manie de rangement. Il aimait sentir autour de lui, sans qu'elle se précisât trop, cette présence : il n'imaginait pas un instant qu'elle n'osait pas monter, qu'elle n'osait pas, elle, Clara ! Inimaginable ! Et il continuait à dessiner, à découper, à coller, à ajuster, fredonnant, rejetant en arrière ses boucles de cuivre, et dans son fredonnement revenait parfois le nom de Clara, le souvenir de leurs comptines d'enfants, « Mme Corbeau/A un château... », mais c'était Clara maintenant qui avait un château, Clara qui le cherchait, le soir, dans le jardin, en appelant « Chri-is ! », et sans qu'il s'en aperçût, dans le sentiment confiant et affectueux qu'il avait pour elle se glissait maintenant cette infime part d'indifférence que tout enfant sain éprouve pour sa famille...

Et elle, toujours dans la cuisine, l'estomac serré, frottant, rinçant, frottant, rinçant, elle faisait durer le ménage de cette pièce minuscule, la vaisselle de ses trois assiettes et de ses deux casseroles. Bruyante et puis silencieuse, elle essayait de se faire entendre et puis écoutait s'il descendait, parfois il traînait quelque chose, parfois il tapait sur quelque chose... Enfin, pendant ce temps-là il ne lisait ou ne relisait pas les lettres, qui continuaient à arriver, tapées à la machine, « Galerie Minerve », et qu'elle n'avait jamais lues.

Chris s'était mis en tête, ces jours-là, ce printemps-là, de se mettre à souder, et Juste lui avait procuré le nécessaire, la lampe à souder, le casque. Chris avait eu besoin de place ; sa chambre, tout en haut de la Tour, se trouvait déjà encombrée au maximum, et il était descendu d'un étage, dans la longue pièce qui ne servait à rien, qu'on avait appelée jusque-là le « salon de musique » parce qu'il y restait un vieux piano droit, ou la « salle de jeu » parce qu'ils y avaient eu autrefois un ping-pong de fortune, pour les jours de pluie. Juste disait : « C'est une chance qu'il y ait tant de place dans ce bâtiment ! Tôt ou tard, Chris aurait eu besoin d'un atelier. » « D'une salle de jeu... », disait Chris en souriant, et Clara souriait aussi, mais il y avait la lettre, écrite sur papier pelure, qui crissait dans la poche de sa veste comme un insecte.

Elle s'arrangeait pour être là au moment de la

venue du facteur, elle tendait la main, elle attendait, disait-elle, des devis, des prospectus pour le jardin, elle prenait l'enveloppe avec une envie folle de la froisser, de l'écraser dans sa main, de la piétiner et de la faire disparaître dans l'écoulement d'eau de la cour, un trou entre deux pavés qui l'attirait, et derrière elle, Christophe arrivait. Il avait donc guetté le facteur, lui aussi ?

— Quelque chose pour moi ?

— Tiens.

Il mettait la lettre dans sa poche, il ne cachait pas son plaisir.

— J'adore recevoir des lettres.

Un jour :

— Et... tu lui réponds ?

Elle lui tend un piège. Mais il est si loin de s'en douter qu'il le retourne contre elle.

— Je devrais, tu crois ? Oui, peut-être je devrais... Ce serait gentil...

Elle connaît assez (croit-elle) sa « sauvagerie » pour savoir que même s'il se décide à répondre à Doutremont, cela peut durer des semaines, des mois, avant que sa décision prenne corps. Elle se maudit de lui en avoir donné l'idée — mais elle vivra toute une semaine la respiration plus aisée (« Il ne lui répond pas »).

Et puis une autre lettre :

— Tiens.

Chris, au moment d'enfouir la lettre dans sa veste, jette un regard quand même sur la suscription.

— Oh ! ce n'est pas pour moi, c'est pour Juste.

— Pour Juste ?

— Oui. Je lui ai dit de s'adresser à Juste pour les choses pratiques, parce que moi...

— Mais quelles choses pratiques, voyons ?

— Eh bien, ce qu'il veut acheter... ce qu'il a en dépôt... le contrat... les choses pratiques, quoi !

— Mais quand... quand est-ce que tu lui as dit ? Tu lui as écrit ?

— Ah non... Pas encore... Mais je lui avais dit le premier jour...

Le premier jour ! Elle avait bien raison de se méfier de ce Doutremont, de ses yeux lamentables de cocker, de ses joues pendantes, de son vieux veston avachi... Ses airs de victime ! Et, dès le premier jour, emportant des dessins, convainquant Christophe, s'entendant avec Juste... et cela, sans qu'elle s'en doutât. Mais comment, comment a-t-il deviné qu'elle serait pour lui une ennemie ? J'aurais dû me méfier, dissimuler...

A Juste :

— Pourquoi tu ne m'avais pas prévenue que tu étais en correspondance avec ce type ? Que tu allais signer un contrat pour Chris ?

— Oh ! ce n'est pas encore fait ! Je voulais te faire la surprise. Pour une fois, ton frère a eu une lueur de bon sens. Dès que le Doutremont (qui s'appelle Doutremont comme moi) a parlé de contrat, d'exposition et d'arrangements financiers, Chris lui a dit de s'arranger avec moi. Et je te jure qu'il n'aura pas à le regretter ! Ces exploiteurs n'ont pas l'habitude de traiter avec des hommes d'affaires. En béton, il sera, son contrat ! En béton !

Cacher ce cœur qui s'affole, cette bouche qui se dessèche... Clara passe de sa chambre à coucher dans la salle de bains, de belles proportions mais encore sans baignoire. Ils ont aménagé d'abord le salon, la salle à manger, ce qui se voit.

— Mais comment s'est-il décidé si vite ? Il va vraiment l'exposer ? Et ces choses qu'il emporte, il va arriver à les vendre ? Et qu'est-ce que c'est que cette galerie ? Il vient de débarquer, et il a une galerie ? Tout ça me paraît d'un louche !

— La galerie existait depuis longtemps. Il y a une participation, c'est tout. Et si lui et son associé exposent Chris l'année prochaine, c'est pour lui un honneur...

— Exposer Chris ! Tu y crois ?

Elle s'appuie des deux bras sur le lavabo, se voit dans le miroir, visage tout blanc, yeux brusquement cernés — un Pierrot triste. Juste entre à son tour dans la salle de bains, en manches de chemise, présence massive qui brusquement l'oppresse. D'habitude, elle l'aime. Il vient se placer derrière elle, l'entoure de ses bras, lui embrasse les cheveux.

— Tu sais, quelquefois je me demande si tu as vraiment confiance en ton frère.

— Moi ? dit-elle faiblement.

— Mais oui. C'est vraiment bien ce qu'il fait, tu sais. Original, neuf... Doutremont s'est emballé tout de suite... et il ne sera pas le seul. Je suis sûr qu'à Paris...

— A Paris ! Christophe !

A-t-elle crié ? Il la relâche, va vers la petite pharmacie pour prendre sa brosse à dents. Il lui tourne le dos.

— De temps en temps, ma chérie. Il faudra qu'il y aille de temps en temps. Bien sûr, son port d'attache restera ici, à la maison. Mais il faut qu'il évolue, qu'il voie un peu ce qu'on fait là-bas... On ne peut pas vivre toute sa vie dans une tour...

Si, on peut... si, on peut... On devrait pouvoir... Une machine se met en marche que Clara ne sait comment arrêter. « Tout allait si bien ! » se dit-elle avec une candeur d'enfant. Elle a envie de taper du pied.

C'est la première fois qu'elle souffre, et dans son

inexpérience elle croit qu'elle est en colère. Irritée contre Juste (puisque Chris travaillait pour l'usine, avec ses imprimés, ça devait lui suffire), contre Doutremont, ce juif, ce pédé, cet exploiteur (qu'il emporte des dessins, des sculptures, soit encore — mais sa besogne d'envoûteur, avec ses lettres, elle ne la lui laissera pas faire, non !), contre Christophe lui-même, qui ne s'aperçoit pas qu'on le dupe, qu'on le pousse, qu'on va petit à petit les arracher l'un à l'autre...

— Ce... ce voleur, ce salaud... et tu fais son portrait !

— Moi ?

Habitué aux brusques colères de Clara, Christophe a plutôt tendance à en rire. Elle n'aime pas Doutremont ? Soit. Qu'est-ce que ça peut lui faire ? Pour lui Doutremont existe à peine. Seulement ses lettres, amusantes, variées, dépeignant le Paris qu'il découvre, si différent de Munich... Il est un peu seul, alors il écrit... Où est le mal ?

— Moi ? Je fais son portrait ? Ah ! le dessin que je lui ai donné ?

Ils sont dans la chambre du haut, Clara saisit son frère par le bras, violemment, le tire dans l'escalier, lui fait descendre quelques marches, pointe un doigt rageur vers l'esquisse de la Fresque.

— Tiens, là ! Et là ! Tu l'as même fait deux fois !

De bonne foi, Christophe scrute le dessin, le bonhomme flasque qui s'efforce de gravir une échelle, l'autre, étendu dans un pré, tapi, qui cueille un papillon...

— Oui, il y a peut-être une ressemblance... Mais ce n'est pas moi qui fais son portrait, c'est lui qui s'est mis à ressembler à mes bonshommes... Tiens, regarde celui-là...

C'est un nain à deux bosses qui regarde d'un air

navré, au tournant de l'escalier, lui échapper le cerf-volant. Ses petits bras pendent, il n'essaie même pas d'attraper la ficelle qui passe en flottant près de lui, une larme bleue coule sur sa joue.

— C'est tout à fait lui, non ? Gethsémani...

— Qui appelles-tu Gethsémani ? Le nain ou Doutremont ?

— Les deux... Tu vois qu'il n'y a pas de quoi se fâcher, ma crevette. Viens voir un truc que j'ai soudé hier... Je commence à avoir la technique : Juste qui prétendait que j'allais mettre le feu à la maison !

Elle suit, elle regarde, elle interroge, machinalement et sans s'intéresser. D'abord, parce que d'une certaine façon Juste a raison, le travail de Christophe, s'il faut le juger indépendamment de Christophe, ne l'intéresse pas ; ensuite, parce qu'elle se rend compte qu'elle a été maladroite. Plus elle attaquera Doutremont, plus elle lui donnera d'importance. Mais l'adresse, la perversité de cet homme ! Penser qu'il s'est glissé jusque dans la Fresque !

*

Tout à coup, elle trouve une parade ; après la troisième visite de Doutremont. Il passe, il emporte des choses, et décidément, il va faire une exposition. Les machines, surtout les machines, l'intéressent. Eh bien, qu'il les emporte, et qu'on ne le revoie plus ! L'exposition a été fixée au mois de novembre 1935. Naturellement, Christophe ira à Paris, comment l'empêcher ? Et naturellement — elle l'aurait parié, ce qui lui permet de cacher sa fureur —, il logera chez Doutremont, qui a tout de suite trouvé un appartement boulevard de Courcelles à Paris, avec une chambre d'amis, indépendante, où il pourra le cas échéant héberger « ses » peintres. « " Ses " peintres ! Tu parles ! » pense Clara avec une grossièreté enfantine. Elle sourit, jolie, raffinée, elle ne s'est toujours pas fait couper les cheveux, mais elle s'est fait un chignon asymétrique, ce printemps, un maquillage très net, par taches, deux taches abricot sur les joues, de faux cernes gris, elle s'est maquillée en tableau, insolite et ravissante, pour braver l'ennemi. La première fois il s'était introduit masqué, il l'avait trompée, elle avait cru à de la politesse, la complaisance d'une relation mondaine pour d'autres relations, et c'était peut-être cela, jusqu'à un certain point — mais il avait vu Christophe, il l'avait vu, il l'avait voulu. De cela elle est sûre.

Jusqu'à quel point la peinture entre-t-elle dans la détermination sournoise avec laquelle Doutremont a entrepris aussitôt le siège de Christophe ? Elle ne le sait pas et, s'il faut dire les choses comme elles sont, elle s'en fout. Sa peinture et Christophe ne font qu'un, un univers qu'elle a réussi à préserver, à maintenir vivant à travers la ruine, les déménagements, le mariage, le retour à la maison, la naissance de Marianne. Tant que Chris est là, Clara est là, intacte, jouant à la maîtresse de maison, à la maman, à l'épouse parfaite (et même à l'amante, avec, parfois, un peu de honte délectable pendant ses ébats avec Juste, comme si elle « jouait au docteur » pendant qu'une Autorité invisible avait le dos tourné), mais avant tout, mais essentiellement, membre de « Chris-et-Clara », à jamais.

A jamais, a-t-elle cru, et voilà qu'au moment le plus inattendu, les travaux presque payés, son dû à Juste payé aussi sous la forme de cette petite fille qu'il adore, Chris travaillant pour l'usine juste ce qu'il faut pour expliquer sa présence et sa vie auprès d'eux, l'attaque surgit, sous une forme qu'il lui est difficile de repousser sans paraître égoïste et possessive. Ce qu'elle est, bien sûr, ce qu'elle est, mais elle sait aussi qu'elle défend Christophe, quelque chose en lui qu'il a réussi à préserver jusque-là et qui est, croit-elle, menacé.

Comment le défendre ? Et revoilà Doutremont, pour régler les détails. Comment, présidant la table joliment parée, dentelles de la nappe, verreries, faïence danoise et couverts suédois de forme nouvelle (Doutremont et les Sipriot qu'elle a invités pour faire nombre ne peuvent pas se douter qu'ils, Juste et Clara, n'ont pas encore de baignoire), comment, avec son maquillage hardi et sa robe qui découvre une épaule, peut-elle lutter efficacement ? Doutremont, malgré sa grosse figure plaintive, joue serré. Munich, l'Amérique, Klee en Suisse, les surréalistes, il se dépense en anecdotes plaisantes et passe sous silence ses malheurs. Les Sipriot, enchantés de participer à ce festival de culture cosmopolite, renchérissent, avec une nuance de considération nouvelle pour Christophe. Juste appuie sur la pédale. Il fait son Barnum, son montreur de phoques savants. Christophe pense, Christophe tente ceci, cela, les peintres préférés de Christophe sont... Et l'imbécile, qui se laisse exhiber, sourit bêtement, baisse les yeux comme du temps de Mme Corbeau qui disait : « Christophe est sage, sage, mais Clara est un petit démon. On ne dirait pas qu'ils sont frère et sœur ! » Tous aveugles, tous idiots, ne comprenant pas qu'elle se fâche, qu'elle réagit *à sa place* : ils se sont réparti la besogne.

Mais enfants, ils avaient une vive conscience du danger, ils étaient deux à lutter pour s'en protéger.

La ruine, la « tache », le déshonneur, aussi bien que les médailles de l'ancien combattant « lavé » et les attendrissements niais de la mort, ils avaient échappé à tout, ensemble. Aujourd'hui, ce qui rend la tâche de Clara difficile, c'est que Christophe est absolument inconscient du danger.

Doutremont demande à Me Sipriot de lui prêter la « Batteuse-lieuse de rêves » pour l'exposition.

— Vous comprenez, je voudrais donner une idée de l'évolution de Christophe depuis que vous l'avez, on peut bien le dire, découvert...

Me Sipriot prend un air avantageux. Il oublie complètement qu'il est l'avocat-conseil de l'usine Matthyssen (ce qui a tout de même joué un rôle dans cette « découverte ») et se met dans la peau du collectionneur averti et sagace, toujours à la recherche de nouveaux talents. Dis quelque chose, Christophe ! Mais non. Sage, sage. Dans un moment il va réciter sa fable. Oh ! elle le hait, pendant cinq minutes. Puis ses yeux se posent sur la main de Christophe, qui échafaude, avec des allumettes brûlées, un petit monument dans le cendrier. Il s'ennuie. Il s'ennuie ! Doutremont a abandonné le domaine des anecdotes pour parler avec Me Sipriot de la carrière de Christophe, et Christophe s'ennuie. Une étincelle jaillit dans le cerveau de Clara ; elle découvre l'angle sous lequel elle va contre-attaquer. Risqué, mais il n'y a pas d'autre moyen.

— Comme vous avez raison ! dit-elle à Doutremont d'un petit air posé. Mon mari me le répète toujours : « Il faut que Chris sorte de son trou, et non seulement qu'il se fasse connaître, mais qu'il apprenne à connaître les autres, l'art de son époque, les artistes de son époque. Les livres ne peuvent pas suppléer à tout ! »

Un moment d'incertitude plane sur la jolie table,

embaumée par les framboises que Julia vient d'apporter. Mme Sipriot, inconsciente, se sert copieusement de crème et la passe à son mari. Ils trouvent l'intervention de Clara parfaitement naturelle. Mais une ombre a passé sur le visage de Christophe, une perplexité sur celui de Juste, et le regard de Doutremont s'est aiguisé. Clara l'entend penser : « Est-ce que je me suis trompé ? », et elle baisse la tête, elle sait que seuls ses yeux la trahissent, et que son joli visage au petit front buté peut encore, pour quelques années, donner l'illusion d'une attrayante bêtise.

— Il est certain qu'après une période de gestation, de solitude, un artiste a besoin de confrontation, dit Me Sipriot en se versant du bordeaux.

— Il faudra qu'il prenne un peu sur lui, dit Clara, les yeux sur ses framboises. Il est tellement sauvage !

Elle n'a pas besoin de le regarder, elle sent sa stupéfaction. Une folle envie de rire la gagne. Si on parvient à montrer sa « carrière » à Chris sous l'aspect d'un devoir, d'une obligation, et Doutremont sous le jour d'un maître d'école, l'envoûtement sera vite dissipé.

— Combien de temps durera l'exposition, monsieur Doutremont ?

— Une quinzaine de jours, madame, répond-il d'une voix incertaine. C'est-à-dire, deux semaines, mais nous fermons le dimanche et le lundi...

Il doute, il ne sait plus que penser. Attends un peu, Doutremont, je vais te rouler dans la farine, moi ! Te donner le spectacle édifiant d'une famille acharnée à faire « arriver » son artiste. Et non seulement Chris se dégoûtera de toi, mais peut-être que tu te dégoûteras de Chris.

— Il faudra que Chris aille à Paris, dit Juste. Le café, s'il vous plaît, Julia.

— Il faudrait même qu'il y reste un mois. C'est un minimum pour voir quelque chose. Quand on pense qu'il n'est jamais allé à Paris ! (Elle rit en minaudant un peu, suivie par les Sipriot, qui trouvent qu'en effet... jamais allé à Paris... !)

— Je ne suis pas sûr que j'aie tellement envie..., commence Christophe nerveusement.

— On ne peut tout de même pas faire l'exposition sans vous, dit Doutremont plus sèchement qu'il ne voudrait, parce qu'il est nerveux lui aussi.

Ça marche ! Ça marche ! Clara exulte, mais ne laisse rien voir.

— Un petit mois, voyons, Chris ! insiste-t-elle gracieusement. Il ne faut pas oublier que tu as tout de même trente ans.

C'est le bouquet. Chris paraît accablé. Sipriot et sa bonne femme approuvent chaleureusement. Ils ont hâte de voir leur « découverte » prendre de la valeur, plus par vanité que par cupidité du reste. Doutremont se demande si Clara est idiote. Il a cependant cru... mais il a souvent tendance à surestimer les femmes.

La cérémonie du café se déroule dans une atmosphère mi-euphorique, mi-gênée. Clara affiche une sérénité rayonnante. Enfin les mérites de son frère sont reconnus. Ils l'auraient été plus tôt d'ailleurs — sans vouloir diminuer M. Doutremont — si Chris s'était un peu remué ! Les Sipriot, braves gens un peu snobs mais sincèrement épris d'art et amis de Christophe, approuvent chaleureusement. Ce sont les héros de la soirée, Chris et Doutremont, qui paraissent le moins à l'aise. Chris s'est carrément renfrogné et Doutremont n'arrive plus à rattraper le ton joueur et détaché qu'il avait adopté aux hors-d'œuvre. Clara a eu le don de l'attirer sur un terrain sérieux, pratique ; il ne peut esquiver ses questions révérencieuses (et en somme, parfaitement naturelles !) sans avoir l'air d'un sauteur aux yeux de Juste et des Sipriot. A-t-il des associés dans sa galerie ? En si peu de temps a-t-il eu le temps de se former une clientèle ? Les critiques d'art ont-ils déjà rendu compte d'expositions organisées par lui ? En lui répondant, il se rend compte qu'il prend petit à petit figure d'emmerdeur aux yeux de Christophe. Et c'est injuste parce qu'il lui croit, sincèrement, un grand avenir. Ses yeux de cocker s'attristent encore, ses bajoues pendent lamentablement. Les artistes, c'est toujours comme ça. Ou inconscients, et ils torpillent ses efforts, ou d'une cupidité féroce, et ils lui mangent ses bénéfices. Et l'entourage ! L'entourage ! Les amants, les maîtresses, les mamans, les femmes, les sœurs ! Ménager tout ce monde-là ! Quel métier !

A ce moment-là, il s'est mis à croire tout à fait à l'innocence et à la stupidité de Clara, au point de se promettre, lors de sa prochaine visite, de la prendre à part et de lui expliquer Christophe. Comment il faut le prendre, puisqu'elle souhaite sa réussite. Il croit être le seul (pendant quelques mois) à comprendre Christophe, ce qui contribue à l'y attacher. Plus tard il haïra Clara (« Quel démon ! »), retrouvant les mots de sa mère, et ceux de Juste ce soir-là, les invités partis, quand il saisit Clara dans ses bras, une étincelle d'amusement dans les yeux.

— Quel petit démon tu fais ! Quelle méchante petite femme moqueuse !

— C'est vrai ? dit Clara en riant.

Elle se garde bien de poser d'autres questions.

Elle se laisse emporter dans la chambre et couvrir de baisers, contente.

*

Naturellement, Clara se rend compte combien la manœuvre qu'elle a amorcée ce soir-là est délicate. Faire apparaître comme un fastidieux devoir la préparation de l'exposition, et Doutremont comme un maître d'école, un « maître Corbeau », implique qu'en apparence elle prenne son parti. Donc risque de se rendre odieuse. Elle cherche une solution, tout en plaçant de temps en temps un :

— Novembre n'est pas loin, tu sais, est-ce qu'il ne faudrait pas que tu travailles *un peu plus sérieusement* ?

Alors qu'elle le trouve dessinant dans l'escalier :

— Comment peux-tu perdre ton temps à *t'amuser* quand la date de ton exposition approche ?

Elle a vu, comme elle s'y attendait, le beau visage de Christophe se fermer, revêtir cette expression d'ennui boudeur qui cache peut-être une anxiété, puis il répond avec cette politesse extrême, sa défense depuis ses dix ans (qui lui valait les compliments des amies de sa mère) :

— Tu as raison, ma chérie. Mais il faut bien que je me détende un peu, de temps en temps...

Son cœur se serre. Il lui parle comme à une ennemie, elle ne s'y trompe pas. Il n'est jamais si courtois, si aimable (si fermé) qu'avec les ennemis, ceux du monde extérieur, les assiégeants. Non, ce n'est pas possible, ça, elle ne le supportera pas. Il faut qu'il la sente de son côté, mais doutant, mais, elle, assiégée ! Qu'il ait le sentiment de la défendre, et non d'être attaqué par elle.

Elle raisonne en stratège. Toute cette année-là,

août 1934-août 1935, ce sera la guerre. Tendue, étincelante, jamais Clara n'aura été si belle. Sa beauté délicate et raffinée, dédaigneuse des effets faciles, devient perceptible aux yeux les moins avertis, gagne en impact, éclate, subjugue. Lancée dans la bataille avec l'ivresse de ceux qui trouvent enfin l'occasion de déployer leurs forces, elle ne sent pas les blessures qu'elle reçoit, ne se soucie pas des ravages qu'elle laisse derrière elle, elle avance comme Penthésilée, respirant enfin au large, elle va vaincre, et Christophe en prend d'autant plus de prix à ses yeux, elle va vaincre, pour la première fois elle affronte ce monde adulte qu'elle avait jusque-là si superbement dédaigné, elle avance avec son armée de souvenirs, de chimères, petits guerriers invisibles, gnomes à tête de chat, insectes à cuirasses, masques, masques... C'est toute la ribambelle de la Fresque qui marche derrière elle, innocente et féroce, chantant leur hymne :

« *Mme Corbeau a un château...*
Et ses enfants où est-c' qu'ils sont ?
Dans le plafond.
Et ses enfants, sont-y cachés ?
Dans le grenier... »

*

Cet automne-là, le premier, l'automne 1934, Clara achève de décorer la maison, de faire planter le jardin, d'aménager la Tour. Elle trouve les artisans nécessaires, leur explique ses conceptions, appelle son frère à l'aide. Elle se multiplie, invente, trouve des solutions, talonne les exécutants, implique Christophe (« Je sais que je ne devrais pas, mais, Chris, si tu peux prendre un moment...). Elle a trouvé le ton, elle a trouvé le truc, coupable de l'arracher à ses graves occupations, mais incapable de résister à l'amusement de jouer à avoir une maison, de jouer à arranger un jardin...

— Tu ne trouves pas que le petit étang, là-bas, a un air japonais ? Si on plantait derrière, au tournant, de grands bambous ? Cela ferait comme une découverte qu'on ferait juste de ce point-là, un mini-Japon...

— Et là, un jardin de pierres, ce serait bien. J'ai toujours aimé ça, et de toute façon, ce coin-là ne sert à rien..., dit Christophe.

Ils partent tout de suite pour Lille se procurer un livre sur les jardins Zen, le feuillettent, ne sont pas d'accord, éclatent de rire, se chamaillent encore quand Juste revient de l'usine.

Il fait déjà frais. Ils sont dans deux fauteuils d'osier, le livre sur les genoux de Clara ; Chris dessine sur un bloc. Marianne joue à leurs pieds, dans une petite robe de coton trop légère pour la saison. Juste sort de sa voiture pour ouvrir le portail, rentre la voiture dans la cour. Ils ne se retournent pas. Juste claque la portière de la voiture, assez fort, et s'avance derrière eux. Ils ne bougent pas, pliés en avant, observant avec passion l'enfant qui joue avec des pierres.

— Mais qu'est-ce que vous faites ? Cette petite va prendre froid sur ces pavés ! Et elle n'est pas assez couverte !

— Chut ! Chut ! implore Clara. Attends, laisse-la faire !

— On veut voir ce qu'elle fera, spontanément, avec des pierres, explique Christophe. C'est pour le jardin Zen...

Mais Marianne, momentanément prise au jeu, flattée de l'attention que lui prêtent sa mère et son oncle, abandonne tout dès qu'elle voit son père, et court se jeter dans ses bras.

— C'est vrai, papa ! Yanne a froid ! pleurniche-t-elle.

— Elle n'avait pas froid du tout ! dit Clara indignée. Elle veut se faire câliner, c'est tout !

— Et elle a bien raison ! dit Juste qui soulève la petite fille et la juche sur ses épaules. Son papa va la câliner et lui mettre un bon pull-over. Et elle reviendra jouer avec les jolies petites pierres.

— Non, elle ne reviendra pas ! dit Marianne, douée du génie des enfants pour semer la zizanie. Elle aime pas les pierres, Yanne !

Et tandis que son père l'emporte vers la maison, elle se retourne vers Clara avec un air de triomphe.

— Crois-tu ! Quelle petite menteuse ! Elle avait adoré ce jeu ! dit Clara avec indignation, mais sans acrimonie.

La préférence marquée de Marianne pour Juste ne l'affecte pas un instant. Elle qui aime bien Marianne lui préfère Christophe. C'est ainsi, on choisit, on est libre. Clara est pourtant une assez bonne mère, à sa façon. Elle ajoute loyalement :

— C'est vrai qu'on aurait pu lui mettre un chandail...

— Oui... dit Chris distraitement. En attendant, c'est loupé. Si on lui redemande, elle n'aura plus la spontanéité...

— Si on essayait... je ne sais pas... Julia ?

Christophe éclate de rire à l'idée de la rustique Julia accroupie et triant des pierres à leur demande. Et Clara, prenant conscience de l'absurdité de sa suggestion, se met à rire aussi. L'écho de leur gaieté parvient jusqu'à la cuisine où Juste est en train d'enfiler un chandail à la petite fille, avec une maladresse délicate.

— Passe la tête. Allons ! Tu as vraiment eu froid ? Tu veux un peu du bon sirop rouge ?

— Oui...i...i... A eu froid..., gémit Marianne qui bêtifie voluptueusement. Méchante maman !

— Il ne faut pas dire ça, ma petite chérie, dit Juste sérieusement, en prenant le sirop dans l'armoire. Tiens, ouvre la bouche. Là ! Maman n'est pas méchante.

— Maman est pas méchante, répète Marianne docilement.

Le sérieux de son père l'a impressionnée.

— Alors tu veux bien lui faire un joli dessin avec les pierres, avant dîner ? Papa va venir voir aussi.

— Oui. Veux bien, dit Marianne dont les mauvaises humeurs sont vite passées.

C'est une bonne enfant, impulsive, un peu colérique, mais pas têtue : très banale. Et en trottinant, la main dans l'énorme main de Juste, elle revient dans la cour embrasser Clara.

— Yanne a chaud. Yanne a bu le sirop rouge. Yanne va faire un beau dessin pour maman. Un coq.

Et elle se met à déplacer les pierres pour faire un « coq ». Chris et Clara échangent un regard désabusé. Il y a des choses que Juste ne comprendra jamais, et c'est bien ainsi.

— Très joli, ma chérie, dit Clara distraitement.

Et elle va à la cuisine « secouer un peu Julia » pour le dîner. De toute façon, avec le jardin Zen, elle a gagné deux ou trois semaines du temps de Christophe. Et depuis le matin, *la* lettre est dans sa poche sans qu'il ait pris le temps de l'ouvrir.

*

Mais pourquoi, pourquoi Doutremont, qui semble avoir tant de relations, tant de choses à faire, écrit-il tous les huit jours à Christophe ? Le contraire serait plus compréhensible. Christophe a peu d'amis (Éric Dechavannes avec lequel il était au lycée, Jean-Jacques Prost dont les parents ont un court de tennis et une piscine, dont il profite) et n'a d'intimité réelle avec personne. Pas plus que Clara avec Jacqueline Rabanne qu'elle rencontre chez le coiffeur, avec Jeanne Sipriot qui lui prête son abonnement à *Vogue*. (Par parenthèse, il s'agit d'un temps où, dans la bonne bourgeoisie, ordre et économie sont de bon ton. Le temps de l'ostentation, de la fausse bohème, viendra plus tard — et ne sera jamais, dans les familles vraiment enracinées dans le Nord, tout à fait admis. Quand une descendante Rabanne lancera le premier « Ça me fait chier », quand un petit-fils Sipriot étalera des jeans crasseux dans une Ferrari... les temps auront vraiment changé.) Et la vie intime de Chris ? Sa vie « sentimentale » pour rester dans le vocabulaire de l'époque ? Clara en ignore tout. Du reste, elle ne cherche pas à savoir. Trop délicat (pense-t-elle) pour les maisons de tolérance, redoutant de s'engager avec les sœurs des camarades ou les filles des familles locales, que reste-t-il à Chris ? Une blanchisseuse, une jeune servante, la belle saison... Ces fantômes ne préoccupent pas Clara. Les lettres. Ça, oui, c'est dangereux.

Du moins a-t-elle pour l'instant la satisfaction d'avoir dupé le marchand de tableaux. Sa stratégie porte ses fruits. L'exposition devient, pour Christophe, la corvée ennuyeuse, l'obligation et tout lui est bon pour y échapper. Le jardin, des courses qu'il s'offre obligeamment à exécuter pour Clara, il joue avec Marianne et répare même son tricycle, il commence une série de collages qui ne pourront en aucune façon être utilisés par Doutremont et néglige la série des « machines ». C'est dans cette période que la Fresque avance le plus vite.

Marianne a quatre ans. Le jardin s'élabore, devient parc. Les bouleaux, dans la première pelouse, ont été dégagés et bruissent doucement dans le vent. Le potager est clos d'un treillis. L'étang minuscule, au fond de la seconde pelouse, a été curé, entouré de bambous, et l'emplacement du futur jardin Zen dégagé et sablé. Clara appelle déjà cet endroit « le jardin de Christophe ». Le jardin de Christophe : un vide.

— J'aimerais presque le laisser comme cela...

— Oh ! Chris ! Et le contraste ? Même un jardin Zen, il y a quelque chose. Peu de choses, mais quelque chose.

— De toute façon, on ne le voit pas, dit Juste en se servant de salade.

Julia, qui apporte le fromage, ajoute son grain de sel.

— Ça ferait un joli endroit pour la petite. Il n'y aurait qu'à ajouter du sable.

— La petite a tout le parc ! Elle n'a pas besoin d'aller justement là ! On peut lui mettre un tas de sable à côté du poulailler, si elle aime ça.

Julia se plaît assez à contrarier sa jeune maîtresse à propos de Marianne, pour elle la perfection même.

— Les poules, c'est malsain. Ça a des maladies, comme les perroquets, dit-elle en se retirant.

Clara éclate de rire.

— Des maladies ! Et elle a passé sa vie au milieu des poules !

Après le dîner, Juste se retire pour faire ses comptes. Cet automne-là, ils ont enfin une baignoire, mais il n'a pas encore de comptable. Clara et Chris restent assis dans la salle à manger, sous la suspension toute neuve (miroir et métal) à la lumière dure, picorant des fruits, jouissant du désordre de la table qui semble s'accentuer dès que Juste est sorti.

— Gethsé trouve l'idée du jardin Zen épatante. Mais il dit qu'il faut plus d'espace. Il va nous envoyer un bouquin.

— Qui ?

— Gethsémani. Il m'a écrit des choses tout à fait intéressantes à ce propos.

Il fouille ses poches, ne trouve pas.

— Viens là-haut, je te montrerai.

Elle se dresse.

— Tout de suite ? s'étonne Chris.

— S'il faut plus d'espace, je vais faire dégager avant que les pierres n'arrivent.

Chris se lève paresseusement, s'étire.

— Il faudrait changer ces ampoules. Cette lumière te défigure. Bon, allons-y. Mets ton châle pour traverser la cour.

Clara a les jambes qui tremblent. Secrètement, elle exulte. Enfin ! Il va lui laisser lire la lettre, elle pourra voir son ennemi à visage découvert. Ils arrivent au bâtiment de la Tour, frissonnant un peu, il fait froid le soir, et montent l'escalier.

— Tu as encore laissé toutes les lumières allumées !

— C'est trop triste de rentrer dans un bâtiment tout noir.

Dans la chambre sous le toit, la lumière est allumée aussi. Bien qu'encombrée, la chambre est dans un ordre méticuleux, presque militaire. Il a toujours été ordonné, minutieux, Chris, cher Chris, depuis l'enfance. Il rangeait les jouets de Clara. Dans des boîtes à chaussures, sur une table, Chris a rangé les matériaux les plus divers pour réaliser les collages minutieux, grands comme les deux mains, qui l'absorbent ces jours-ci : du sable, des plumes, des bouchons dont il émiette le liège... Clara s'assied sur le lit, s'étonnant une fois de plus que Chris puisse dormir dans un lit aussi dur.

— Pourquoi tu ne mets pas tous ces trucs dans l'atelier ?

— La chambre de jeu ! rectifie Chris.

Il se retourne vers elle (il fouillait sur la table), écarte ses boucles de son front, semble hésiter un peu, attire un tabouret, s'assied.

— Tu vois, je ne *peux* pas y entrer pour le moment. Ce n'est plus la chambre de jeu, c'est vraiment l'école, avec le bonhomme qui veut que je lui fasse deux ou trois machines de plus... C'est vieux, ces machines, je ne les sens plus, c'est d'ailleurs pour ça que je suis content qu'il m'en débarrasse. Mais m'y remettre...

— Je ne veux pas te donner de conseils, dit Clara en baissant les yeux — elle remarqua que le parquet était ciré, est-ce que Chris le faisait lui-même ? —, mais Juste pense que ta première vraie exposition... il faudrait peut-être faire un effort ?

Elle le dit dubitativement, elle transmet, elle ne conseille pas. Elle est sa sœur, sa complice, son amie — mais les autres, les adultes, ceux qu'ils ont toujours appelés EUX, ont peut-être raison ?

— Peut-être, dit Chris sombrement. Mais moi, ça me rend malade, de me forcer.

Il se retourne, prend un papier soigneusement plié sous un presse-papier de bronze (ayant appartenu à Me Corbeau).

— Remarque qu'il le comprend, Gethsémani. Il dit : ... mm mm... « *Si tu ne souhaites vraiment pas me donner d'autres " machines " ou l'équivalent...* »

— Il te tutoie ?

— Pourquoi pas ?... « *ou l'équivalent, peut-être pourrais-je mettre dans une salle les machines et dans l'autre des dessins, ou ce que tu voudras bien me donner qui ne serait pas trop différent...* » Attends. Je cherche le passage sur le jardin Zen, il dit quelque chose de très gentil pour toi...

Tout à coup une pensée frappe Clara.

— Mais s'il parle du jardin de pierres... c'est que tu lui as répondu ?

Christophe relève les yeux avec une innocence qui ne paraît pas feinte.

— Tu m'avais dit que ce serait gentil... Ah ! voilà ! « *La créativité incessante de Clara m'éblouit. Je crois que c'est elle que j'aurais dû prendre sous contrat.* »

— Très drôle...

— « *Pour le jardin Zen, je crois que vous avez calculé un peu juste. L'effet de perspective est ce qu'il y a de plus important dans un jardin de pierres, et bien que les jardins japonais...* »

« Ainsi il a répondu ! Et donné les dimensions du jardin ! Et parlé de ses collages ! Je bous ! Surtout ne rien montrer. »

— C'est gentil de s'intéresser à ces choses-là. Au fond, ça te fait enfin un ami.

— Je n'ai pas besoin d'amis, dit Christophe avec une certaine raideur.

Et plus doucement :

— Je n'en ai pas besoin, puisque je t'ai. Et Juste.

Et Juste. Quand il dit des choses comme ça, est-ce qu'il plaisante, ou obéit-il à cette extrême courtoisie qui lui sert de défense ? Ou après tout, pense-t-il ce qu'il dit ? Il relit la lettre, il va la remettre sous le presse-papier, non, il attire une boîte en fer, une boîte à biscuits avec des oiseaux jaunes, et il la range avec... Il les garde ! Il garde les lettres de l'affreux bonhomme !

— Tu gardes ses lettres ? réussit-elle à dire calmement.

— Je garde tout, tu sais bien. C'est pourquoi j'ai besoin de beaucoup de place.

Comme il est habile à esquiver tout motif de dispute ! Enfant déjà... « un petit ange », disait Mme Corbeau. Ne pouvant cacher sa mauvaise humeur, Clara cherche un prétexte.

— Tu gardes tout et tu prends ce qui te convient ! Le vase blanc cassé du salon, c'est toi qui l'as ?

— Oui, c'est moi. Mais il n'est pas perdu ! Je faisais une étude de tons où j'avais besoin...

— C'est ça. Et je m'en passerai jusqu'à ce que tu n'en aies plus besoin ! Tu es bien toujours le même ! C'est comme mon coussin que tu avais découpé pour prendre le Pierrot qui était brodé dessus ! Les affaires des autres, ça n'existe pas pour toi ! Tu as besoin, tu prends !

Faute de pouvoir contenir sa colère, elle la fait dériver. Chris se met à rire.

— Ton Pierrot, j'avais sept ans ! Et ton vase, il est dans la cuisine, reprends-le si tu veux, je trouverai autre chose... On ne va pas en faire un plat ! Clara ! Clarinette ! Tu ne pleures pas ? Ma petite chatoune, ma Mongolienne, ma montgolfière, non ! Ce n'est pas sérieux ! Ne pleure pas ! Si tu pleures, qu'est-ce que je vais faire, moi ? Je suis le plus petit, le plus bête, moi, n'oublie pas ! Tu dois me donner l'exemple !

Moitié riant, moitié pleurant, elle récite :

« *Mme Corbeau*
A des jumeaux
L'un est plus bête
L'autre est plus beau... »

— Tu te souviens ? Pauvre Mme Corbeau ! Quelle emmerdeuse ! Viens dans l'escalier, viens voir, viens... Je t'ai faite juste au tournant... tu es la seule qui attrape la ficelle !

Elle le suit en reniflant. Déjà elle s'arrange pour penser qu'elle a pleuré exprès, pour l'attendrir, qu'elle n'a pas pleuré vraiment.

— Quelle ficelle ?

— Tu ne l'as jamais regardée, ma Fresque ? La ficelle qui court tout du long, qu'ils essaient tous d'attraper.

— Oui, la ficelle. Mais la ficelle de quoi ?

— Du cerf-volant. C'est pourquoi la Fresque s'appelle : « La Tristesse du cerf-volant. »

Elle voit en effet au premier tournant de l'escalier une fillette étirée démesurément, aux cheveux noirs, qui tend des mains longilignes vers la ficelle qu'elle touche du bout des doigts.

— Je la touche, je ne l'attrape pas. Et où il est, le cerf-volant ?

— Je ne l'ai pas encore peint. Il y a juste la place, dans le coin en haut. Je le ferai peut-être... la semaine prochaine...

Il ne peindra le cerf-volant qu'en 1943, en septembre ou en octobre 1943, quelques semaines avant sa mort.

*

— Stépha, si tu étais gentille, tu irais à Lille cet après-midi pour prendre la commande de rideaux chez Maubuisson ? demande Marianne.

Elle est pressée, elle part pour Paris par le train du matin.

— Bien sûr, maman, répond Stépha avec une gentillesse inaccoutumée.

A deux heures, Stépha, clés en main, se dirige sous la pluie vers l'Austin, garée dans la cour.

— Stépha ! Qu'est-ce que tu fais ?

— Je prends l'Austin pour aller à Lille, papa.

— Ah ! non ! Tu iras à Lille un autre jour. Ou en bus. J'ai besoin de l'Austin aujourd'hui pour mon client de Roubaix.

— Mais la Mercedes...

— La Mercedes est au garage. Et puis je te dis que j'ai besoin de l'Austin, je n'ai tout de même pas d'explications à te donner...

En l'absence de Marianne, Wilhelm libère parfois une humeur trop souvent contenue. Mais il est tout surpris que Stépha ne lui réponde pas sur le même ton, paraisse même ne pas s'en apercevoir.

— C'est maman qui m'a dit...

— Maman t'a dit que tu pouvais te servir de l'Austin quand nous n'en avions pas besoin, dit Wilhelm, décidément de mauvais poil. Mais il se trouve que j'en ai besoin, voilà.

Stépha boutonne son imperméable. Elle part à pied prendre le car pour Lille, à l'autre bout du village. Il pleut de plus en plus et elle se trouve dans un jour douloureux de son cycle. Elle lutte contre le vent, elle a les pieds mouillés, mal au ventre. Comme c'est jour de marché, il n'y a pas de place assise. Secouée, bousculée, Stépha reste impassible. Elle arrive à Lille, encore un trajet sous la pluie, et attend patiemment derrière le comptoir, chez Maubuisson, les rideaux qu'on ne trouve pas, qui sont peut-être dans la réserve (« Vous pouvez attendre un moment ? Mlle Jeanne va aller vous les chercher », « Jeanne, dépêchez-vous, voyons », « Vous êtes bien garée au moins, mademoiselle

Fabrizius, c'est tellement encombré à cette heure-ci, le centre ! »).

Stépha repart enfin, ployant sous le poids des rideaux. Prendre un taxi ? Jusqu'à Kerkhove, cela fait treize kilomètres. Marianne va gémir devant la dépense. Stépha attend le car. L'énorme paquet lui fait mal au dos, la douleur de son ventre descend jusqu'aux genoux, ses pieds sont glacés, la pluie a commencé à pénétrer son cache-nez et à s'infiltrer dans le col de son imperméable. Mais finalement elle le supporte très bien. S'abstraire de son corps, le considérer comme un insignifiant fragment du paysage, la douleur elle-même devenue comme un paquet que l'on porte, une chose parfaitement étrangère à soi... Elle rêve un moment, le visage offert à la pluie qui dégouline...

— Mademoiselle Fabrizius ! Vous ne montez pas ?

Une bonne femme du village, chargée de paniers. Stépha a un mouvement d'impatience. Tiens ! il faudra réprimer cela, aussi. Elle monte.

Le trajet du car à la maison est particulièrement désagréable. Durcis par l'eau de pluie, ses souliers lui coupent les talons ; pour éviter que les rideaux, dont l'emballage se défait, ne se mouillent, elle abrite tant bien que mal le paquet sous son imperméable, qu'elle se voit donc contrainte d'ouvrir à moitié, et elle débouche, complètement trempée, dans la cuisine.

Marianne vient de rentrer. Wilhelm et Nadine prennent un thé tardif.

— Tu es folle, complètement folle ! gémit Marianne aussitôt affolée. Veux-tu m'enlever cet imper ! Et tes chaussures ! Et tes bas ! Mais qu'est-ce qui t'a pris de sortir par un temps pareil ?

— Elle a voulu aller à Lille bien que je lui aie

défendu d'y aller, dit Wilhelm de derrière son journal. J'avais besoin de l'Austin, alors elle y est allée en car, je suppose.

— En car ! (Marianne, qui elle-même a pris le car et le train, jette les hauts cris.) En car ! Mais quel besoin...

Nadine, en beurrant son pain, a un mouvement gentil.

— Elle y est allée pour chercher *tes* rideaux !

— *Mes* rideaux ! *Mes* rideaux ! Ils sont pour le petit salon et la bibliothèque, mes rideaux, ce sont les rideaux de tout le monde ! Et puis elle savait très bien que ce n'était pas à un jour près ! Et s'il n'y avait pas eu de car, tu aurais été les chercher à pied, les rideaux ? Il faut vraiment être folle...

— Oh ! elle devait avoir autre chose à faire à Lille..., dit Wilhelm, malveillant. Ça lui ressemblerait tellement, de chercher à rendre service !

— Ce n'était qu'une expérience, dit Stépha, ironique.

Déjà Marianne accourt avec une serviette chaude et un flacon de sirop.

*

Les soirs où Wilhelm est absent, en voyage d'affaires, ou rentre tard, Stépha traverse le palier, et regarde dormir sa mère (la porte jamais fermée, quand elle est seule ; peur de la solitude, appel ?), elle regarde dormir Marianne, le visage souvent couvert de ses cheveux, tandis que s'étalent en travers du lit ses grands membres innocents. Parfois Stépha se penche et baise la grande belle main de Marianne, habile à tous les travaux, brunie, calleuse un peu, une main franche et sans détours, abandonnée avec confiance au sommeil, la paume ouverte.

C'est ainsi qu'il faudrait être, une paume ouverte, prête à recevoir, prête à se laisser prendre... Un grand élan d'amour soulève Stépha, une absolution : « Je te pardonne de m'aimer tant. Ce n'est pas ta faute. »

Le lendemain, Marianne, pleine du génie de gâcher son avantage, met sa robe en crêpe de Chine beige qui la grossit et l'embourgeoise, et son esprit a la couleur fadasse (pense Stépha) et la texture molle, geignarde, du crêpe de Chine. Elle se plaint à Joseph Malinov, envoyé par le conservateur du musée de Lille pour faire un rapport :

— Mais enfin, est-ce que M. le conservateur ne pourrait pas nous trouver une solution ? Nous ne pouvons pas indéfiniment conserver « cela » chez nous !

« Cela », c'est cette interminable peinture qui s'étale dans l'escalier en spirale de la Tour, que Christophe Matthyssen a réalisée en plusieurs années et d'ailleurs laissée inachevée, et que l'on appelle improprement « la Fresque ».

— Mais ça ne vous manquerait pas un peu, tout de même, madame Fabrizius ? demande Joseph qui essaie de plaire. Cette magnifique œuvre d'art...

— Je n'aime pas les arts, répond Marianne avec simplicité.

*

Clara ayant obtenu en d'autres temps le classement de la Fresque, il n'y a pas d'autre moyen de s'en débarrasser que de la faire prendre en charge par un musée. Difficile de toute façon, plus difficile encore à cause de sa forme en spirale. Joseph, qui a quelques accointances avec diverses fondations, a travaillé un peu pour le Conseil municipal (où ne s'est-il pas, en trois ou quatre ans, faufilé, avec son gentil sourire !), et qui aime à se rendre indispensable, s'informe, prend des contacts, donne des coups de fil. Officiellement, Marianne désire mettre la Fresque à l'abri parce qu'elle se détériore (Joseph va faire un rapport dans ce sens) et parce qu'elle n'a pas les moyens de la faire restaurer. En fait, depuis longtemps elle désire récupérer ce bâtiment. Autrefois elle voulait y faire des chambres d'amis, aujourd'hui elle se dit que, si elle mariait l'une de ses filles (on voit de qui il s'agit), elle aurait besoin de ce bâtiment, là, en face d'elle, à portée de main.

— D'abord je ne compte pas me marier, dit Stépha. Et puis en quoi est-ce qu'elle te gêne, cette Fresque ?

— Chaque fois que je vais chercher quelque chose là-haut, je ne peux pas m'empêcher de la voir.

— Eh bien ? Ça prouve sa valeur, non ?

— Cette chose que je ne peux pas m'empêcher de voir et dont je ne vois jamais que des morceaux, ça m'agace à un point ! On a envie de dérouler l'escalier, tu ne trouves pas ? Et comme on ne peut pas... Si je pouvais, je ferais passer une bonne couche de chaux sur le tout, et on n'en parlerait plus, dit Marianne avec emportement.

Puis rectifie :

— J'aime beaucoup les tableaux d'oncle Chris, naturellement...

Stéphanie sourit. Mais déjà Marianne, avec une honnêteté désarmante, achève sa phrase :

— ... parce qu'ils font honneur à la famille...

*

« Ce qu'elle a de vraiment épatant, pense Stépha, c'est qu'elle n'éprouve jamais aucun besoin de se justifier. Ce serait “ la Cène ” de Vinci, elle la ferait badigeonner avec le même entrain, si “ la Cène ” la gênait... Me marier, me clouer là, m'avoir sous les yeux... C'est moi son tableau... Au fond, dans son antipathie pour la Fresque, pour ce qu'elle appelle “ les arts ”, il y a peut-être une espèce de jalousie, de rivalité. La peinture est la forme sous laquelle l'oncle Chris s'est exprimé. Mais elle, qu'est-ce qu'elle a à exprimer ? Rien, que de l'amour. De l'amour brut. De l'amour dont je suis “ l'objet ” comme on dit dans les romans.

« Et si l'objet se dérobait ? Un amour sans objet, c'est quoi ? La foi ? La folie ? »

*

Cette année-là, en complément à ses études de psycho, Stépha fait un stage à Saint-Luc. Elle a essayé d'intéresser Marianne aux enfants dont elle s'occupe avec le docteur Lhomme, son directeur de thèse. Rien.

Marianne est prête à admirer le dévouement, l'intelligence, le savoir de Stépha, mais quant à s'intéresser à ces petits...

— Tu vois, je ne peux pas supporter les gens en mauvaise santé, dit-elle...

— Et si j'étais malade ?

— Mais ce serait *toi* !

Quelle prison que d'être soi ! Comment en sortir ? Par l'extravagance, la provocation, l'*insignifiance* ?

*

Ah ! oui. C'est à ce moment-là, fin 1974, que se place la scène des rideaux...

*

Marianne, très attachée aux fêtes de famille, du baptême à l'enterrement, croirait volontiers avec Pascal qu'en ployant le genou on finit par susciter la foi, et qu'offrir, pour un anniversaire, un moulin à café électrique finit par créer un lien de sympathie. Stépha pense au contraire que ces cérémonies, puisqu'elles s'adressent à n'importe quel membre de la famille et sont obligatoires, ne sont entachées d'aucun sentiment particulier (individuel). Être ainsi, dans une communauté, n'importe qui ! Quand elle est à l'hôpital, saisissant un de ces enfants, n'importe lequel (quand il veut bien se laisser saisir), et qu'elle l'étreint, sa chaleur, son odeur, ses coups de pied même (« Mais tu lui fais peur ! » dit son amie Jeanne) sont pour elle la chaleur, l'odeur de n'importe quel enfant. Elle ne choisit pas. Elle essaie de ne pas choisir, d'étreindre, d'aimer n'importe quel enfant, toute l'enfance, tout le malheur. Mais est-ce encore l'amour ? — L'injuste amour ? Parfois elle le croit. Alors elle est délivrée. La vaste plaine flamande s'étend devant elle, blanche, qui renvoie au ciel gris. Que sa révolte gronde au loin, hors de portée, comme la mer : elle a construit de bonnes digues. Elle respire, elle regarde une mouette qui passe et vole vers Dunkerque. L'angoisse et la paix ont le même visage. Elle se vide par l'intérieur ; l'air humide et l'esprit la pénètrent d'une divine indifférence. « *Embrassez-moi, maman. Je peux le supporter, ce soir.* »

*

Cet automne-là, 1974, Stéphanie achevait sa thèse de doctorat, « Angoisse et expression chez l'enfant ». Le cancer de la vieille Julia s'aggravait, et Marianne parlait de lui trouver une place à Saint-Luc. Le vent avait endommagé la toiture de la Tour. Les bouleaux proches de la cuisine frémissaient comme du temps de Clara.

Joseph venait d'arriver avec une trousse, tel un médecin, et des appareils de photo compliqués. Les Fabrizius prétendaient ne pouvoir réparer les dégâts et criaient au chef-d'œuvre en péril. Qui sait, l'enlèvement suivrait peut-être. Un directeur de la Communauté urbaine avait promis des fonds, les membres de la Fondation van de Voort s'agitaient, tous les espoirs étaient permis.

La Fresque tenait encore, mais écaillée et tachée d'humidité par endroits.

— Ta mère aurait dû signaler les dégâts beaucoup plus tôt, dit Joseph en auscultant le mur d'un air d'importance. Encore un automne ou deux, et je ne répondais plus de rien...

Adossée au mur, quelques marches plus bas, Stépha l'observait avec ironie.

— On leur a refusé des crédits, il paraît.

— Ils auraient tout de même pu l'entretenir un peu ! Maintenir une température égale dans le bâtiment, par exemple. Passer un vernis sur le tout, je ne sais pas. Faire mettre des drains au rez-de-chaussée. Il ne faut pas oublier que ce n'est pas une vraie fresque, seulement une peinture murale. C'est plus fragile. Vous n'avez jamais eu d'inspection ?

Stépha éclata de rire.

— Il n'aurait plus manqué que ça !

— Mais ça arrive, tu sais ! Quand les choses sont classées !

L'air d'importance que se donnait ce petit Joseph ! On aurait cru le directeur du musée ! Alors qu'il s'y était faufilé on ne sait trop comment, grâce au vieux M. Stass, son employeur, sans doute, grâce aussi à la sympathie qu'il inspirait. Il n'avait même pas achevé ses études aux Beaux-Arts, il se contentait de restauration pour le compte du vieil antiquaire et, à Lille depuis trois ans, on aurait déjà dit que l'atelier, la boutique, et toute l'entreprise Stass lui appartenaient. Et pourtant on l'aimait bien. Un charme, une ingénuité... Une absence de méchanceté, pensait Stépha, qui le rendait à la fois attirant et inintéressant... Elle aussi, elle l'aimait bien.

Joseph installait le pied de l'appareil. Après avoir pris des repères, il allait photographier la Fresque fragment par fragment. Cela prendrait du temps.

— Elle m'a épaté, ta mère, l'autre jour, quand elle m'a dit qu'elle n'aimait pas les arts ! Elle a dit ça pour me faire marcher ?

— Pas du tout. Elle n'aime pas les arts, elle n'aime pas la Fresque, et puis elle a toujours espéré que le musée l'enlèverait, pour pouvoir aménager le bâtiment. Un moment, ça a eu l'air de se faire et puis...

— Oh ! mais ce n'est pas perdu ! Je m'en occupe ! J'en parle au père Stass qui a de l'influence et...

« Le père Stass ! Il va m'apprendre qui est le père Stass, le meilleur ami de grand-mère, le grand-père d'Émilie et d'Éric ! »

— C'est ça. Il te suffira d'un mot...

Joseph sentit l'ironie et se mit à rire.

— Oh ! je ne dis pas que je peux tout, mais un mot bien placé...

« C'est cela qui fait qu'il est sympathique, pensa Stéphanie tout à coup avec un peu de mélancolie. Il est léger, il n'est pas très intelligent, il ment comme il respire, il est vaniteux comme un paon, mais il est gai. On sent qu'il sera heureux dans la vie, qu'il le veuille ou non. Au fond, ça ferait un très bon mari pour Nadine. »

Joseph allumait ses spots, et du coup le visage de Stépha disparut dans l'ombre.

— Tu sais, continuait Joseph en opérant, qu'il y a un projet de musée à Villeneuve-d'Ascq ? Un musée d'Art moderne ? Si on pouvait contacter les gens qui s'en occupent, ils pourraient très bien prévoir un emplacement pour la Fresque... Peut-être même une aile spécialement construite... Il faudrait que je m'informe...

— Tu devrais..., dit Stéphanie négligemment. D'autant plus que ça concerne Nadine...

— Comment ça, Nadine ?

— Comme je ne me marierai pas, mes parents voudraient aménager cette aile pour Nadine... Elle ne vivra pas toujours dans un studio...

Joseph ne répondit pas, mais dans la vive lumière du spot elle le vit rougir légèrement. Elle s'amusait.

— Je croyais que tes parents étaient un peu en froid avec Nad... Tu peux te pousser d'un cran ?

Il déplaça ses appareils, elle remonta de quelques marches.

— Ah... pour l'instant, forcément... Que Nadine ait... un sentiment pour toi, ça dérange un peu leurs projets...

— Ah ! oui ! Parce que maintenant qu'elle fréquente un immigré, un travailleur manuel..., dit Joseph en colère.

— Ne le prends pas comme ça, voyons. Il faut se mettre à leur place. Pour eux, un restaurateur de tableaux, forcément...

— Mais est-ce que tu sais qu'il y avait un Malinov chimiste, au XVIIe siècle, et célèbre en

Bulgarie, célèbre, alors que ta famille n'existait pas ? Et ma mère...

— Oui, oui, je sais... Mais eux ne le savent pas. Et puis ils avaient espéré que Nadine rencontrerait quelqu'un qui pourrait s'intéresser à l'usine, la reprendre plus tard. Enfin, ça peut toujours arriver...

— Comment, ça peut toujours arriver ?

— Tu n'as pas l'intention d'épouser Nadine, que je sache ?

*

Plus tard, Joseph demande à voir la chambre où a habité si longtemps le peintre.

— Pour quoi faire ? Il n'y a rien à voir.

— Mais... par curiosité... par admiration...

Stépha hausse les épaules.

— Il n'y a que la cuisinière qui est en train d'y mourir. Si vraiment ça t'amuse...

Ils gravissent l'escalier. Stépha frappe. Julia, qui fut si fraîche, appétissante et potelée, vient ouvrir, énorme, plus large que haute, robe grise informe, ceinte d'un tablier à poche ventrale remplie de coton à repriser.

— Oh ! excusez-moi, mes enfants, j'avais pas mes souliers...

Elle entreprend gauchement d'enfiler ses chaussures sans se pencher, non, elle ne pourrait pas, et a l'air d'un ours qui tenterait de marcher sur un fil. Stépha s'agenouille.

— Tu tiens vraiment à les mettre, Nounou ? Je vais t'aider.

Un moment, Joseph a entrevu, tâtonnant comme une bête qui cherche son terrier, le large pied déformé se fourrant dans le soulier à bride.

— Tu es bien bonne, ma finette ! C'est ton amoureux, ce beau garçon ?

Stépha se contente de rire en se relevant. Elle approche de la vieille femme un vaste fauteuil d'osier défoncé. Ses gestes sont précis, délicats.

— On vient juste un moment, dit-elle. On t'a réveillée, pauvre Nounou. Joseph voulait voir la chambre...

— Pour ce qu'il y a à voir, soupire la bonne femme. Y reste plus rien du pauvre Monsieur. Que son lit, je m'en sers pour regarder la télé avec « celle des vitres »...

« Celle des vitres », c'est la femme de ménage. Le lit, promu à la dignité de canapé, décoré de coussins ronds en satin grenat, paraît dur, étroit : militaire. Restent de l'époque de Chris les trois fenêtres ovales, des hublots, le superbe plafond-pyramide, plafond-étoile, chef-d'œuvre de menuiserie que Chris a contemplé si souvent, couché sur le dos. D'un côté de la pièce, la « petite maison » de poutres faîtières sous laquelle il avait placé son lit. Et de l'autre, la cloison chaulée qui le séparait de Clara, sur laquelle il avait peint des flammes.

Ça a dû être une belle petite chambre, avant que Julia n'en couvre les murs d'images de calendrier.

— J'aurais bien mis des dessins du pauvre Monsieur, dit-elle en suivant le regard de Joseph. Seulement, y-z-ont pas voulu m'en donner. Je ne sais pas c' que je serais devenue, sans la petite. Et m'apporter la soupe, et m'aider à ma toilette ! On n'en trouve plus beaucoup, monsieur, des jeunesses comme ça ! Vous n'avez pas tiré le mauvais numéro, allez !

Joseph rougit encore, embarrassé, flatté tout de même.

— On redescend, chuchote Stépha qui étouffe de rire. Je te l'avais dit qu'il n'y avait rien à voir...

Dans l'escalier :

— Je trouve tout de même ça extraordinaire, dit Joseph, qu'on ait fait de la chambre de ton oncle, un homme si célèbre, une chambre de bonne...

— Julia fait partie de la famille, dit Stéphanie, mi-figue, mi-raisin.

— C'est pour ça que tu la soignes toi-même ?

— Il faut bien que quelqu'un le fasse..., dit Stéphanie, cette fois authentiquement embarrassée.

Joseph la regarde avec une admiration presque tendre. Jusqu'ici elle lui a toujours fait un peu peur.

— Tu es un amour, toi, au fond. Moi, si je me dévouais comme ça, j'irais le raconter à tout le monde... Pourquoi tu ris ?

Elle rit de sa sincérité, elle rit un peu par embarras, parce qu'elle s'est trahie (elle aime bien la vieille Julia, en s'en cachant), elle rit parce qu'elle pense : « Le voilà qui s'attendrit. Pourvu qu'il ne s'imagine pas être amoureux de moi ! Je ne peux tout de même pas lui dire : je travaille pour Nadine, grand nigaud ! »

*

Le doit-il à son teint frais, à ses taches de rousseur, aux fous rires qui le prennent parfois, Joseph traîne derrière lui une terrible malédiction ; à peine la porte refermée derrière lui (et souvent pas encore) s'élèvent des voix qui disent : « Qu'il est gentil ! Quel charmant garçon ! Il est sympa, ce type ! » Et derrière ces appréciations, d'où qu'elles viennent, il croit sentir une indulgence, un sourire à peine dissimulé, qui voudrait dire (pense-t-il) qu'on ne le prend pas au sérieux.

Pis : il n'est pas toujours convaincu qu'on ait tort. Après des études rapides, son métier à la fois artistique et manuel lui plaît. Recommandé par Éric Stass, étudiant rencontré par hasard, à son grand-père, il a trouvé à s'employer à Lille sans problème. La ville lui plaît. Son métier lui plaît. Il s'est fait en trois ans un tas d'amis et de relations utiles. N'y a-t-il pas là quelque chose de suspect ?

A vingt-trois ans, il se rêve encore. On pourrait dire qu'il est mythomane. Un bien grand mot. Au fond, il ne se console pas d'avoir laissé passer des occasions de tragédie : son émigration (tout s'est passé facilement), la mort de sa mère (il y a deux ans et il ne se souvenait absolument pas d'elle), l'échec relatif de ses études (peut-être est-ce grâce à cet échec qu'il a décidé de faire de la restauration d'œuvres d'art, a trouvé un emploi agréable, passant ainsi à travers le chômage)... Dans son appétit de grands désespoirs, il ne s'aperçoit pas qu'il a eu des chagrins ; l'indifférence souriante de son père, l'oubli même de sa mère, une insécurité profonde qu'il déguise. D'où le feuilleton : sa mère l'ogresse, la doctoresse cruelle et convaincue qui torture avec bonne conscience les déviationnistes (cet épisode n'est pas dépourvu d'une ambiguïté érotique), son pays devenu mythique sur lequel il raconte des histoires à faire dresser les cheveux sur la tête.

Dans son furieux désir d'être pris au sérieux, il laisse parfois entendre qu'il approuve secrètement les atrocités qu'il imagine. Une amie étudiante, poussée à bout, lui dit un jour : « Eh bien, retournes-y dans ton goulag puisque tu t'y plaisais tant. » Il arriva à lui démontrer qu'elle avait obéi à un réflexe bourgeois et, grâce à la culpabilité développée chez cette jeune fille sensible, à coucher avec elle. Mais, obligé de jouer sans cesse les buveurs de sang, il en fut vite fatigué, et la quitta.

Les atrocités que racontait Joseph, il n'avait pu, bien entendu, les vérifier lui-même, ayant huit ou neuf ans quand il avait quitté la Bulgarie. Elles ne prenaient pas leur source non plus dans les récits des émigrés de l'Est qui venaient parfois voir son père. Il les fomentait dans sa propre imagination. C'était lui qui arrachait une mère à son sommeil, l'arrêtait arbitrairement au milieu de la nuit, tandis que s'élevaient, dans la cage d'escalier sordide, les cris lamentables du nourrisson réveillé. Parfois, inspiré par Potemkine, il faisait rouler un biberon abandonné sur les marches. C'était lui qui fouillait soupçonneusement le cabas de la ménagère, le cartable de l'écolier, arrêtait d'innocents étudiants pour conversations tendancieuses, les interrogeait avec sadisme, à grand renfort de piqûres de Penthotal sous des lumières blêmes...

Au lycée, cela avait pris. Un peu. Joseph glorifiant sa « patrie » dans les procédés brutaux qu'il lui prêtait avait réussi parfois à stupéfier temporairement ses condisciples. Malheureusement, il ne savait pas se priver de menus plaisirs tels que hannetons (il en avait découvert dans un buisson square Saint-Marcel), hannetons donc, lâchés en pleine classe, musiquettes interprétées avec talent sur un peigne de poche pendant les cours de philo, et sa réussite dans ce genre mineur ôtait de la crédibilité à son personnage. Il réussit seulement à passer pour « un peu braque » et à décourager quelques amitiés sincères. Il en pleurait le soir dans son lit pendant que son père, au Casino de Paris, tirait tout leur suc des plaisirs capitalistes.

Cette étrange folie, née de la puberté, s'était un

peu atténuée avec l'âge. C'est alors que le refrain « Quel gentil garçon ! » commença à retentir aux oreilles de Joseph. Il était fâché d'y prendre plaisir. Au fond, il adorait être aimé, sympathique, populaire. Mais il se le reprochait. Son père, aimable et féroce égoïste, n'était pas étranger à cette altération d'un caractère sensible, d'une intelligence un peu courte.

Nadine avait souffert, Nadine avait, en son temps, fabulé, provoqué (la mèche bleue !), Nadine, dès le début de leurs rapports, écouta les débordements verbaux de Joseph avec plus de compréhension que de crédulité. D'abord déçu de n'avoir pas réussi à gâcher une rencontre charmante (il avait un idéal quelque peu stendhalien, sans l'étoffe), il y trouva bientôt un repos. Il se sentit aimé, il devint naturel.

Sevrés d'amour tous les deux (mais Nadine avait sur Joseph la supériorité de le savoir), les aventures brèves, succès remportés sous le masque, de Joseph, les étreintes rapides avec des camarades auxquelles Nadine ne donnait pas de suite, de crainte d'être plaquée, les avaient laissés l'un et l'autre insatisfaits. Ils se comblèrent mutuellement.

Joseph plongea dans la banalité comme dans l'eau du baptême ; quand il allait chercher une baguette de pain, le matin, en sortant de chez Nadine où il avait passé la nuit, il se sentait un homme enfin, avec *sa* vie, *sa* femme, *sa* baguette. Et Nadine encore au lit recevait ce morceau de baguette (préalablement coupé, beurré et recouvert de confiture de cerise par Joseph) comme le plus beau cadeau du monde. Et elle accueillait le héros qui était allé, à travers la ville hostile, lui chercher cette baguette, avec transports, l'attirait dans le lit à nouveau, et le bruit des souliers que Joseph faisait hâtivement tomber était un bruit glorieux, et leurs baisers chaleureux à goût de cerise, de framboise, nourrissaient leur enfance frustrée.

*

Quand Nadine sourit, la Bulgarie n'a plus que des roses. Quand Joseph prend Nadine dans ses bras, il n'est plus contraint de s'inventer. Il est « dans le tableau », il n'est plus contraint de le peindre. C'est un Chardin, un Corot, un Vermeer lumineux et simple, et Nadine disposant quelques victuailles sur la table de bridge de son studio disparate exorcisera pour plusieurs heures le monde où Joseph se sent forcé de briller, d'étonner, de se battre.

Le monde où il y a la mère ogresse, la patrie ambiguë, et Stépha.

Stépha n'importe quand

Dans sa chambre étroite, blanche, Stépha dispose d'un lit d'une rigueur militaire, d'une table, de deux chaises vernies très laides, d'une étagère surchargée de livres et de dictionnaires, d'un petit meuble surmonté d'un butane-camping sur lequel elle se fait du thé. A côté de cet objet utilitaire, une photo encadrée de Marianne à vingt ans. Interrogée par Éric et Jeanne, ses deux victimes préférées, Stépha dit en riant :

— C'est mon pense-bête.

Et ne s'explique pas. Éric, un jeune homme très bien, pense que Stépha refuse de se consacrer, comme sa mère, à des tâches mercantiles et dépourvues d'intérêt. Jeanne Voisin, une grande fille sérieuse, a eu d'abord l'idée, qui lui paraît toute naturelle, que Stépha adorait sa mère. Puis elle est devenue plus circonspecte.

Éric et Jeanne « font psycho », eux aussi, Éric cherche un sujet de thèse, Jeanne n'en est encore qu'à la maîtrise, mais il y a déjà deux, trois ans qu'avec un bel ensemble ils se sont épris, on peut dire épris de Stépha, passionnés pour Stépha. Ça ne leur fait pas la vie facile.

— J'adore Jeanne, déclare Stépha, parce qu'elle est si totalement dépourvue de charme. C'est l'être humain avant la faute, mais aussi avant la grâce... quoi que je fasse, je n'arriverai jamais à un résultat aussi parfait.

Jeanne s'en va pleurer dans sa chambre, où si souvent Stépha est venue l'encourager, lui apporter le livre qu'il lui fallait, lui faire du thé ou du cacao, car Jeanne demeure dans le même immeuble ingrat, de briques jaunes, où Stépha a loué sa chambre. Mais Jeanne y demeure complètement. On la dit très « méritante », fille de mineur, ayant étudié dans des conditions impossibles, mais ce n'est pas tout à fait vrai. En réalité, son père est quelque chose comme contremaître, sa mère institutrice, ils ont un pavillon dont ils sont propriétaires, et Jeanne, moyennement intelligente et pas jolie, a décidé de faire psycho parce qu'il y a une unité médicale pour enfants perturbés près du patelin où elle habite, c'est tout.

Depuis qu'elle la connaît, elle s'est attachée aux pas de Stépha avec une superstition passionnée. Si

Stépha le veut, Jeanne passera ses examens. En fait, depuis deux, trois ans, Jeanne commence à avoir dépassé le seuil de son intelligence, et à s'en rendre compte. S'ensuit une panique considérable, des insomnies, des trous de mémoire, une angoisse qui s'aggrave du fait que (contrairement à la légende) elle n'a pu obtenir une bourse, ses parents n'étant pas assez légendairement pauvres, et fait ses études à leurs frais. Stépha l'a rencontrée un jour sortant de la bibliothèque, en larmes.

Elle l'avait croisée auparavant dans l'escalier de l'immeuble, dans le hall de la fac.

— Qu'est-ce que tu as ? Tu as perdu ta mère ?

Sans prendre garde à la manière abrupte de Stépha, Jeanne s'est confiée.

— C'est affreux ! Ma mémoire s'en va ! Je n'ai jamais eu une très bonne santé...

— On ne dirait pas !

— ... mais maintenant... Je ne retiens plus rien, j'oublie même ce que je savais l'année dernière, et je ne peux pas perdre un an ! Je ne *peux* pas ! Mes parents... Je vais devoir tout arrêter...

Stépha lui fait répéter ses cours.

Est-ce qu'on peut dire que Stépha a pitié ?

— C'est son côté grande bûche, lavée à l'eau de Javel, qui m'a séduite, confie-t-elle à Joseph. Quand on la rencontre à la fac, on croit toujours qu'elle vient faire les bureaux.

Joseph se met à rire. Il s'entend très bien avec Stépha. Sa mythomanie (qui va s'atténuer quand il sera devenu l'amant aimé de Nadine) s'accorde avec un goût du blasphème, du paradoxe, que Stéphanie cultive. Mais il n'a jamais fait l'amour avec Stépha, elle lui fait un peu peur, et l'apostrophe de Stépha à sa sœur, lorsqu'elle apprendra leur liaison (« Alors, tu ramasses dans mes poubelles ? »), sera méchanceté purement gratuite. (Marianne reprendra plus tard ce thème, quand elle « saura », avec moins de méchanceté et plus de conviction, vexée de toute conquête qui n'appartient pas à Stépha : « Il s'est rabattu sur Nadine parce que Stépha n'en a pas voulu », dira-t-elle.)

Le soir de sa rencontre avec Jeanne Voisin, effondrée, Stépha reste coucher à Lille et consacre la soirée, quel que soit son mobile, à la remonter. Le lendemain elle l'accompagnera chez le médecin pour qu'il lui prescrive des vitamines, des toniques, l'accompagnera à la bibliothèque pour jeter un coup d'œil sur les livres qu'elle consulte, lui en conseiller d'autres, sollicitera le gracieux professeur Delfin en se servant sans rougir de la légende, « fille d'un mineur de fond », pour le culpabiliser.

Bourrée de vitamines, étayée de tous côtés, poussée, tirée, malmenée, Jeanne arrive enfin à la maîtrise. Bonheur gâché par l'imprévisible conduite de Stépha, objet dorénavant de son idolâtrie.

Jeanne n'a pas accordé beaucoup de place au sentiment dans sa vie, jusque-là. Il se manifeste gauchement, par de petits bouquets mal faits, à demi flétris, des gâteaux qu'elle rapporte de sa campagne et retrouve huit jours après émiettés sur l'appui de fenêtre de Stépha, « pour les oiseaux ». Par de maladroits petits billets glissés sous la porte de la chambre (« Il y a un beau film russe au Trianon cette semaine, est-ce que tu n'aurais pas un soir, n'importe lequel, pour qu'on y aille ensemble ? ») et que Stépha fait semblant, sans vergogne, de n'avoir pas trouvés. « Je n'ai pas été là de la semaine », prétend-elle, alors que derrière la porte où Jeanne est venue se coller, on entend cliqueter la machine à écrire ou marcher la radio. Si elle insiste :

— On n'écrit pas « n'importe quel jour », explique Stépha. Ça empêche de refuser poliment.

— Mais pourquoi refuser ? gémit la pauvre Jeanne. Tu ne veux pas sortir ? Ça ne te fait pas plaisir ?

— Je n'aime pas ce qui me fait plaisir.

Jeanne croit devenir folle.

Éric n'est pas moins maltraité. Avant de connaître Stépha, fils d'une excellente famille, amie des Matthyssen d'ailleurs, il était convaincu que toute jeune fille qu'il honorerait de ses attentions ne pourrait qu'en être ravie. Et ses premiers contacts avec Stépha n'ont pu que le confirmer dans cet agréable sentiment : ils sont sortis ensemble, ont dansé, ont participé à des beuveries d'étudiants, sont allés à l'Opéra, au cinéma, à un grand pique-nique... Au retour, Éric a voulu obtenir un simple baiser dans la voiture. Stépha s'y est refusée.

— Je crois que tu ne me plais pas..., a-t-elle dit avec un sourire câlin.

Éric n'en est pas revenu.

— Mais on s'entend bien, on aime les mêmes choses... toutes ces sorties...

— Je voulais seulement vérifier à quel point tout cela était insignifiant.

Elle a tout de même continué à sortir avec lui, de temps en temps, sans rien lui accorder.

— Je voudrais tellement être aimé..., a soupiré un jour Éric, dont le plus grand mérite réside dans son honnête simplicité.

— Je te le souhaite, répond Stépha gentiment. Puis elle ajoute en riant :

— Ça te ferait les pieds.

Quelquefois Stépha reste deux ou trois jours à

Lille. Elle a catégoriquement refusé le téléphone que sa mère voulait faire mettre dans sa chambrette. Marianne lui écrit de courts billets timides qui rappellent ceux de Jeanne. « Si tu pouvais être là samedi, tu me ferais tellement plaisir ! Il y aura un hochepot comme tu aimes et j'ai fait refaire les rideaux de ta chambre. » Le samedi, Stépha se couche dans son lit étroit, son drap tiré sur sa tête, les dents serrées, et ne bouge plus. Des ragoûts, des rideaux, on ne l'a pas comme ça ! La pauvre Marianne qui voit s'écouler l'après-midi sans nouvelles ne se doute pas de l'élan subit de sa fille vers elle : « Elle souffre, pauvre maman, elle souffre... » Stépha souffre aussi, à sa façon. Elle aura la migraine toute la journée du dimanche, cependant que Marianne, à mille lieues de se douter qu'existent des sentiments aussi complexes, l'imagine entourée de prétendants, la coupe de champagne à la main, riant follement et se souciant de sa mère comme d'une guigne. Elle a l'imagination très peu développée, Marianne. « Elle ne m'aime pas », pense-t-elle avec désespoir, sans jamais se dire : « Elle ne s'aime pas », ce qui serait sans doute plus proche de la vérité.

Le jardin Zen (automne 1935)

J'ai écrit à Christophe toutes les semaines, ce printemps, cet été, ce début d'automne 1935. Je suis passé plusieurs fois aussi à Kerkhove. Je venais chercher les esquisses et les projets des « machines » qui formeraient le gros de l'exposition. Mais Christophe me semblait à ces occasions embarrassé, secret, content tout de même, mais moins spontané que dans les courts billets qu'il m'adressait capricieusement (tous les jours, pendant une semaine, puis à nouveau, après quinze jours de silence). Je patientais. C'était beau déjà d'avoir réussi à établir un pont entre son silence et moi. Dire que ces billets, je les ai déchirés, je les ai jetés avec rage, au moment où, venu habiter à Paris, comme tout naturellement un équilibre s'inverse, il s'est mis à écrire toutes les semaines à Clara !

Elle répondait irrégulièrement, elle devait lui en vouloir, souffrir peut-être. Mais elle répondait. Ils se sont beaucoup écrit. Dans une des lettres de Clara que j'ai ouverte à la vapeur, j'ai pu constater qu'elle m'appelait « la limace ».

Oui, déchirés, ces billets, ces croquis, ces questions parfois saugrenues (Pourrais-je lui procurer de bonnes photos d'ammonites ? Les balayeuses municipales étaient-elles à Paris du même modèle qu'à Lille ?), ces détails quotidiens, paisibles : il y avait eu une invasion de mulots, il avait admiré la structure d'un nid de guêpes abandonné... Après, il ne m'a plus écrit, puisqu'il vivait avec moi, ou plutôt à côté de moi. Et je regrette souvent avec rage ces phrases banales qui me restitueraient peut-être un moment son sourire fermé, son froncement de sourcils attentif et sévère...

Non pas que ces billets eussent été d'un bien grand apport pour la postérité. On croit volontiers que les artistes sont plus intéressants que les autres hommes. C'est parfois vrai, mais pas forcément. Et si j'écrivais une histoire, Juste pourrait en être le héros aussi bien que Christophe. Personne ne l'a jamais compris tout à fait. Sa force, ses silences, ses brèves colères sans objet, la façon dont il forçait autour de lui les choses à participer au mouvement de la vie, ce qu'il savait, ce qu'il ne savait pas, et jusqu'à quel point il les manœuvrait tous... Oui, Juste était une sorte de héros, un vrai Flamand, cordial et secret, pratique et mystique, moitié terre, moitié eau, maître dans l'art de paraître inoffensif, le *bon géant,* et peut-être d'ailleurs était-il bon, d'une façon impitoyable, instrument conscient d'une sorte de fatalité... Et bien qu'il soit plus que moi responsable de la mort de Christophe, je crois qu'il l'aimait ; oui, Juste...

Christophe... c'est autre chose. Il était comme un enfant très sage, très ingénieux, rempli du sentiment douloureux de sa supériorité. Très solitaire depuis l'enfance, très habitué à ne pas être compris, d'une politesse presque maniaque, plein d'un mépris très doux, très inconscient, pour ce qui n'était pas lui et Clara. Son seul mystère résidait dans cet attachement à Clara, qui j'en suis sûr le comprenait moins bien que moi, moins bien que Juste, qui l'aurait détruit pour le garder bien à elle, qui l'a détruit, d'une certaine manière, mais les choses se sont retournées, et pendant quelque temps le mal a été le bien, le bien le mal, l'envers l'endroit... Qui a détruit Christophe, en fin de compte ? Et même, a-t-il été détruit ? Sans moi, il serait peut-être toujours vivant dans cette Tour, dans cette plaine, dans sa chambre ou son atelier si ordonné, plein de boîtes et de cartons rangés, étiquetés avec un soin méticuleux, travaillant ses pastels minuscules, ses collages, ou réparant un meuble... Il était plus jeune que moi... Mais dans sa Tour, il aurait peut-être passé toute sa vie pour un original, un artiste mineur, il serait resté un enfant, avec ses collections, ses manies, sa sœur... Il est mort adulte, un grand peintre, un héros... Sa mort brutale ne marquait-elle pas la fin d'une expérience, et ne pourrait-on pas paradoxalement dire, de ce suicide ou de cet assassinat, que c'était une *mort naturelle* ?

Ce premier « coup » que je préparais (l'exposition des « machines ») me donna le courage de me remuer pour vivre à Paris, reconstituer un réseau de relations, trouver de l'argent, des débouchés. Tim avait repris des mains de son « parrain » la direction de la galerie, que nous nous partagions. C'était un bon associé, trop jeune et idiot, mais intuitif. Et puis il avait de l'argent, lui (le « parrain » !). Mes amis de Munich m'avaient donné des adresses, des lettres de recommandation, les uns en se moquant (le pauvre cher Max, je le vois encore !) de ce qu'ils appelaient un exode idéologique, les autres en sachant qu'ils me rejoindraient, à Paris ou plus loin encore. J'avais fini par obtenir de Christophe un certain nombre de collages, ceux qu'on a appelés les collages-prospectus, parce qu'il y utilise entre autres matériaux des prospectus de machines agricoles ou d'armement courant. Cela formait un ensemble cohérent. Il ne restait qu'à faire chercher le tout (encore que petites, les machines-sculptures étaient lourdes) par un transporteur. Ce serait ma première exposition d'un jeune peintre. J'avais inauguré ma participation avec ce dont je pouvais encore disposer de spécimens de cet « art dégénéré » qu'on commençait à honnir en Allemagne. Je constatais du reste combien ce début de persécution était mal compris de beaucoup, parmi mes nouveaux amis. Ils semblaient penser qu'il était dû à des éléments conservateurs, des éléments du passé qui tentaient une lutte d'arrière-garde contre des forces novatrices, alors qu'hélas il s'agissait de forces nouvelles et barbares commençant à façonner ce qui serait, pendant trop longtemps, l'avenir. Bref.

J'avais donc monté mon exposition, suscité des articles, projeté un cocktail où Christophe pourrait rencontrer des collectionneurs, et mon exil même, mon appartenance à un milieu et à des tendances qui suscitaient la controverse me servaient pour quelques semaines ou quelques mois. Depuis le début de l'automne, j'avais essayé de faire venir Christophe à Paris, pour prendre la température de ces milieux qu'il ne connaissait pas : rien à faire. Il viendrait pour le vernissage mais pas avant. Il était, disait-il, accaparé par le jardin de pierres.

Elle n'était pas bête quand même, cette salope de Clara. A partir du jardin de pierres, j'avais commencé à la soupçonner de nouveau. Avant, elle avait réussi à me persuader de son innocence à tel point qu'un jour (j'en rougis encore quand je pense à tout ce qui a suivi), qu'un jour j'avais, moi (!), essayé de lui *expliquer Christophe.*

— Voyez-vous, Clara, je me demande si Christophe n'a pas, quelque part, peur de son propre talent.

— Ah oui ? (Air ingénu, intéressé.)

— Peur que cela ne l'engage trop loin, que cela ne le fasse sortir de ce cercle enchanté où il n'a aucune responsabilité, où le monde n'est que spectacle, où tout est accepté au niveau premier, comme un objet posé sur une table, réduit à ses proportions. A mon sens, son refus de la perspective a cette signification-là, consciente ou non.

— Est-ce que tout ça n'est pas un peu freudien, un peu viennois ?

— Tout a de multiples significations. Vous qui

vous lancez dans les jardins de pierres, j'ai vu l'autre jour chez Christophe des textes sur Katsura, l'architecture de cet ermitage royal, et si vous les avez lus, vous pouvez voir à quel point l'architecture au Japon (un art qui paraît si pur, si peu engagé) est interprétée, depuis la montée du fascisme, en termes de nationalisme *ou* internationalisme, de culture populaire *ou* aristocratique... La ligne d'un toit, c'est un manifeste. Et Christophe, s'il refuse tout contact avec autre chose que son univers, finira par se tarir...

— Tout ça, pour moi, c'est du chinois, avait dit Clara d'un air bête et avenant. Mais si vous voulez dire que Chris doit s'aérer, se faire des relations, je suis bien d'accord.

— Je veux dire cela aussi... sans doute... Mais nous parlions du jardin de pierres. Je crois que ce qui s'est mis à le passionner dans cette entreprise, c'est la multitude de points de vue que permet le jardin de pierres, la modification constante des perspectives, selon l'endroit d'où on le regarde, bref, sa non-signification. Ça a peut-être l'air un peu subtil, mais...

— Oui, c'est peut-être un peu subtil pour moi, dit Clara, gravement.

Et là, un soupçon m'effleura : « Elle se paie ma tête », mais j'étais emporté par mon élan.

— Christophe, voyez-vous, en est encore à un stade édénique de son art. En quelque sorte, il joue à un jeu magique, qui contient un élément de sacré, mais dans un espace clos. C'est sa première période, les petits monstres, les arbres qui sont aussi des animaux, la toile plate, la couleur sans modulations... Les machines impliquent déjà une sorte de dérision qui est une approche, timide encore, du monde auquel il reconnaît une existence. Il ne faudrait pas que le jardin le fasse régresser. Croyez-moi, il a l'étoffe d'un peintre de tout premier plan. Mais il faut qu'il évolue.

— Évoluer, Christophe ! dit-elle, oubliant toute prudence. Mais c'est bien le seul, ici, qui ne doive pas, à aucun prix, évoluer ! Il est... il est... (et elle cherchait une comparaison assez belle, une ferveur soudaine sur le visage et dans les yeux, mais qui ne l'adoucissait pas — c'était une ferveur fanatique, une vénération sans pitié), il est comme cette pierre, il ne doit pas changer. Tout change par rapport à lui, au contraire. Il est... l'axe... il est...

Elle se tut brusquement, regrettant déjà ce bref abandon, mais je lui avais vu, un moment, ce visage impitoyable des martyrs clamant leur foi, cette férocité soudaine de ceux qui luttent pour leur vie, et je sus qu'elle avait tout compris, qu'elle n'avait que trop compris, que nous nous étions l'un l'autre découverts. Et comme j'avais à l'époque une énorme vanité (c'était encore très chic de se dire « self-made man » en 1935, je crois bien que Morand le dit), je ne ressentis d'abord que la honte terrible du gaffeur, de la dupe, qui avait pontifié sur un sujet que Clara, d'évidence, connaissait aussi bien que moi.

La grande pierre scintillante de mica était érigée un peu à gauche de l'espace réservé au jardin, je la voyais de loin, comme un menhir. Chris l'avait fait tailler grossièrement, sur un schéma de lui, par le sculpteur d'une entreprise funéraire de Lille. Mais quand on arrivait du jardin clos, la pierre se trouvait au centre de l'hexagone irrégulier tracé par Christophe autour de l'étang. Le choix de l'emplacement de la pierre avait été difficile.

Mortifié, je ne pouvais plus trouver un mot. Clara

restait, elle aussi, interdite. Désormais il allait falloir se battre à visage découvert.

J'avais compris sa tactique. Elle allait l'engager sur tout ce qui l'éloignerait de la toile, du commercial, du transportable, du communicable. N'annonçait-elle pas déjà qu'elle allait « repenser » le jardin ? Et elle était capable de démolir sa maison pierre par pierre pour la lui faire reconstruire, pour qu'il restât là, qu'il ne bougeât pas du centre de ce petit monde dont il était le démiurge. Sur quoi jouer pour l'attirer, le faire bouger ? Susceptible de brusques emballements, d'éclats de gaieté, Christophe était cependant maniaque et casanier. Déplacer ses boîtes à chaussures pleines de sable ou de plumes soigneusement triées, abandonner le café de Seclin où il allait jouer aux fléchettes, son marchand de couleurs à Lille, le vieux barbu de l'usine auquel il soumettait ses projets d'imprimés et qui lui en refusait la moitié (ce sont ces dessins refusés qui forment le très bel album « Études végétales » publié juste après la guerre), cela lui paraissait une entreprise irréalisable. Quant à quitter Clara...

Et pourtant, il me répondait, maintenant. J'avais donné à mes lettres un rythme régulier qui ne pouvait que lui plaire. Il les recevait comme on reçoit le journal, s'irritant quand un retard de la poste décalait leur arrivée. J'étais devenu une habitude, et cela, pour Christophe, comptait beaucoup. Il m'avait d'abord envoyé quelques mots, puis un dessin, puis, de plus en plus souvent, des notes, des réflexions suggérées par son travail, une lecture, des demandes de renseignements sur tel ou tel peintre dont je lui envoyais un catalogue, une reproduction. C'était un domaine dans lequel je gagnais du terrain. Quel que fût le sujet dont il me parlait, je le prenais au sérieux (très important aussi, cela, il était susceptible comme un enfant) et si, quand il me parlait du Japon et de Katsura, je m'empressais de lui adresser ce que j'avais pu récolter des écrits de Bruno Taut ou de Hamaguchi, je me penchais tout autant sur les problèmes de toilette de Clara, et, après mûres réflexions, concluais que Balenciaga serait sans doute le couturier le mieux adapté à son genre de beauté.

Trois semaines avant la date prévue pour le vernissage, je cessai de recevoir ces petits mots si précieux, devenus très fréquents. Je téléphonai. Je pressentais une catastrophe. J'avais tout préparé pour que le séjour de Christophe fût une réussite. J'avais aménagé la chambre du boulevard de Courcelles de façon qu'elle lui rappelât, autant que possible, celle de la Tour. Lit étroit, d'apparence militaire, dans une alcôve qui pouvait évoquer le grenier. Parquet ciré à mort. Vaste table ou tréteau. Meuble à tiroirs multiples déniché aux Puces (un ancien meuble de pharmacien) qui pourrait flatter sa manie des collections. Et, affectueuse allusion à une des rares confidences qu'il m'avait faites, sur la table de chevet, quatre albums des images Menier trouvés chez un bouquiniste.

Chris n'avait jamais voulu le téléphone dans la Tour, les sonneries l'exaspéraient, il détestait les irruptions brusques, ce qui l'obligeait à traverser la cour quand on l'appelait dans la grande maison. La première fois que je téléphonai, j'eus Clara qui me dit avec un grand déploiement d'amabilités, presque d'effusions, qu'il pleuvait, mais alors atrocement, et qu'elle craignait que Christophe ne pût traverser la cour, qui, à cause des feuilles mortes accumulées, d'une évacuation d'eau qui se faisait mal, était « un véritable bourbier ». Ce luxe de détails me surprit. Je rappelai le lendemain matin. J'eus la servante Julia qui me soutint (sans vouloir se déranger pour vérifier) qu' « ils étaient tous partis ». Impossible d'obtenir qu'elle allât dans la cour, ni même qu'elle appelât d'une fenêtre pour s'assurer que Chris faisait partie du groupe. Je rappelai encore le soir. J'étais angoissé, je sentais qu'il se passait quelque chose ; je ne pensais plus à l'exposition, je pensais à mes rapports avec Christophe, si lentement, si patiemment édifiés ; était-il possible que Clara eût trouvé quelque chose pour les miner, les détruire ? Elle était sur place, elle était sa sœur, sa complice depuis toujours. Elle avait évidemment la partie belle. Et elle le poussait dans le sens de sa pente. Je souffrais.

— Allô ? C'est Juste. Non, je ne crois pas qu'il puisse venir au téléphone.

— Pourquoi ? Il pleut encore ? En somme, on ne peut pas lui téléphoner en automne ?

— Ce n'est pas ça. Il n'est pas dans son assiette.

— Mais je ne veux que lui dire un mot ! Très rassurant, au contraire. J'ai fait voir quelques-uns des dessins à...

— Je crois que c'est surtout de ça qu'il n'a pas envie de parler.

— Mais pourquoi ? Il a une appréhension ? Il n'aime plus ce qu'il a fait ?

— Je ne sais pas moi-même. Il ne veut pas me parler non plus. Clara est auprès de lui.

Naturellement. Elle doit savoir, elle. Je le sentais, qu'elle préparait quelque chose ! Elle le préférerait mort qu'en train de lui échapper ! Je souffrais tant que j'imaginais des péripéties rocambolesques :

elle le tenait sous clé, elle l'empoisonnait avec du bouillon, une tisane.

— Il est couché ?

— Oui, il est couché depuis deux jours. Un coup de pompe, un peu de dépression... Il y a un peu cette tendance dans la famille, vous savez. La maman de Chris et de Clara, que j'aimais beaucoup d'ailleurs...

Ah ! non ! Il n'allait pas me raconter l'histoire de la famille ! J'ai raccroché.

J'étais affolé. Pas pour l'exposition. L'exposition, je pouvais la remettre, ou la faire sans lui. Essayer de créer un snobisme autour de sa sauvagerie, de son absence, je pouvais le tenter. Mettre son portrait bien en vue, plusieurs portraits, j'avais fait une série de photos de lui là-bas. Il était d'une beauté si rare ! Et puis l'exposition, je m'en moquais ! C'était son silence, l'hostilité qu'impliquait son silence, qui me torturait. Qu'est-ce que je lui disais dans ma dernière lettre, qui pût justifier... ? J'essayais de m'en souvenir, j'en pesais chaque mot.

Et lui ? Son dernier mot, de quand ? Et où l'avais-je mis ? Je remontai précipitamment de la galerie à l'appartement, je fouillai le bureau, la commode de ma chambre, le sol était jonché de papiers, de chemises encore sous cellophane (elles revenaient de chez le blanchisseur), et naturellement je retrouvai *tous* les mots et les dessins de Christophe, les cartes postales, les notes prises au revers d'une facture ou sur une fiche, tout sauf ce dernier mot dont je n'arrivais pas à me souvenir et qui était peut-être la clé de mon destin.

Oui, je pensais « destin ». Je pensais « ma vie, toute ma vie, pour quelques jours avec lui, même pas avec lui, derrière le mur, derrière la porte, dans la maison. Ma vie pour savoir qu'il est là et qu'il dort ». J'ai traversé le palier, je suis entré dans la « chambre d'amis » préparée avec tant d'amour pour l'ami, le seul ami que j'aie désiré ; la chambre était paisible, accueillante, avec son odeur de cire d'abeille et de fruit. On eût dit qu'elle arrondissait les bras pour le recevoir. Je me suis assis par terre, sur le parquet luisant (par terre, pour ne rien déranger de l'ordre méticuleux qu'il aimait), et j'ai pleuré. Moi qui ne suis pas un fervent de la Bible, il m'est revenu ce terrible verset (je l'avais peut-être lu ailleurs, je ne sais plus. Tolstoï ?) :

« *Mais à celui qui n'a pas, il sera ôté même le peu qu'il a.* »

Mes sanglots faisaient un bruit très laid, le même que celui que j'entends dans la cour à six heures du matin, quand le vieux concierge crasseux et fumeur nettoie ses bronches. Et j'avais mal au ventre.

Un peu plus tard, en me mouchant, j'ai retrouvé le billet. Je l'avais rangé dans mes mouchoirs. Ça avait dû me porter malheur. Il se terminait par ces mots : « *Plus que trois semaines avant l'examen. Je potasse mes silences. Pourras-tu m'avoir une introduction auprès du directeur du Muséum d'histoire naturelle ? C'est la seule chose que j'aie vraiment envie de voir. Ton Christ.* »

Ton Christ. Ton Christ. Ghetsémani. Tout disait le calvaire.

J'attendis deux jours dans l'espoir fou qu'il appellerait. Une petite déprime, avait dit Juste, il couvait la grippe, peut-être. Quinze jours de silence et quatre jours au lit, ça n'a rien d'affolant. C'était mon imagination, mon tempérament de « trouillard lyrique » (un mot de Max quand j'avais quitté Munich, et deux ans après il était dans un camp).

J'appelai. A l'époque, tout cela passait par une opératrice, pas forcément idiote mais, dans mon cas, fatalement sourde.

— Quel numéro ? Vingte-trois disse ?

— Non, mademoiselle. Vingt-trois six... deux fois trois...

— Ah ! Trenteu-trois disse...

Le vaudeville. Enfin, Clara. La voix claire, pas la voix de la sœur d'un mourant. Pas la peine de feindre, pas la patience.

— Mais enfin, Clara, qu'est-ce qui se passe ? Nous sommes à quinze jours de l'expo... et puis je m'inquiète, enfin ! Je m'inquiète à titre personnel, amical ! Il est malade ? Qu'est-ce qu'il a ?

— Il a, répond Clara suavement, qu'il ne veut pas vous parler.

— Mais pourquoi ? Qu'est-ce qui s'est passé ? Expliquez-moi, ne me laissez pas dans le doute, enfin !

— Vous savez, Chris est un garçon très sensible, je dirais même très susceptible. Vous vous imaginez qu'il ne prend pas son art au sérieux mais...

— Mais je n'ai jamais dit ça ! Je n'ai jamais dit ça !

Je devais hurler à en détraquer les réseaux, j'entendais des craquements, des sifflements dans l'appareil. Si on me coupe maintenant, si on me rebranche avec la sourde, je tue, je me tue, je deviens fou !

— Clara, vous ne pouvez pas me laisser dans cette incertitude ! Le local est prêt, la camionnette est revenue il y a huit jours avec la marchandise...

Le mot m'a échappé parce que je cherchais à l'éviter. Naturellement, Clara a sauté dessus.

— Moi, vous comprenez, je trouve cette façon de parler, et même de penser, tout à fait naturelle, venant de vous, je dirais même, comme Juste, que je la trouve rassurante...

Oh ! le monstre ! le poison ! Et Juste s'était-il aussi tourné contre moi ? « Venant de vous » !

— ... mais Christophe a un peu le sentiment qu'après l'avoir amené à des démarches... à une exhibition qu'en somme il ne souhaitait pas, au fond, votre enthousiasme pour ce qu'il fait est... n'est-ce pas...

Mais qu'est-ce qu'elle veut insinuer ? Qu'est-ce qu'elle est allée lui faire croire ? Est-il possible que Christophe soit naïf au point d'ignorer certaines réalités, et que Clara se soit renseignée sur mon compte ? Comme un « parent d'élève » qui s'inquiète des fréquentations de son fils ?

— Quoi, mon enthousiasme ? Mais il est total, mon enthousiasme ! Mais je lui ai assez dit, assez écrit... Et puis, tout de même, on n'investit pas de telles sommes...

— Justement, il s'agit un peu de ça... (Craquements, sifflements. Je ne comprends plus rien. Christophe souhaiterait un arrangement financier différent ? Qu'est-ce que sa sensibilité ou sa susceptibilité viennent faire là-dedans ?)

— Je suis prêt à tous les arrangements qu'il... Allô ? Allô ? Clara ? Je disais que je suis prêt à modifier tous les arrangements... Clara ?

Un silence ; vais-je être coupé (comme on coupe un chat, comme on coupe la gorge, j'étouffe, je meurs... Ah ! la voix chaude et calme de Juste) ?

— Allô ? Doutremont ? Vous m'entendez ?

— Je vous entends mais je ne vous comprends pas ! Est-ce que c'est une espèce de chantage, quinze jours avant l'exposition ? J'aimerais au moins que Christophe ait le courage de me le dire lui-même !

— Allons, allons, ne vous mettez pas dans cet état... Il y a eu une maladresse, Christophe a cru comprendre, ou plutôt a mal interprété un mot de Clara, et de fil en aiguille... Vous connaissez les femmes, elle n'a pas cru mal faire, mais en bavardant, sans se rendre compte, elle lui a lâché l'histoire de l'Association...

Je ne comprenais plus où nous allions. L'Association, ou plutôt le projet d'Association de collectionneurs que j'avais l'intention de mettre sur pied, avec achats de tableaux en commun, facilités d'échanges internationaux, etc., si elle intéressait Juste, ne concernait en rien Christophe.

— ... je ne lui en ai même pas parlé !

— Moi non plus, et c'est là l'ennui, dit-il avec son calme exaspérant. Christophe a cru comprendre que je finançais, non pas le projet d'Association, mais son exposition, autrement dit que votre enthousiasme, votre intérêt pour son œuvre étaient... suscités par moi, et il n'y a pas moyen de lui faire sortir cela de la tête. D'où la crise actuelle. Il en est malade. Clara, vous pensez bien, est navrée.

Si je « pensais bien » ! L'ingéniosité de cette vipère ! Le comble, c'est que j'avais reçu effectivement, de Juste comme des premiers participants recrutés, une certaine somme, une mise de fonds.

— Si, si, je vous assure, disait-il, percevant une incrédulité à travers mon silence consterné. Elle a tout fait, jusqu'à lui montrer mes talons de chèques, pour lui prouver que c'était à un tout autre titre que je vous avais versé...

Elle a tout fait, jusqu'à lui montrer des talons de chèques, pour lui prouver que j'avais reçu de l'argent de Juste, oui ! Elle a trouvé cela, pour miner la confiance, les échanges que j'avais eu tant de mal à établir, pour tuer le désir qui commençait à naître en lui de faire connaître son œuvre, de faire un pas hors du cercle où elle l'avait enfermé... Et *il en était malade* !

— Écoutez, Juste, j'arrive, je saute dans ma voiture, il faut que je le voie, que je lui dise...

— Vous ne connaissez pas Chris. Il est buté pour le moment, il croit que nous l'avons dupé... il ne vous écoutera pas.

— Mais que faire, que faire ?...

— Je vous entends très mal, dit la voix de Juste, étonnamment présente et nette à mon oreille. Je vous rappellerai plus tard. Vraiment je n'entends rien. Vous restez chez vous ?

— Oui, oui, mais ne croyez-vous pas... (Il avait raccroché.)

J'avais la tête tellement perdue de douleur et d'affolement que je ne trouvai rien de bizarre, sur le moment, à cette communication si claire qu'il prétendait perturbée de son côté. Ce n'est que plus tard que j'en déduisis qu'il souhaitait me parler hors de la présence de Clara. (Plus tard encore que je m'interrogeai sur le rôle de Juste, le calme, la finesse de Juste.) Là, je ne pensais pas à Juste, je pensais à Christophe. Hébété, je mesurais l'importance que j'avais accordée à ce pont jeté entre nous. Assis sur mon lit, à côté du téléphone, dans l'obscurité, j'étais assis au milieu des ruines.

A onze heures, il rappela. Toujours calme, chaleureux et maître de lui.

— Clara est auprès de lui. (Même cela, qui voulait dire : « Je suis seul », je ne le perçus pas dans l'instant.) Il a eu un choc, une sorte de traumatisme. Vous comprenez, il a eu l'impression de s'être rendu ridicule.

Le mot me parut si disproportionné à ma souffrance que j'eus, je crois, une espèce de rire.

— Vous ne comprenez pas Christophe, insista-t-il (décidément, tout le monde voulait expliquer Christophe). En ce qui concerne son travail, il est à la fois extrêmement sérieux et pas du tout. C'est un enfant qui a l'habitude de jouer seul (Clara ne compte pas), d'organiser son petit monde, et qui veut seulement qu'on ne le dérange pas. Dans son esprit, vous m'excuserez, il vous a fait un immense honneur en vous laissant participer à ce jeu. Vous ne vous en êtes peut-être pas rendu compte, mais avec son beau sourire et son infinie politesse, il est très méfiant, Chris. Méfiant, prudent, rétractile. Quand je dis : il a l'impression de s'être rendu ridicule, c'est grave. Il s'est décidé à vous livrer ce qu'il considère comme ses trésors, et il s'est senti trahi... Et comme il est à la fois très orgueilleux et très modeste (il n'est pas sûr, finalement, que ses trésors en vaillent la peine, pour d'autres que lui), il s'en veut de la confiance qu'il a eue en vous, en nous...

— C'est une catastrophe !

— C'est embêtant, convint-il. Voulez-vous que je vous donne un conseil ?

— Tant qu'à faire...

Pourquoi m'aurait-il donné un conseil ? Pourquoi me voudrait-il du bien ?

— Ne bougez pas tout de suite. N'ayez pas l'air d'attacher la moindre importance à sa venue. S'il vous dit qu'il ne vient pas, regrettez... je ne sais pas, moi, vous aviez bien fait des projets... regrettez de ne pas aller avec lui au théâtre, de ne pouvoir venir ici participer à leur fantaisie de pierre... Créez une diversion, vous comprenez ?

— Oui... oui...

J'en étais encore à mesurer l'étendue des dégâts. Je découvrais trop tard que Christophe m'avait donné beaucoup plus que je ne croyais et que Clara me l'avait fait perdre.

— Je vois que vous êtes encore sous le choc. Vous y penserez. Vous trouverez. Vous allez vous reprendre.

Il y avait une vraie chaleur dans sa voix. Une solidarité.

— Merci... merci...

— Pas de quoi. Ça s'arrangera, vous verrez. Vous aussi, vous êtes un sensible, hein ?

— Pas vous ? dis-je bêtement.

— Heureusement que non, dit-il avec une ironie gentille.

*

Elle avait hésité, tout de même. Juste un moment. Elle était sûre de l'efficacité de son moyen, elle ne mesurait pas l'étendue du mal qu'elle pouvait faire. Elle avait cherché autre chose, honnêtement. Le jardin de pierres, bon, il croyait fermement qu'il reviendrait l'achever, mais une fois à Paris... Elle avait imaginé les combinaisons les plus folles, le retenir en se servant d'une prostituée ou d'une jeune fille du monde, qu'importe, dont il s'éprendrait, ou tout aussi bien d'un garçon de ferme ou d'écurie. Oui, elle avait pensé à cela, dans son intrépide ignorance de jeune femme très protégée ; ou un mariage avantageux, à la Mauriac ? Quelque horrible calomnie sur Doutremont, confirmée par des témoins ? Me Sipriot, qui l'avait connu à Munich ? Une escroquerie supposée ? Le plus simple eût été, évidemment, que Doutremont mourût. Cela n'eût été pour Christophe qu'une contrariété. Elle lui aurait trouvé un autre ami, dans un rayon de cinquante kilomètres au plus, et qui écrirait des lettres. Ah ! si on avait été en guerre ! Elle l'aurait dénoncé comme espion, sans l'ombre d'un remords.

Mais le temps était si limité ! Et Chris offrait si peu de prise ! Argent, sentiment, cela comptait si peu pour lui. Il n'était vulnérable que dans son œuvre, son jeu, le cercle magique. Il ne s'était attaché à Doutremont que parce que celui-ci lui fournissait le moyen de l'élargir... De nouveaux matériaux à disposer, à organiser... Si on lui prouvait que cet intérêt était feint... Elle avait entendu parler de l'Association par Me Sipriot. Elle coquetait avec cette ombre, espérant tirer de lui des renseignements sur l'ennemi. L'innocent notaire lui avait révélé tout à fait incidemment les sommes versées à Doutremont pour l'acquisition d'œuvres nouvelles, qui seraient la propriété de l'Association et pourraient être prêtées à l'un ou à l'autre de ses membres, ou éventuellement rachetées. Sommes d'ailleurs relativement modestes ; ce n'était qu'une tentative, une idée neuve qui pouvait échouer. Mais Christophe n'avait guère le sens des questions d'argent. Son ordre méticuleux aurait pu faire de lui un avare, mais un étrange avare un peu rêveur, pour lequel cent sous et un million auraient eu la même valeur purement symbolique. Le moyen apparut aussitôt à Clara, simple, efficace. Destructeur.

J'ai dit qu'elle hésita. La renommée, la « carrière » que pouvait espérer Christophe lui étaient parfaitement indifférentes. Sa santé, son bonheur, non. Mais si elle voulait l'arracher à Doutremont pour le garder, elle croyait cependant, de bonne foi, le sauver. Et quand on sait ce qui devait suivre, c'était peut-être vrai, d'une certaine façon.

Elle n'hésita donc qu'un moment. Ce fut rapide, facile, bien exécuté, d'une main qui ne tremblait pas.

Elle savait, par une série de taquineries, de menues provocations bien calculées, amener Christophe à déclarer qu'il n'irait pas à Paris, que le vernissage de l'exposition ne l'intéressait en rien, que les œuvres étaient dépassées, il pensait à tout autre chose maintenant... mais elle avait l'oreille trop fine pour ne pas percevoir dans ces protestations une croissante mauvaise foi. Elle avait sur lui la supériorité de pouvoir aimer dans la méfiance. Elle s'arrangea pour provoquer la réaction habituelle, et, loin d'en rire comme à son habitude, affecta une préoccupation mal dissimulée.

— Écoute, je te comprends, moi-même j'aurais horreur d'être exhibée comme ça, mais je crois vraiment qu'il *faut* que tu y ailles... ne serait-ce que pour Juste...

— Qu'est-ce que ça peut lui faire, à Juste ? Du moment que je lui dessine ses imprimés...

Clara se donna les gants de défendre son mari.

— Tu es parfaitement injuste ! Il adore ce que tu fais ! C'est lui qui t'a fait connaître dans la région, c'est lui qui t'a amené Doutremont, et s'il ne croyait pas en toi, est-ce qu'il l'aurait fait ?

— Ça ne lui a pas donné beaucoup de mal, dit Chris de mauvaise humeur, sans y attacher du reste la moindre importance.

Il se disputait souvent avec Clara, c'était comme une façon de se réveiller, de se mettre en train, la bagarre de deux jeunes chiots attentifs à ne se faire aucun mal réel. Croyait-il.

Comme emportée par l'indignation :

— Et l'argent qu'il a versé, au moment où il a encore toutes ces traites ? Ça ne prouve rien, ça ? Ça... Qu'est-ce que j'ai dit ? Qu'est-ce que tu as ? Chris !

Il avait pâli, chancelé, mais il ne s'agissait pas de flancher. Il s'était assis sur son lit, le regard fixe, elle s'assit près de lui, babilla, le temps qu'il pût se reprendre. Elle avait peut-être fait une gaffe, Juste lui avait interdit d'en parler, mais ça devrait l'encourager, lui montrer à quel point Juste était sûr... Voyons ! Il connaissait son beau-frère, ce n'était pas quelqu'un à investir dans une mauvaise affaire, fût-ce par affection ou par sentiment familial. Doutremont ? Un marchand, dont il fallait se servir.

Après étaient venus quelques doutes exprimés par Chris, les talons de chèques, la conviction, le choc. Chris s'était enfermé dans sa chambre, persuadé d'avoir découvert une conspiration, grâce à l'étourderie de Clara. Elle, était calme, tendue comme un médecin qui a tenté un traitement dangereux, mais indispensable, et en surveille les effets.

Juste, calme aussi, impénétrable, n'était pas homme à se laisser tromper par l'*étourderie* de Clara, mais il sentait que le coup avait été bien porté et qu'aucune dénégation, pour l'instant, ne convaincrait Christophe. A peine du reste s'il l'apercevait, fumant une cigarette dans le jardin (et s'éloignant aussitôt) ou, le soir, après qu'ils avaient dîné en tête à tête, Clara et lui, s'il le découvrait dans la cuisine, fouillant le réfrigérateur, une bouteille de lait à la main. Mais les quelques mots qu'il prononçait n'étaient pas teintés d'agressivité. Sa rancune, sa colère visaient Doutremont. Il avait laissé le monde extérieur pénétrer jusqu'à lui, il avait oublié un instant la prudence qui depuis toujours le défendait, et voilà ! Ce bonhomme, ce chien en peluche, cette grosse chose inoffensive, l'avait trahi ! Tout l'orgueil de Christophe se révélait — son indignation était celle d'un fils de roi. A moi ! Il a osé me faire cela, à moi ! Demander de l'argent pour m'exposer ! M'écrire tous les huit jours, être *payé* pour m'écrire tous les huit jours ! Et moi qui lui ai répondu !

Il s'en voulait à lui-même de cette dérogation à son code secret, plus encore qu'il n'en voulait à Doutremont. Il se disait : « Clara n'aurait pas été si bête. » Il était tenté de brûler les lettres de Doutremont, pleines de renseignements précieux, de détails amusants. Mais il n'avait jamais pu se résoudre à jeter une collection. Il mit la boîte à biscuits dans l'atelier, au fond d'un placard qu'il n'ouvrait jamais. Il déchira deux « collages-prospectus » qu'il venait de terminer et comptait rajouter à l'exposition.

Il se tournait et se retournait sur son lit étroit, en proie à une humiliation furieuse qu'il n'avait jamais connue. Il exigeait que Clara lui portât ses repas. Il lui disait : « Je ne veux plus jamais voir que toi. »

Clara ne se laissait pas griser. Elle savait, elle, qu'il avait fait le premier pas hors du cercle magique et que désormais ils vivraient dans la guerre, les pièges, les embuscades, sur le qui-vive. Elle avait seulement l'avantage de s'en être aperçue la première.

*

Ces jours-là, et ceux qui suivirent, furent difficiles pour Marianne, cinq ans. Elle sentait autour d'elle un malaise qu'elle était bien incapable de comprendre, mais qui la perturbait. Elle qui s'était montrée depuis sa naissance l'enfant la plus saine, la plus équilibrée, et douée d'une triomphante santé, prit un gros rhume, voulut qu'on la plaignît, trottant derrière sa mère comme un petit chien qui n'a pas reçu sa pâtée. On lui refusait tout. Non, elle ne pouvait pas monter dans la Tour ; non, elle ne pouvait pas porter son plateau à l'oncle Chris ; non, elle ne pouvait pas comme lui dessiner sur le mur. Non, toujours non. Clara qui d'ordinaire se montrait bonne mère, avec un peu de distraction, fut ces jours-là exaspérée par l'enfant. « Elle choisit bien son moment ! » se disait-elle devant les pleurnicheries inusitées de la petite, sans se rendre compte que c'était cette tension extrême que ressentait Marianne, et qu'elle exprimait à la façon des animaux qui tournent en rond et hurlent à la lune. Rabrouée, Marianne, qui était violente, hurlait, sa jolie figure convulsée de rage, la bouche carrée.

— Je t'aime plus ! Je t'aime plus ! J'aime mieux papa !

Clara s'agenouillait, prenait dans ses bras le petit corps potelé, baisait le petit visage toujours joliment mat, aux yeux sombres.

— Comme tu as raison, ma minette ! Tu ne peux pas savoir combien tu as raison !

Fin des hurlements. Échappant à l'étreinte de sa mère, Marianne s'en allait en trottinant, perplexe.

Le soir, il lui arrivait de se relever de son lit où Julia l'avait bordée et d'aller attendre son père dans son bureau, minuscule, assise dans le grand fauteuil réservé aux clients. La première fois, Juste sursauta en allumant la lumière. A demi endormie, l'enfant attendait dans le noir. Il poussa une exclamation.

— Qu'est-ce qu'il y a ? demanda Clara de la pièce à côté.

— Rien. J'ai encore une cliente à recevoir ! cria-t-il.

Et, fermant la porte du bureau :

— Qu'est-ce que je peux faire pour vous, mademoiselle ?

— Je veux jouer avec toi. Personne veut jouer avec moi.

— Ah ! mais je ne sais pas jouer ! Je suis trop grand. J'ai du travail. Tu peux travailler avec moi si tu veux.

— Oh ! oui ! disait Marianne en battant des mains.

Il la laissa fouiller dans la mallette aux échantillons.

— Ça, tu aimes ? Le tissu jaune avec les petites fleurs ? Joli ou pas joli ?

— Pas joli.

— Et le bleu ?

— Mm... pas très joli...

Elle s'animait, ses joues rosissaient. Avec son teint ambré, ses grands yeux, ses boucles noires, c'était une enfant ravissante, et facile au fond. Elle prit, ces semaines-là, l'habitude de venir attendre son père le soir, dans son bureau, où il passait toujours un moment avant de dîner ; Clara feignait l'ignorance.

— Pourquoi on ne joue pas pareil que maman et oncle Chris ?

— Parce que nous, on est grands, disait Juste.

Marianne était ravie. Clara souriait à peine, disposant le couvert dans la salle à manger où Chris ne viendrait pas. Même Julia avait arrêté son bavardage solitaire, dans la cuisine. Partout régnait un silence d'orage. Le vernissage avait lieu le 19 novembre. Doutremont n'appelait plus.

*

Ai-je parlé de sa beauté ? Peut-être pas, la beauté parfaite est banale. On pourrait évoquer le David de Michel-Ange, tel ou tel jeune héros brandissant la fronde ou la lance, et l'on aurait l'air de faire un pastiche. Son originalité venait peut-être de la couleur de ses cheveux, un or sombre, cuivré, de ses yeux gris, un vrai gris d'ardoise, couleurs qui lui donnaient l'air d'être bâti dans des matériaux rares, peu connus plutôt que précieux. La pâleur de son teint, ses cils et ses sourcils pâles accentuaient cette étrangeté. Jamais frère et sœur ne se ressemblèrent aussi peu. Et pourtant il apparaissait en les voyant que l'un sans l'autre n'était pas complet : *ils appartenaient au même tableau.*

Princesse ou sorcière, avec cette enfantine cruauté, cette passion dans les yeux, Clara était plus que Chris consciente de sa souveraineté. Élancée sans être très grande, les yeux à peine bridés, d'un noir pailleté d'or, la chevelure sombre, lisse, opaque, son sourire décochait des flèches ; ses mains et ses pieds, petits et parfaits, faisaient son orgueil. Souple et droite, elle revendiquait à chaque pas une noble origine. Christophe assis, elle venait se placer derrière lui, la main sur son épaule, pour le défendre autant que pour affirmer ses droits. Juste était le propriétaire du tableau.

J'étais à l'affût. J'attendais de comprendre. Il m'avait fallu plusieurs jours pour faire taire la souffrance qui bruissait dans mes oreilles d'une rumeur de marée. Quand j'avais réussi à retrouver le silence, à travers l'espace, tendu à l'extrême, j'écoutais le rythme du cœur de Christophe. C'était un cœur capricieux et fier. Je n'étais pas dupe de ses manies, de la stricte économie de moyens qu'il s'imposait parfois, de sa propreté obsessionnelle, de sa ponctualité tatillonne. C'était ainsi qu'il cachait sa folie de fils de roi. Alors que Clara s'avançait, sereine, portant une invisible couronne, Chris pliait sous le poids de la couronne d'épines. Toujours le calvaire. Je lui voyais un destin. Si j'avais eu à ce moment-là un rapport plus intime avec Juste, j'aurais su, ce que je ne devais apprendre que trop tard, combien il en était lui-même persuadé. Mais sur la nature de ce destin, je me trompais. Je croyais lui apporter, outre mon amour qu'il n'apprendrait peut-être jamais, la célébrité, l'argent, le moyen de franchir l'invisible barrière qui le séparait de son œuvre définitive. Clara, outre son amour dont il ignorait aussi l'étendue, croyait en le retenant dans le cercle magique le protéger de ce destin dont elle pressentait la face obscure.

Ainsi tout se mêlait-il en nous (et pour la première fois — ce ne sera pas la dernière —, je dis *nous* en parlant de Clara, car tout nous séparait sauf ce que nous avions de plus précieux, ce charbon flambant dans le noir, ce brûlant amalgame de vice et de vertu qui nous faisait parents) et nous voulions à la fois, pour Christophe, le bien et le mal, le salut et l'accomplissement, c'est pourquoi je dis nous, c'est pourquoi après tant d'années je hais toujours Clara et j'aime toujours Christophe, c'est pourquoi je suis *entré dans le tableau.*

A force de guet, d'attente, je sus. Je sus ce que Juste avait voulu dire par « créer une diversion » (sans savoir ce qu'était la volonté, le désir de Juste). Je sus ce qu'il fallait faire, d'une science absolue — et peut-on l'appeler maléfique, cette révélation subite ? Il fallait que le destin de Christophe s'accomplît... Je sus donc, je pris ma voiture, et la veille du jour du vernissage, laissant Tim sur place avec des instructions, je roulais vers Kerkhove à une allure folle. J'étais porté par quelque chose. Habité.

J'arrivai à l'improviste, Clara était sortie, je montai droit chez Christophe qui dessinait mollement dans l'atelier, et, avec une désinvolture, une faconde qui venait d'ailleurs, je m'excusai. Je m'excusai, moi. J'aurais dû rappeler plus tôt, écrire, m'organiser mieux, mais je craignais la mauvaise humeur de Juste, sa rancune à lui, Christophe, bref, laissant à mon associé, Tim, le soin du vernissage, je partais pour Munich. J'espérais qu'il ne m'en voudrait pas. Nécessaire ? Sans doute, j'avais des affaires encore à régler là-bas, mais surtout, mal du pays, fantaisie impérieuse, je ne voulais pas devenir l'esclave de mes projets, de mes commanditaires, je savais que je manquais de sérieux, mais je ne voulais pas sombrer dans le sérieux, est-ce que Christophe m'en voulait ? Tout cela, je le débitai avec un entrain, une volubilité qui m'étonnèrent moi-même. Je voyais sur le visage de Chris se succéder la surprise, l'amusement, le soulagement surtout. Fou, je pouvais avoir été sincère. Fou, je ne m'étais pas moqué de lui. Négligeant l'exposition, je n'étais pas l'esclave mercantile payé par son beau-frère, et la construction qu'il avait échafaudée dans son esprit s'écroulait. Peu lui importait à ce moment-là que l'exposition s'écroulât elle aussi ; il se mit à rire. Alors je lançai mon va-tout, avec une légèreté admirable :

— Pourquoi ne viendrais-tu pas deux, trois jours ? On s'amuserait tellement ! Laisse un mot, partons comme cela, ce sera drôle !

Une demi-heure plus tard, nous roulions vers Munich.

J'ai dit « chose qui venait d'ailleurs », j'ai dit « habité » : je dois avouer que j'étais à l'époque — que je suis toujours peut-être — hanté par l'idée de Dieu. On admet une idée qui vous est « donnée », on admet un pressentiment qui vous vient comme un souvenir, on entend à travers les êtres, si insuffisants, les œuvres, tellement inachevées, un écho... La tentation est là, on se vide de tous les mauvais désirs, de toutes les préoccupations mesquines, on aménage au centre de soi-même une petite chambre pour Le recevoir, lui Esprit saint ou Dieu jaloux, on donne au vide même une forme, il se modèle comme une poterie, on lui donne un nom, et c'est toujours Dieu. Et le démon, si lamentablement démodé, est-ce qu'il ne profite pas de la moindre occasion pour reparaître ? *Naturellement* (c'est tout le contraire de naturel, en fait), je ne crois pas au démon, les petites cornes me font rire, tout comme la barbe de l'Autre. Symboles, comparaisons, métaphores, cela relève encore de la peinture ou de la fable. Croyez-vous au baroque, au pointillisme ou au pop art ? Anecdote, fioriture, feuille d'acanthe, jambage. Mais derrière ?

Assis sur le parquet ciré de la chambre d'amis, de la chambre de Christophe, redevenu enfant dans la morve et les sanglots, n'aurais-je pas « vendu mon âme » pour que Christophe arrivât ? Me parlât, m'aimât ? A supposer que j'aie une âme, chose dont je ne suis toujours pas bien assuré.

Et quand, Christophe à mon côté dans la Porsche empruntée à Tim, j'admirais son profil net, presque sévère, traversant des zones d'ombre et de soleil, quand se retirait de moi cet influx nerveux (il faut bien l'appeler ainsi à défaut d'autre nom) qui m'avait porté, quand, voyant près de moi sa main nerveuse chercher le paquet de cigarettes, entendant sa voix claire, un peu haute (ténor léger), m'interroger avec un enjouement calme sur le trajet, l'endroit où nous déjeunerions, tout désir m'abandonnait, la marée se retirant de moi, ne laissant derrière elle qu'une ligne de sable à l'infini, je me suis dit soudain, comme une révélation, qu'entre Dieu et le diable demeurait un espace, un interstice, une zone pure et stérile qui était le domaine de certains, le domaine de Chris-et-Clara, auquel je venais d'accéder par hasard.

L'Éden n'est pas un jardin. Ou c'est un jardin Zen. Du sable et des pierres.

DEUXIÈME PARTIE

Deux jeunes gens perplexes dans le même jardin...
1935

Pour Christophe, il y aura toujours, dans sa vie, deux périodes distinctes : l'une bariolée, vivante, insouciante, protégée : la maison. L'autre, pâle, dangereuse, intéressante pourtant car pleine de secrets, de codes qu'il faut signe par signe apprendre, avec de petits plaisirs patiemment cultivés, conquis sur cette terre avare : la ville, dont il ne reviendra jamais.

Un jour, à l'aube, à la fin de l'été 1935, avant le malentendu avec Gethsé, avant Munich, avant le premier départ et le second, *avant,* un jour il a comme un pressentiment, une angoisse.

Il se lève toujours le premier, il aime ces petites heures du matin où il est seul, tranquille, régnant sur ses modestes possessions : ses six paires de chaussures impeccablement cirées, son très vieux, très propre peignoir de bain blanc (tenue du matin : il porte en dessous un pantalon de travail bleu, délavé), la bouilloire qui siffle, la grosse tasse bleue, le réveil de cuivre purement décoratif : il dort peu et se réveille tout seul. Il écoute aussi très peu de musique, mais il aime son énorme poste de radio, d'une vilaine couleur marron, qu'il flatte de la main en passant, comme une grosse bête endormie. Il inspecte encore du regard ses boîtes à chaussures pleines de gravier, de coupures de journaux, de prospectus, d'échantillons de l'usine que Juste lui donne, de plumes, de bouts de laine, de bouts de fer, boulons, écrous très menus, rouages de montre, sables... Il a aussi depuis quelque temps de très beaux boutons : il envoie Julia les traquer dans toutes les petites merceries des villages environnants.

Sur le seuil de la Tour, il s'étire, respire largement, pense avec plaisir à la journée qui s'étend devant lui.

Ce sont ses « collections » qui l'ont amené au collage, il en a fait trente-deux pour l'exposition des machines, mais avant même qu'elle ait lieu, il en a eu un peu marre, il se purifie, il fait des collages avec uniquement des sables de différentes couleurs. Presque de l'abstrait. Une autre voie. Il aime. Mais ça ne tient pas longtemps. Il cherche un système d'encadrement qui les protège, ou alors qui leur permette de bouger, sans pour cela se mélanger... Un truc comme les labyrinthes où on fait circuler les rats de laboratoire ? Une forme prisonnière mais tout de même mouvante ?

En parler à Gethsé, ne serait-ce que pour le faire râler. Car il râle ! « *Il faut tout de même que je mette quelque chose dans mon catalogue... Ta biographie, ça fait trois lignes. Y a-t-il un symbole dans tes machines ? Hymne au progrès, critique sociale ? Enfin, trouve-moi quelque chose sur le sens de ta recherche...* »

« " Trouve-moi quelque chose " ! Comme il devient familier ! » pense Christophe avec hauteur. Il marche dans le jardin, grand, mince, arbre entre les arbres, et son regard se pose avec complaisance sur chaque élément du microcosme qui l'entoure, verger, potager aux raves violettes, rivière ou plutôt ruisseau qui borne la pelouse large, roseaux, bambous, espace du jardin Zen encore inachevé, et de l'autre côté de la haie, l'usine, dont on voit les cheminées féodales et maniérées dominer les thuyas.

Pourquoi ne pas exposer une usine ? Au moins il y a des choses à en dire. Belle (elle est belle à sa façon), écrasante, chargée de symboles (puissance, injustice, travail humain, progrès, mort de l'individu, commerce véhicule de la culture, tout ce qu'on voudra), Gethsé pourrait en tirer un catalogue de cent pages ! Seulement, ce serait Juste le peintre, le créateur, dans cette optique-là...

Il hausse les épaules, tourne le dos à l'usine, retourne vers la Tour. Mais l'idée du sable mouvant qui lui plaisait tout à l'heure a perdu de son charme. Il est un tout petit peu de mauvaise humeur.

1974, même décor, ou presque

Stéphanie marche parmi les arbres que sa mère aime tant. Le bosquet de bouleaux, près de la maison, l'énorme tilleul autour duquel on se regroupe ; l'épicéa, le cèdre bleu, le massif de roses blanches, avec une pointe de vert au centre... Plus loin, derrière le muret, s'étend la pelouse traversée de chemins comme un jeu de l'oie. Celui-ci qui va au poulailler, celui-là qui mène aux cerisiers sauvages, celui-là... Celui-là ne mène nulle part qu'à la haie. Il y eut là, autrefois, un jardin de pierres, que

Marianne a fait enlever. On y a mis du sable pour les enfants. C'est bien laid. Ce sable trempé de pluie, trop rarement renouvelé, est là comme un rappel des désirs de Marianne : marier sa fille, voir d'autres enfants grandir... Bien naturel, tout cela.

Stépha fait un détour pour éviter l'emplacement.

« Bien naturel, oui, mais pourquoi moi ? Pourquoi pas Nad, qui ne demande pas mieux, chère âme, que de s'enraciner et de faire souche, de suivre les cours de la Bourse et de garnir des vases, chaque soir, de fleurs coupées ? Et pourquoi *pas* moi ? Pourquoi est-ce que je refuse, que je rejette cette perspective qui me fait horreur ? Non, ce n'est pas du mépris, ce n'est pas de l'orgueil, je ne crois pas... C'est cette grande faim en elle, cet appel jamais satisfait, qui paradoxalement m'empêche d'y répondre. Pauvre maman, choisie par on ne sait qui pour porter cette souffrance, comme elle me choisit pour porter cet insupportable amour... Le projet mariage, enfants, n'est qu'un trompe-l'œil... »

Le jardin est là comme une grande coupe qu'on voudrait entourer de ses bras. Un moment Stépha ferme les yeux, quelque chose en elle s'élève, contemple, s'émerveille. Se dissout. Quand elle rouvre les yeux, son regard s'est posé par hasard sur la masse rouge sombre de l'usine. Cette sombre masse aussi, il faudrait l'aimer. Une fois de plus, l'erreur de Marianne lui apparaît, irrémissible : n'aimer, de la création, qu'un fragment. Choisir.

Est-il possible que Dieu choisisse ?

*

« *Sais-tu qu'il existe des collectionneurs de sables ?* écrit Gethsémani. *Ils s'en font envoyer ou vont en chercher dans toutes les parties du monde, il y en a vraiment de toutes les couleurs. Ils les conservent dans des ampoules scellées. Sais-tu qu'il y a des artistes qui travaillent sur des superpositions de sables ? Un peu trop pittoresque, tout de même. Des collages, je ne l'ai pas encore entendu dire. Le problème est évidemment de les fixer, envisages-tu de les mettre sous verre, de les laquer, mais alors l'aspect brillant fait penser aux horribles vitraux de Rouault, ceux qui ressemblent aux* Granite di caffé *italiens...* »

Ce qu'il y a de bien avec Gethsémani, c'est qu'il répond vraiment à ce qu'on lui dit. Jardin, collage, achat d'un costume. Là où il est embêtant, c'est quand il parle de l'exposition. Ça le prend de temps en temps ; il insinue que Chris pourrait reprendre deux ou trois « machines » restées inachevées, puisqu'il a, Gethsé, choisi le thème des machines pour l'exposition. Qu'il pourrait, Chris, orienter son travail dans ce sens. De temps en temps il passe, emporte quelque chose, une toile, un dessin, un « bricolage »... Ça fait de la place. « Ne t'occupe que de ton travail, ne t'inquiète de rien... »

On dit ça, et puis après « le sens de ta recherche... tes peintres préférés... et le cubisme ? Qu'est-ce que tu penses de l'abstrait ? », de petites phrases, comme ça, glissées sournoisement dans la conversation, ou au détour d'une phrase... Il n'a qu'à inventer, si c'est vraiment nécessaire, dans le monde où il vit, d'avoir des idées ! Des *idées* ! Chris fronce le nez, comme un chat dégoûté par une mauvaise odeur...

Au fond, flatté par l'intérêt que lui marque Gethsé, par l'activité qu'il déploie et l'admiration, l'amour, qui s'y manifestent, Christophe se tient pourtant un peu en retrait de tous ces projets. Il craint d'en être dérangé.

Déjà tous ces déménagements, durant son adolescence ! Et la guerre ! Et la mort de ses parents ! Ce n'est pas qu'il soit dépourvu de sensibilité, mais enfin, une fois l'émotion, la peine dissipées, qu'est-ce qui demeure ? Un considérable *dérangement*. Il faut changer de local, des choses se perdent... Pour ne citer qu'un exemple, quand sa mère, profitant du passage des réfugiés en 1914, les a cantonnés, Clara et lui, dans la Tour, ce qui s'est fait dans le désordre et l'affolement, on lui a perdu toute sa collection d'images du chocolat Menier, représentant « Les animaux de la nature ». Eh bien, il n'y a eu que Clara pour comprendre. Mme Corbeau gémissait : « ... Quand je pense qu'il réclame ses images de chocolat alors que... Quand je pense... » Comme si perdre ses images était une contribution à l'effort de guerre ! Il en avait besoin, de ses images, il les copiait, les déformait, c'était son matériel... Oui, Clara comprenait. Elle avait organisé, à l'école, une loterie où elle avait mis en gage sa poupée Nono (qu'elle prétendait avoir perdue) et une voiture de pompiers ; on payait en images Menier, et elle avait ainsi reconstitué un début de collection. Elle comprenait ou elle ne comprenait pas, peut-être. Mais elle était toujours là pour lui trouver des objets, des occupations, des idées : le jardin Zen ! Elle l'aidait à « s'occuper », comme eût dit Mme Corbeau.

« *La créativité incessante de Clara m'éblouit* », écrivait le marchand de tableaux. Créativité ! Pouah ! Ce n'est pas qu'elle crée, pensait Christophe avec un bref attendrissement ; c'est qu'elle vit. Elle vit si intensément. Elle vit à ma place. C'est bien commode. On me fout la paix. Pour le moment.

1974 (suite)

Stéphanie revient vers le massif de roses blanches. Elle cueille une fleur, sans souci des piqûres, et, pétale après pétale, l'effeuille pensivement. « Si l'on pouvait se dépouiller ainsi de son corps, de son apparence, de ses goûts, de sa raison même... qu'est-ce qui resterait ? Sans pétales, sans pistil, sans tige, qu'est-ce qui reste d'une rose ? Un parfum... Une offrande... »

Un moment son visage s'est adouci.

Nadine et Clara l'observent de loin.

— Tu crois qu'elle fait « un peu, beaucoup, passionnément » ? interroge Nadine. Elle est peut-être amoureuse de quelqu'un ?

— Stéphanie ?

Clara éclate de rire.

Sage conclusion (1935)

Quand il pense « la paix », Christophe voit une bonne grosse jatte de pâte à crêpes.

Quand j'étais petit, j'aimais qu'on me donne de la pâte à crêpes et la jeter moi-même dans la poêle, par gouttes, grosses ou petites. Ça faisait des étoiles, des lettres, des chameaux. Ça faisait n'importe quoi, ça faisait toujours quelque chose. C'est sûrement comme ça que Dieu a créé le monde ; en s'amusant de toutes ces formes dans la poêle, et toutes étaient drôles, et aucune n'était laide, le beau et le laid n'existaient pas, c'était la même pâte. Une bonne pâte, une bonne création, même si les diplodocus bouffaient les ptérodactyles ou vice versa.

« Les animaux de la préhistoire. » J'ai eu un album comme cela, après les images Menier. Le tyrannosaure. Quelles formes superbes, quelles combinaisons insensées de griffes, d'ailes, de becs interminables, de petites têtes, de cornes, d'écailles, de bosses... Le monde s'est bien affadi quand on y pense : les minets, les ouah-ouah, même les tigres, c'est assez raisonnable comme forme ; avec les hommes, tout se complique... Dieu doit les aimer malgré tout, Dieu doit aimer les ptérodactyles...

S'il y a un « Dieu » naturellement. Encore une question à ne pas se poser. Et un pressentiment : s'il y a un Dieu, il ne doit pas aimer qu'on le dérange. Sinon, il devient dangereux.

Je déteste les enfants (1974)

L'enfant était assis contre le mur, les genoux au menton, quand Stéphanie et Jeanne entrèrent.

— On n'aurait pas dû le laisser seul, dit Jeanne. Elle prit place derrière le bureau sur lequel il y avait de la pâte à modeler, des crayons-feutres, du papier. Stépha alla s'asseoir par terre de l'autre côté de la pièce, contre le mur, les genoux au menton.

— Tu ne veux pas venir faire un peu de modelage, Gilbert ? dit Jeanne avec douceur.

L'enfant ne répondit pas, mais lui lança un regard à la fois hostile et implorant.

Jeanne se leva, un bâton de terre glaise bleu et un jaune à plat sur la main, et s'approcha du petit.

— Me touche pas ! hurla l'enfant.

— Me touche pas ! hurla Stépha.

Jeanne sursauta.

L'enfant tourna la tête.

Un peu après il se leva, fit quelques pas en direction de Stépha toujours accroupie, et esquissa un geste.

Stépha cria.

L'enfant recula de quelques pas, vivement.

Il se rapprocha. Il esquissa un geste, cette fois tout près de l'épaule de Stépha.

Stépha cria, mais plus faiblement.

L'enfant recula, mais moins loin et moins vivement.

Il se rapprocha. D'un pas encore. Il tendit l'index, l'approcha de Stépha avec d'infinies précautions, et du bout du doigt, lui toucha l'épaule. Stépha ne bougea pas.

— Me touche pas..., dit l'enfant.

C'était presque un chuchotement.

Stépha se mit à rire.

L'enfant la regarda un moment, esquissa un sourire, puis, comme épouvanté par la communication établie, retourna en courant jusqu'au mur, s'accroupit, les genoux au menton, et se cacha le visage dans les mains.

C'était la quatrième fois que Jeanne et Stépha venaient à Saint-Luc, avec l'autorisation du docteur Lhomme.

Stépha se cacha le visage dans les mains. Cela dura un temps qui parut à Jeanne infini.

L'enfant regarda entre ses doigts. Stépha ne bougea pas. L'enfant se leva et alla vers Stépha, lentement, sur la pointe des pieds. Stépha ne bougea pas.

Jeanne se sentait un peu bête, assise derrière son étal de bâtons de terre glaise, de cubes, de crayons de couleurs.

L'enfant s'assit, les genoux au menton, appuyé au mur, mais faisant face à Stépha. Stépha leva la tête.

— Ça va être la fin de l'heure..., chuchota Jeanne. Et il n'a pas encore fait de modelage... Essaie de l'amener jusqu'à la table...

— Il n'a pas envie..., murmura Stépha, d'une voix presque imperceptible.

L'enfant les regardait l'une et l'autre, sans bouger la tête, mais avec une inquiétude évidente.

— Et moi, dit Jeanne, à peine plus haut ; qu'est-ce que je vais mettre dans mon compte rendu ? Que tu l'as regardé ?

Dans un mouvement d'une brusquerie animale, l'enfant se détendit, tourna le dos aux deux femmes, et reprit sa position première, les genoux au menton, les mains cachant le visage, une petite boule d'où sortait un murmure farouche. « Me touche pas... Me touche pas... »

Stépha se dressa, essuyant la poussière de sa jupe.

— Tu vois ce que tu as fait, avec ton compte rendu ? Il est de nouveau tout seul.

Elle poussa sur le bouton qui avertissait l'infirmière et, sans un regard à l'enfant, sortit dans le couloir.

— Il faut encore qu'on voie la petite Anna.

Elle allait vers la petite salle qui servait de réfectoire. Jeanne la suivait, volubile et affolée.

— Voyons, Steph, je n'ai pas dit ça pour te critiquer, mais comprends bien que c'est à moi que Lhomme demande les comptes rendus ! Et tu sais comme elle est ! Vous auriez pu tenter ceci, vous auriez pu tenter cela...

Mme Bardin, l'infirmière en chef, leur barra le chemin.

— Anna est dans la petite chambre jaune. Elle ne voulait pas manger, elle perturbait les autres enfants... Vous la voyez quand même ?

— Pourquoi pas ?

Maintenant Jeanne consultait sa montre.

— Allons, viens, ça meublera ton rapport...

Anna, minuscule, maigre, jaune, laide, avec les grands yeux noirs des enfants du Sahel, était attachée par une sangle sur une chaise haute, et une toute jeune infirmière, brutale par affolement, essayait de lui entonner une purée de carottes. L'enfant crachait, hurlait, s'étouffait à demi.

— Mais lâchez-la donc ! Vous ne voyez pas qu'elle s'étrangle ?

— Je voudrais vous y voir, vous !

Stépha regardait la petite fille. Gilbert, au moins, était beau. Et orphelin, ce qui lui donnait une chance. Anna, ex-enfant martyre retirée à ses parents (à cinq ans elle avait un passé), promise à un avenir d'hôpitaux psychiatriques, de rééducations sans fin, de paperasseries, de placements et de déplacements, tout cela pour qu'en cas de réussite, de réinsertion, on finisse par la caser comme bonne à tout faire sous-payée. (Ces cas « stabilisés » formaient un petit réservoir de main-d'œuvre à bon marché.) Ou si elle avait vraiment fait beaucoup de progrès, peut-être deviendrait-elle ouvrière dans l'une de ces usines (et pourquoi pas l'usine Matthyssen ?) où les femmes sont condamnées à l'envahissement progressif des bronches et des poumons par la bourre de laine comme les mineurs à la silicose... Et elle ne voulait pas manger. Elle protestait sans savoir, crachait sa purée de carottes, vomissait sa tranche de veau, hurlait quand on lui entonnait de force une bouillie protéinée. Stépha regardait la cuiller forcer les coins de la petite bouche convulsée.

— Laissez-moi essayer, vous voulez bien ? Je sais que vous êtes surchargée...

L'infirmière se radoucissait, brave fille au fond, mais débordée.

Stépha délia la petite, la prit sur ses genoux, la berça. L'aigre odeur des vomissures imprégnait le petit corps nerveux. La purée, dix fois recrachée dans l'assiette, avait un aspect glaireux.

— Je ne pourrais pas en avoir une autre part ? Elle ne va pas manger ça !

— Quand le chariot est passé, il est passé ! Elle n'avait qu'à...

Punie. Punie pour cause de souffrance. Et ça n'allait pas cesser. Une chance sur un million pour que se retourne l'arithmétique de ce petit destin insignifiant.

L'enfant se calmait. Stépha plongea la cuiller dans l'assiette, avec un air de voracité.

— Tu vois ? C'est pour moi ? Je vais tout manger ! Je ne vais pas t'en laisser ! Que c'est bon !

Et elle plongeait la cuiller dans la purée, dans la salive, dans la morve, et elle avalait, déglutissait péniblement, mais avec un sourire, un défi qui ne s'adressait ni à l'enfant encore méfiante ni à l'infirmière restée sur le pas de la porte, par curiosité. A Jeanne, peut-être ?

Il lui fallut absorber la moitié de l'assiette avant que la petite, dont l'angoisse changeait de sens, gémît en ouvrant la bouche.

Doucement, Stépha approchait la cuiller de la petite bouche résignée.

« Mange, mon petit trésor. Mange pour sortir d'ici. Mange pour devenir grande et grosse, avec une souffrance aussi grosse que toi. Mange pour que ça dure et dure encore, cette mocheté de vie. Mange. Tu n'as qu'à t'imaginer que c'est de la bourre de laine, ma pauvre petite affreuse... »

Quand l'enfant eut avalé cinq ou six cuillerées, elle la remit dans son lit.

— Ne lui mettez pas les sangles, voulez-vous ? Elle est tranquille maintenant...

— D'accord, d'accord... Mais ce soir tout sera à recommencer.

Stépha faillit dire : Je repasserai. Mais demain ? Se consacrer à Anna ? Et Gilbert ? Et les autres ? Et la fin du stage ? Il faudrait donner toute sa vie, et à chacun. Et ce serait injuste encore, et si totalement insuffisant !

— Oh ! après tout... sanglez-la si vous voulez, dit-elle sèchement.

Et s'enfuit pour vomir dans les lavabos.

« On a beau ne pas être dégoûtée... », pensait l'infirmière. Elle se figurait que c'était la purée que Stépha rejetait.

*

— Tu vois ? Quand tu veux..., dit Jeanne en enfourchant son vélosolex.

Dans le jardin de la clinique, sous les grands arbres roux d'un automne, Stéphanie était debout à côté de la petite Austin.

— Qu'est-ce que ça veut dire, quand je veux ?

— Eh bien, quand tu veux obtenir... obtenir des résultats..., balbutiait Jeanne, tout de suite décontenancée.

— Parce que quelquefois je ne veux pas ?

— C'est-à-dire... que... oui... parfois tu donnes aux enfants le sentiment... l'impression que tu es de leur côté, tu comprends ?

— *De leur côté ?* Mais comment est-ce que je pourrais ne pas être de leur côté ?

La fureur soudaine de Stépha affola Jeanne.

— Quoi ? Qu'est-ce que j'ai encore dit ?

Mais déjà le moteur de la petite voiture ronflait et Stépha démarrait, avec un calme factice, une lenteur voulue, s'arrêtant au stop du bout de l'avenue, repartant posément...

« Quand elle fait tout si minutieusement, c'est qu'elle est folle de rage, se désolait Jeanne. Mais pourquoi ? Pourquoi ? J'ai encore été maladroite... »

Et elle se faisait des reproches, se donnait tort, alors qu'à quelques kilomètres, ayant arrêté sa voiture sur une aire de repos, Stépha, fumant cigarette sur cigarette, se disait avec rage : « Le pire, c'est qu'elle a raison, cette idiote. Elle doit avoir raison. Il faut que j'arrive à admettre qu'elle a raison, ou alors... »

Ou alors, elle entrevoyait de si étranges, de si infinies perspectives, qu'elle prenait peur.

*

En fait, elle voyait bien ce que Jeanne voulait dire : qu'elle était du côté de la maladie. Et c'était injuste, parce qu'elle souffrait de les voir souffrir, Gilbert, Albin, la petite Sarah qui ne pouvait parler que plongée dans un bain, dans l'eau originelle, le petit Georges qui se mordait les mains et les bras, ceux qui ne parlaient pas, ceux qui s'automutilaient, les petits asthmatiques, les anorexiques, les autistes. Elle en souffrait, à sa manière sombre et presque hargneuse (et parfois Lhomme, qui n'était pas une imbécile, s'en apercevait et pontifiait : « Souffrir n'est pas guérir »), mais elle souffrait surtout de cette interrogation, lentement surgie des ténèbres, comme la lune émerge de la mer : ils souffraient, mais est-ce qu'ils n'étaient pas *dans le vrai* ? Avec leurs bronches, leurs petits estomacs révoltés, leurs réactions incohérentes, leurs vomissements, leurs défécations, leur silence même, ne témoignaient-ils pas que ce monde était insoutenable, n'en exigeaient-ils pas un autre, et qu'on écartât les apparences pour leur rendre le vrai, celui d'avant, celui dont on distingue encore le reflet dans le regard bleuâtre, doucement étonné, des nourrissons ?

*

— Pourquoi ne pas vous diriger vers la pratique ? demandait parfois le docteur Lhomme à Stéphanie, qu'elle aimait bien. Évidemment, vous vous fiez un peu trop à votre intuition, vous prenez des risques, mais en somme vous avez un excellent contact, et avec le temps et l'expérience, vous apprendrez à dominer cette émotivité, mais si !... qui vous limite un peu. Je suis prête à parier que vous obtiendriez des résultats !

Les mots mêmes de Jeanne. Quels résultats ?

Stéphanie répondait :

— Je déteste les enfants.

*

Alors la mort vint la tirer brusquement de ses doutes, de ses cogitations. Elle n'avait pas vu mourir encore ; elle n'avait durant son stage eu à s'occuper que d'enfants, et d'enfants atteints psychiquement plus que physiquement. Elle avait dix ans quand son grand-père était mort, et on ne lui avait pas permis de voir le corps, bien qu'elle eût insisté. Marianne aurait cédé peut-être, mais Julia, qui avait renoncé récemment à ses prérogatives de cuisinière pour ne plus s'occuper que de « ses petites », Julia aux cheveux d'orage et aux joues de pomme d'api, qui chaque année épaississait comme un arbre, du tour de taille, s'était rebiffée : « Ah ! non, madame ! Ça n'ira pas jusque-là ! »

Et Marianne, qui avait le verbe haut avec les domestiques, s'était tue, avait même rougi, car *ça*, c'était son déraisonnable amour pour Stéphanie, que la servante percevait fort bien.

Et maintenant c'était Julia qui mourait.

Stépha avait pansé ses escarres, épongé son front, lui avait fait absorber un léger repas, ajustant tant bien que mal dans la large bouche décolorée le râtelier noirci qui ressemblait à un instrument de torture. Quand, en redescendant un moment dans la cour, elle avait lu la panique sur le visage de Marianne, elle avait compris que la fin était proche.

Les grands-parents Corbin avaient eu le tact de mourir l'un après l'autre à Lille. Clara ayant déménagé, on pouvait espérer qu'elle y mourrait aussi, créant une sorte de tradition. Et voilà qu'une servante, une vieille femme effacée, sans exigences jusqu'ici, refusait de se laisser emmener, imposait brusquement l'énorme présence de la mort dans la maison !

— C'est très joli de se dévouer comme tu fais (Marianne à Stépha), mais tu ne te rends pas compte que tu l'encourages !

— A mourir ?

— A mourir ici. Le docteur Leroy ne demande pas mieux que de la transférer à Saint-Luc, il se fait fort de lui trouver un lit, et ainsi tu pourrais la soigner autant que tu voudrais...

— Elle veut mourir où elle a vécu...

— On n'aurait pas dû la laisser s'incruster, grommelait Wilhelm qui sentait grandir le malaise de sa femme, et se durcissait d'autant. Quand on a su ce qu'elle avait, on aurait dû la faire hospitaliser sans attendre.

— Elle rendait encore des services..., soupirait Marianne, avec une féroce ingénuité.

— Mais tu te rends compte ? Tu te rends compte de ce que tu dis ?

Stépha était toute pâle, pâle de rage (la pitié, chez elle, la tendresse se changeaient tout de suite en colère).

Pour une fois Marianne tenait tête à sa fille.

— Qu'est-ce que tu veux, je n'ai pas tes goûts morbides ! Elle aurait été très bien à Saint-Luc, et elle nous aurait épargné ce spectacle.

Ce spectacle ! Elle n'était plus montée dans la Tour depuis quinze jours et n'y monterait plus jusqu'à la fin. Et si Stépha n'avait pas été là, engageant toutes ses forces pour exiger que Julia demeurât là où elle désirait mourir, le corps énorme, gonflé de douleurs, eût été de vive force emporté, ballotté dans l'escalier en spirale, engouffré dans une ambulance, expédié n'importe où, pour que son dernier soupir ne fût pas exhalé dans la maison.

Remontant l'escalier, son regard glissant distraitement sur les petits monstres innocents qu'on découvrait à chaque tournant, Stéphanie détesta sa mère, un moment. « C'est toi le monstre. Comment peux-tu... comment peux-tu... »

En arrivant au chevet de Julia, elle avait du bleu au bout des doigts, elle avait dû s'appuyer au mur. « C'est pourtant vrai qu'elle fout le camp, cette Fresque. » Elle s'essuya la main et prépara la piqûre.

Julia mourait. Le médecin parlait d'une semaine, mais Stépha sentait jusque dans son propre corps cette tension nerveuse qui précède les orages. La vieille femme ne souffrait presque plus. C'était un signe.

Depuis quelques jours aussi, elle semblait retombée en enfance. Par moments, elle prenait Stépha pour sa grand-mère, revenue au temps de la jeune Clara, « c'est gentil à Chris de m'avoir laissé sa chambre... mais ça sent la peinture... », et surtout, sa voix avait changé. De ce corps énorme, de cette outre malodorante dont il fallait changer sans cesse les flanelles souillées de sueur, les compresses mouillées de sang et d'humeurs, sortait la voix de tête d'un garçonnet avant la puberté, d'une très jeune communiante. Parfois, à travers cette voix limpide, passait un rire.

« Est-ce qu'elle n'aura pas un cri, une révolte ? » pensait Stépha sans savoir ce qu'elle espérait.

— Ça va, Nounou ?

— Ça va... soupirait la voix aérienne (et on avait la tentation de regarder autour de soi pour voir d'où elle venait, d'éviter la bouche molle, décolorée, sans dents — le râtelier lui avait été enlevé, par prudence). Ça va... C'est pas que je souffre, mais enfin ça fait mal... C'est la pisse qui coule sur les escarres... ça brûle, mais ça brûle... Tu ne voudrais pas me changer le coton ?

— Bien sûr, dit Stépha.

Elle s'affaira, avec une douceur précise. Elle pensait, avec une sorte de déception : « Elle ne se rend pas compte », et son cœur battait fort, parce que, elle, elle se rendait compte, elle attendait.

— Y en a encore pour longtemps ?

Stépha avait cru qu'il s'agissait de la piqûre qui devait soulager les douleurs.

— A six heures et demie...

— Ils peuvent prévoir ça si juste, maintenant ? s'étonna la voix aérienne, pleine de respect pour les progrès de la science.

Et Stépha comprit qu'elle parlait de la mort.

« Non ! Non ! Ce n'est pas possible », suppliait-elle intérieurement. Ce n'était pas possible que cette femme, cette brave femme, cette vieille femme rude, dévouée, peut-être niaise, parlât de la mort comme d'un rendez-vous avec le dentiste, d'un départ en week-end, avec cette voix légère.

Cette voix la niait, niait la vie, la rejetait dans son angoisse, et c'était comme quand elle contemplait le mur à travers la fenêtre du mur. C'était peut-être la foi, après tout ? L'extrême confiance d'un cœur simple ? C'était peut-être la foi, ce consentement, cet effacement, comme on fait place dans une couche un peu étroite à l'être aimé qui vous rejoint, c'était peut-être la place de Dieu enfin qu'elle préparait, la vieille outre ?

— Tu veux un prêtre, Nounou ? demanda-t-elle cruellement. « Comprends ! Comprends donc ! Cesse d'agiter ton mouchoir ! Tu meurs ! »

— Oh ! hésitait la vieille. Si tu veux... Tout à l'heure...

Puis avec un petit rire, vraiment cristallin :
— C'est ça qui va embêter Madame...

Elle s'affaiblissait cependant, haletait, d'un souffle rauque, un râle peut-être.

L'après-midi s'avançait. Par la lucarne, Stépha pouvait voir Marianne qui de temps à autre sortait dans le jardin, inquiète, troublée, n'osant l'appeler, impatiente de la fin, et qui, quand un moment de distraction l'amenait, dans sa déambulation nerveuse, à passer à moins de cinq mètres de la porte de la Tour, faisait tout à coup un brusque écart, comme un cheval devant l'obstacle.

« Elle, au moins, elle y croit, à la mort. Que je souffre ! » pensa Stépha et eut honte de l'avoir pensé, et prépara une compresse pour le front brûlant. Julia divaguait un peu maintenant, la voix limpide et l'haleine chargée.

— C'est gentil d'avoir apporté de la gelée, madame Clara. Vous avez toujours eu la main pour les gelées, Christou le disait... Il n'est pas mort ici non plus, le pauvre petiot... Y aura eu que moi... tout le monde s'en va, c'est drôle... Oh ! c'est peut-être mieux. Y a que les paysans qui meurent à leur place... Les autres, y faut toujours qu'ils courent... On se demande... Vous vous rappelez le bout de jardin où il n'y avait que des pierres ? C'était bien une idée de lui, ça. Vous avez dû bien rire, au fond... Mais y fallait toujours qu'on fasse sa volonté, pauvre Christou... Est-ce qu'il est vraiment mort ?... Le truc, pour les gelées, c'est de les faire à froid...

De l'eau, de l'eau limpide, cette vie qui fuyait, laissant tomber ses dernières gouttes, qui disparaissait sans avoir jamais existé, la gelée, Christou, la cuisine où on aurait pu « manger par terre », une malice parfois, pour « embêter Madame »...

— Il vient, le curé ? demanda-t-elle tout à coup, reprenant pied.

— Je le fais appeler tout de suite, n'aie pas peur...

De nouveau, le petit rire insupportable, enfantin.

— Oh ! je n'ai pas peur. Tu sais, je crois que pour le Bon Dieu, ça n'a pas grande importance...

« Et elle dit le " *Bon* Dieu ". Et de sa vie, elle n'a connu le mal. Et ce n'est pas une sainte, ce n'est pas une femme exceptionnelle... L'eau qui coule, la pâte humaine que le doigt du Créateur n'a pas touchée — mais alors, le créateur, *ce serait le mal* ? »

Cette fois, c'était bien un râle qu'elle entendait. Et elle restait là, Stéphanie, immobile, assise, frappée d'une stupeur qui lui ôtait le pouvoir même de penser, la ramenant aux jours très anciens où elle avait découvert en même temps l'injustice et l'amour.

A huit heures du soir, une infirmière envoyée par le docteur Leroy apparut. Elle fit remarquer que le pouls s'affaiblissait, et demanda la permission de se faire une petite tasse de thé dans la cuisine du rez-de-chaussée. Alors la voix d'ange ou d'enfant revint encore une fois.

— La petite cuisine... On n'en faisait pas beaucoup, de cuisine, dans cette chambre-là... Parfois il y travaillait, mon Christou, il y dessinait ses bêtises...

La voix avait un accent de tendresse, et Stépha hasarda :

— Tu vas... peut-être... le retrouver... ?

Elle se reprocha aussitôt d'avoir dit « peut-être ». Mais la voix, gentille, comme s'adressant à un enfant : « Au cimetière, oui... On fera tous le même engrais... le Bon Dieu sait bien ce qu'il fait, va... S'il fallait encore se retrouver... » Et dans un grand soupir mélodieux : « Mais qu'est-ce qu'il avait un beau grand zizi, mon Christou... »

L'infirmière remontait avec sa tasse fumante.

— Elle est en train de passer, dit-elle, jetant sur le lit un coup d'œil expert. Elle ne dira plus rien...

Elle ne dit plus rien en effet.

*

— Tu inventes ! dit Joseph qui s'y connaissait. C'était bien le genre d'histoire saugrenue et blasphématoire qu'on pouvait attendre de Stépha.

— Peut-être.

— Et même si c'est vrai, tu ne devrais pas le raconter.

— Pourquoi ?

— Mais c'est dégoûtant, voyons ! Cette vieille femme qui meurt et qui...

— Joseph, tu es trop bête. Ce n'est pas dégoûtant du tout. C'est magnifique. C'est l'innocence. C'est le monde avant la faute. C'est...

« Ou elle se moque de moi, ou elle est folle », pensait Joseph. Et avec un sentiment de malaise, il retournait vers Nadine, si claire, si tendre. Il lui disait : « Décidément, ta sœur est folle. » Elle répondait quelquefois : « On pourrait parler d'autre chose que de ma sœur... »

*

Joseph rêva deux fois de Stéphanie. Elle montait l'escalier de la Tour et il n'arrivait pas à la suivre. Il s'épuisait à gravir les marches et restait sur place alors qu'elle montait toujours. Et comme il allait la perdre de vue, elle se retournait avec un sourire moqueur et lui criait : « Tu n'y arriveras jamais ! Tu es prisonnier dans le mur ! Dans le mur ! », et sa main désignait la Fresque, devenue cauchemar, et où il reconnaissait sa mère.

*

Dans le cimetière de Lille-Sud, non loin les uns des autres, reposent des soldats anglais et des soldats allemands de la guerre de 14. Alors pourquoi Julia ne reposerait-elle pas dans le même cimetière que Juste, que Christophe ? Marianne, apaisée, prête à toutes les concessions maintenant que la mort a quitté la maison, y a consenti bien volontiers.

Marianne à Wilhelm :

— Est-ce que tu comprends Stéphanie ? Elle sanglote à la mort de Julia comme si c'était quelqu'un de la famille, et maintenant elle ne vient pas à l'enterrement !

— Elle n'aime pas les cimetières, sans doute...

— Et moi, est-ce que je les aime ? Et c'est pourtant toujours moi qui m'occupe des tombes, des fleurs...

— Pourquoi est-ce que tu ne demandes pas à Nadine ? Je suis sûr...

— Ah ! non ! Elle se donne déjà assez d'importance comme ça. Regarde-la qui emmène maman ! Elle ne la lâchera pas, va.

— Ça prouve qu'elle n'est déjà pas si bête, dit Wilhelm, impartial.

Marianne était furieuse.

Nadine, en effet, l'enterrement terminé, emmenait sa grand-mère. Elles passèrent devant la tombe de Christophe, barque funèbre de marbre noir, couverte de petits bouquets d'admirateurs, déparée par une couronne desséchée de « ses camarades de la Résistance ».

— Ils ont déposé ça il y a au moins un mois, grognait la vieille dame. Ta mère aurait pu l'enlever. Elle dit toujours qu'elle s'occupe de tout, et puis... D'ailleurs, j'aimerais mieux que ce soit toi qui t'en charges, je lui en ai dit un mot...

— Elle n'acceptera jamais...

— Elle sera bien obligée. Dans mon testament...

Elles arrivaient au portail du cimetière, devant lequel attendait la voiture de place que Clara louait toujours, elle avait horreur des taxis qui mesuraient le temps en centimes et n'acceptaient pas son chien Turco.

Nadine aida sa grand-mère à monter. Elle avait les pommettes congestionnées, le souffle court. Elles s'installèrent.

— Dans mon testament, je l'ai spécifié... Qu'il fallait que ce soit toi qui t'occupes... de beaucoup de choses. Le cimetière, mon coffre à Paris... Si, si... Il n'y a que toi qui puisses... Seulement il faut que tu me promettes... ou est-ce que tu me l'as déjà promis ? Je ne me souviens pas...

— Quoi donc, grand-mère ? Si tu veux, tu me le diras tout à l'heure. Tu es fatiguée, ne fais pas d'efforts...

— Je ne suis pas encore gâteuse ! dit Clara, irritée. Alors, monsieur Brassard, vous avancez ou non ? Vous vous prenez pour le corbillard ? Qu'est-ce que je disais ? La tombe...

— La tombe ?

— La tombe du petit, voyons ! Il faudrait tout de

même mettre un nom sur cette tombe ! Je ne sais pas pourquoi on a toujours attendu... Et maintenant j'y pense, tu vois, ça me tracasse. J'y pense la nuit, je me réveille, je pense à cette pierre, nue...

— Mais bien sûr, grand-mère ! Je ne voyais pas de quelle tombe tu voulais parler, c'est tout. Mais veux-tu que je m'en occupe tout de suite ? Que j'en parle à maman ?

La voiture avançait lentement, au milieu des encombrements de la vieille ville. Nadine s'inquiétait. Sa grand-mère n'avait vraiment pas l'air bien. Les enterrements sont souvent néfastes aux vieilles personnes. L'émotion, le froid... Et puis cette préoccupation soudaine pour une tombe qui était là depuis près de quarante ans...

— Non, non... pas tout de suite..., répondait cependant Clara, d'un air un peu égaré qui ne lui était pas habituel. Je n'ai pas encore décidé... Je n'ai pas encore pu décider, pour le prénom... Peut-être qu'il faut attendre encore... Quand je serai morte, j'y verrai plus clair...

Décidément, elle n'allait pas fort ! « Je vais remonter avec elle à l'appartement, pensa Nadine, et lui faire prendre un petit verre de Fernet-Branca... »

Autre chose et autre chose

En fin de compte elles prirent le thé.

La femme de chambre (Clara baptisait ainsi une jeune Anglaise au pair) entra avec le plateau et plaça les tartines de cramique devant Nadine avec un sourire entendu.

— Tu n'en prends pas ? Mais je l'ai fait pour toi !

C'est fait maison, tu sais — on ne sait plus faire le cramique chez Blancmesnil... Ah ! je comprends ! Tu suis un régime !

— Un petit peu..., avoua Nadine en rougissant.

— Tu as raison. Pas pour le régime, je m'en moque, mais... tu as raison d'être prudente. Il va falloir que tu sois très prudente et très sage, maintenant...

— Pourquoi, grand-mère ?

— Parce que tu es heureuse...

— Oh ! je ne suis pas si heureuse que ça..., protesta-t-elle.

Mais l'aisance toute nouvelle avec laquelle elle se mouvait (elle qui depuis l'enfance cassait les tasses, ébréchait les soucoupes, ne pouvait déplacer un objet sans le heurter), le doux rayonnement de son visage régulier parlaient pour elle ; elle n'avait pas acquis l'éclat de sa mère, mais une douceur réfléchie, le paisible rayonnement de qui se penche vers une lampe...

— Heureusement, si j'ose dire. Quand on se laisse griser... c'est alors que vient le danger... ce qu'on n'attendait pas... la limace...

Nadine regarda sa grand-mère avec un peu d'inquiétude. Depuis quelque temps, Marianne, non sans complaisance, disait que la vieille dame « baissait ».

Clara se reprit tout de suite.

— Je pensais à une période de ma vie... A mon âge on embrouille tout, tu sais. Ça peut produire des effets amusants, quelquefois.

— Des collages, dit Nadine, avec sa jeune compétence.

— Des enseignements, grande sotte. Alors, raconte-moi ce qui fait que tu n'es pas tout à fait heureuse...

« ... Je vois. C'est un rêveur, ton Joseph. Il y a un peu de ça chez tous les hommes intéressants. Une petite faille à travers laquelle on voit... une petite blessure qui ne se referme pas... Juste, lui...

— Grand-père ? Mais j'avais l'impression que c'était un homme si solide, si... d'après ce qu'on dit, enfin...

— C'était un homme solide ! Un roc !

— Mais tu dis... une blessure...

Clara eut un sourire nostalgique et coquet, presque provocant, un clin d'œil à l'absent.

— C'était moi, sa blessure, mon cœur. Moi et rien que moi. Toute sa vie.

— ... Et l'oncle Chris, grand-mère ?

Clara retrouva un ton objectif, presque sec.

— Oh ! Chris n'était pas de cette espèce. Pas rêveur le moins du monde. Ça t'étonne ? Quand il était petit, notre mère, qui ne pensait qu'à se débarrasser de nous, disait : « Christophe sait s'occuper », et de son point de vue, c'était ce qu'elle pouvait en dire de mieux. Par parenthèse, tu ne connais pas ta chance d'avoir une mère qui te déteste. C'est un sentiment, au moins. Allons, n'aie pas les larmes aux yeux, ou je ne te raconte plus rien. Qu'est-ce que je disais ? « Christophe sait s'occuper. » Il a toujours su. Toujours en train de bricoler quelque chose, de collectionner quelque chose, d'ajuster un truc à un machin...

— De créer !

— De créer, si tu veux. De mon point de vue, il n'y a pas de différence. Il n'a jamais pris le temps de rêver.

Nadine n'ose pas dire : « Et toi, grand-mère ? » Elle sent qu'il y a des choses auxquelles il vaut mieux ne pas toucher.

— Joseph...

— Oui, Joseph... Tu ne pourrais pas parler d'autre chose ? Non, je te taquine. Tu as bien fait de me le présenter. Il me plaît beaucoup. D'ailleurs il plaît à tout le monde. C'est sa blessure à lui. Ne fais pas les yeux ronds. Il rêve de grandes choses dont il n'a pas envie. Parle-lui de ton grand-père, comment il a sauvé la maison et la famille... Parle-lui de la mort *héroïque* de ton grand-oncle... J'ai mon avis là-dessus, mais il ne faut pas avoir peur de faire un peu de cinéma... Si j'ai bien compris, c'est un garçon qui cherche un rôle. Donne-lui un folklore, puisqu'il a perdu le sien. Amène-le-moi plus souvent. Je lui raconterai ma jeunesse, les théâtres de marionnettes, les défilés de géants, les jeux de fléchettes, les fanfares, les colombes... Et puis la guerre de 14, l'usine, la vie dure, je ne sais pas, moi, l'exposition de 37, mes robes...

Un moment, très droite, elle parut s'assoupir. Se réveilla en sursaut.

— Ne lui parle pas de toi.

— Oh ! il n'y a pas de danger, dit Nadine, peut-être un peu tristement.

— Ton grand-père ne parlait jamais de lui-même. Il agissait, il savait. Tu sauras ce qu'il faut faire.

— Tu crois ?

— Je t'aiderai. Tu t'aideras. Tu as beaucoup embelli, Nadine. Tu as embelli de la bonne façon, sans mièvrerie, sans faiblesse... Peut-être encore un petit reste d'enfance à liquider... mais il n'y en a pas pour longtemps. Bientôt, tu vas devenir une femme. C'est beau, une femme, tu sais. Je crois que c'est encore plus beau qu'un homme, finalement. Les femmes, elles, ne meurent pas.

« ... Je suis devenue une femme très tard. Très, très tard. Après la mort de Chris, je crois. Ou pendant cette dernière nuit où je l'ai vu, dans le jardin, il faisait noir, et deux jours après Juste le renvoyait à Paris se faire tuer...

« Ou peut-être quand j'ai lu sa dernière lettre. Au moins elle n'était adressée qu'à moi, celle-là. Parce que tu sais, il m'écrivait des lettres pendant la guerre (il m'écrivait toutes les semaines, il m'a toujours écrit toutes les semaines), mais pendant la guerre elles contenaient des messages. Tu sais, des messages du genre " La panthère ira boire à la fontaine mardi " ou " Le crocodile sifflera trois fois ", de ces choses ridicules. Seulement, dans mes lettres, c'était : " Clara, je pense au rosier du jardin. " Et cela voulait dire autre chose, et encore autre chose...

Autre chose et encore autre chose.

Nadine écoutait, patiente. Elle ne comprenait pas tout, mais elle savait qu'elle comprendrait, quand le moment serait venu.

Un peu plus tard, la jeune fille au pair entra et alluma les lumières.

*

Marianne disait à Wilhelm : « Tu penses bien que ce n'est pas pour rien que Nadine est tout le temps fourrée chez maman. D'ailleurs, c'est pour la flatter qu'elle est devenue assistante dans cette galerie. Un de ces jours, on les verra reparaître, les trois cents dessins ! — Et les lettres, murmurait Wilhelm. — Quoi, les lettres ? Ça a une valeur ? — Ça peut avoir un intérêt... »

Wilhelm aimait à se tenir dans l'ombre, derrière le fauteuil de sa femme, ou caché par un journal, ou dans un nuage de fumée de pipe. Alors il vous sortait l'une de ces banalités effrayantes, qui se trouvaient justifiées par l'événement.

La tombe

La tombe de l'enfant mort, à gauche, au fond du cimetière, se blottit contre le monument prétentieux et médiocre des Corbin. Pierre sans nom qui semble jetée là par hasard, échouée, maintenant couverte de mousse.

Marianne va profiter de l'enterrement de Julia pour faire le ménage des morts. Elle ne va pas se déranger tous les deux jours ! Escortée de Philo, la nouvelle bonne, elle inspecte l'allée, replantant ici des bégonias, taillant le chèvrefeuille qui entoure joliment la tombe de Juste, ordonnant que là soit grattée la mousse, que soit posée sur la pierre nue une gerbe de fleurs blanches. Mais jamais elle ne s'en approche elle-même. Une invincible répulsion l'en empêche. « Qu'est-ce que je fais, demande la servante, pour le petit frère de Madame ? » Le petit frère, un mort, un bébé mort avant d'avoir ouvert les yeux ! Ce « petit frère » n'a pas existé, n'a existé, pense-t-elle, que dans le désir de Juste et de Clara, n'a jamais eu d'identité que dans les contes qu'on lui faisait et auxquels elle ne croyait qu'à moitié. « Quand le petit frère sera là... Il faudra être sage pour que ton petit frère... » Et tout à coup, le « petit frère » s'est confondu avec le « petit Jésus », qu'il est allé rejoindre. On lui en a parlé un peu, pour la consoler d'un chagrin qu'elle n'éprouvait pas, et puis, plus rien. Elle est restée fille unique. On l'avait trop attendu peut-être, ce petit frère.

Comme on avait trop attendu, après la naissance de Stépha, le « fils » qui devait s'appeler Juste, reprendre l'usine et la maison, continuer la lignée...

Au lieu de ça, Nadine ! Au lieu de ça, plus d'enfant ! Ces filles qui ne se marient pas (pour une fois, Marianne les réunit dans une même colère impuissante). Et ce corps, son corps, qui ne peut plus enfanter !

« Quelle injustice ! Quelle injustice ! Si seulement je pouvais décider Stépha à se marier ! Ne fût-ce que quelques années ! A avoir un enfant ! Fût-ce un enfant naturel ! » Elle va jusque-là dans sa passion, Marianne, se penchant pour arracher les fleurs fanées, se redressant au milieu du cimetière de sa haute taille de femme encore belle, laissant flotter au vent son admirable chevelure brune, étirant ses beaux bras : se sentir si vivante, et ne pouvoir dominer la vie !

Oui, belle encore. Son visage à la noble ossature ne vieillit guère. Dents éclatantes, sombres yeux pleins d'un mystère sans profondeur, front lisse et buté, les matériaux sont bons. Elle n'a pas, malgré ses cinquante ans tout proches, à s'enduire de pommades, ni à faire toutes sortes de gymnastiques et de régimes, à se soigner comme une plante en pot, comme elle a toujours vu Clara le faire. Mais Clara, la triomphante, n'a eu qu'un enfant mort, et elle, pas de fils, pas de fils qui lui eût permis de triompher des fantômes de la maison. La petite figure bleuâtre, tendant ses bras étiques vers le fil du cerf-volant, au bas de la Fresque, et qu'elle a toujours identifiée avec son petit rival sans visage, par exemple... Ou la mélancolique présence qui erre dans l'atelier poussiéreux, au milieu des carnets jaunis, des pinceaux durcis, des étagères à moitié vides...

« Si seulement le musée consentait à nous débarrasser de cette Fresque ! Ce serait toujours ça de gagné. »

— Les bégonias, Madame... ?

— Les bégonias ?

— Ils sont tout flétris. Je les mets dans la brouette ?

— Oui, c'est ça. Allez les jeter. On va aller chercher les tokyos dans la voiture.

Nadine a proposé plus d'une fois de venir s'occuper des tombes. Car il faut leur conserver un aspect soigné, même en dehors de la Toussaint, sinon que dirait-on ? Mais Marianne veut garder ce privilège. Ainsi tient-elle ces morts sous sa coupe, les surveille-t-elle, a-t-elle le sentiment de les empêcher de nuire. A-t-elle vraiment, en dehors de quelques moments privilégiés, réussi à se débarrasser de cet enfant très pâle, aux yeux fermés, qui aurait été son « petit frère » ?

Elle ne s'en débarrassera qu'avec la Fresque. Alors on pourra enfin monter l'escalier en spirale sans précautions, enlever toutes ces saletés de l'atelier, refaire la cuisine, arranger les chambres du haut qui ne seront plus celles de Chris-et-Clara, plus même celle où Julia vient de mourir, mais celles de Stépha et de son mari, quand enfin elle se décidera. Marier Stépha. Repeindre en blanc. Et toute la propriété lui appartiendra enfin, à elle et à sa fille, les intrus définitivement tenus à l'écart — au cimetière, au musée, peu importe. Et la belle Marianne ne quittera plus le lit conjugal, la nuit, elle-même fantôme aux longs cheveux, pour errer, souffrir parmi les arbres, et, prise d'une brusque rage plus forte qu'elle, frapper, frapper encore ce chien...

Marianne sort en courant dans la cour et vient se jeter dans les jambes de Juste qui marche de long en large, ses bottes ferrées résonnant sur le pavé gelé — c'est l'hiver, et Juste a toujours, dans le souvenir de Marianne, des bottes ferrées. Il la saisit, la soulève dans ses bras, sa jolie petite Marianne, sa fille qui lui ressemble. Si parfait, ce petit corps potelé, frais, à la peau mate, ce petit corps de cinq ans.

— Je ne veux pas rester dans la Tour, papa !

— Il ne faut pas rentrer dans la maison, mon poussin. Ça dérangerait maman qui est malade.

— Je sais pourquoi...a..., chantonne l'enfant. Je sais pourquoi...a...

— Ah ! oui, *kluge Maus* ? Pourquoi ?

— Parce qu'elle fabrique un 'tit frè-è-re...

— C'est peut-être une petite sœur, tu sais.

— J'en veux pas. Je veux un 'tit frè-è-re...

Juste se met à rire. Quel grand rire, dans sa large poitrine, sous son gros pull rude qui sent bon !

— Je vais te dire un secret rien qu'à nous deux. Moi non plus, j'en veux pas. J'ai assez de ma marionnette ! Je veux un gros garçon pour aller à la chasse. Espérons que maman saura se débrouiller.

— ... C'est long, papa ?

— Quelquefois, mon poussin.

— J'ai froid, papa. Elle se dépêche pas, maman.

— Mets ton capuchon, mon poussin. Elle fait ce qu'elle peut, tu sais.

Le docteur apparaît sur le perron.

— Alors, docteur ?

— Il y a une complication, monsieur Matthyssen. Je crois qu'il vaudrait mieux que vous veniez voir... Non, pas avec la petite...

En un clin d'œil, Marianne, dépossédée de son royaume, posée par terre, toute seule dans la cour gelée, pendant que Juste s'éloigne à grandes enjambées. Ils en font des histoires ! Julia crie par la fenêtre de la cuisine :

— Va dans la Tour, Marianne ! Je viendrai te chercher ! Je t'apporterai des gaufres tout à l'heure ! Allez, vas-y ! Et ferme la porte derrière toi, il fait froid.

Elle s'en serait bien aperçue toute seule, qu'il fait froid. Elle claqua derrière elle la porte vitrée, et contempla avec antipathie la quintuple ribambelle de nains, d'animaux, de gnomes contrefaits et jolis qui courait le long de l'escalier. La ribambelle de l'oncle Chris, qui est parti à Paris et qu'on laissait, lui, dessiner sur les murs. Il ne faut même pas y toucher, à ses dessins. Un jour, dit maman, cela peut rapporter beaucoup, beaucoup d'argent. Pourtant c'est pas joli. Avec le crayon rouge qu'elle a dans la poche de son tablier, Marianne arrange un peu ça. Elle fait des moustaches aux elfes, elle allonge la queue du chameau, elle invente des noms pour les petits bossus qui ricanent et les inscrit en grosses lettres au-dessus de leur tête. Peut-être qu'elle aussi elle va un jour gagner beaucoup, beaucoup d'argent...

Alors tout à coup elle se sent soulevée de terre par la poigne vigoureuse immédiatement reconnaissable de Juste, reçoit quatre, cinq claques retentissantes sur les fesses, est emportée jusque dans la cour, fourrée dans la voiture de tante Edda (arrivée quand ?) pendant que Julia qui pleure et renifle apporte une mallette d'où dépasse une jambe de son pyjama. Elle hurle, jamais son père ne l'a frappée, jamais elle n'a quitté la maison, jamais on ne l'a traitée ainsi, comme un petit chien qu'on jette dans une corbeille, et jamais ses hurlements n'ont déclenché aussi peu d'intérêt.

Juste et sa sœur échangent quelques répliques brèves.

— Je te remercie, tu me tires une épine du pied... C'est l'affaire de quelques jours...

— C'est tout naturel, voyons. Clara doit être bien abattue.

— Il vaut mieux que je règle tout ça avant le retour de la petite. Ça pourrait la marquer.

Elle hurle, la petite :

— Je ne veux pas ! Je ne veux pas aller chez tante Edda ! Je veux voir le petit frère ! Je veux voir maman !

Juste ne l'embrasse même pas.

— Emmène-la, je ne peux plus la supporter. Il faut que je m'occupe de Clara.

La voiture démarre. C'est une grosse Oldsmobile marron. Marianne a sagement renoncé à hurler, puisque le procédé semble inefficace.

— Je ne veux pas aller avec toi ! Tu conduis comme un pied, c'est maman qui l'a dit ! Je veux pas aller chez toi, ça sent le champignon ! C'est tout petit chez toi, c'est vilain, tu n'as même pas un jardin ! C'est tibourjas, chez toi ! (C'est ainsi que Marianne traduit le mot « petit-bourgeois » dont Juste et Clara qualifient peu charitablement le pavillon de tante Edda. C'est un mot très laid qu'on lui a interdit de prononcer, c'est pourquoi elle le répète avec délectation.) C'est tibourjas ! C'est tibourjas !

Tante Edda, qui est une grande grosse dame

enveloppée dans de la fourrure marron, ne se fâche jamais.

— Tu pourras jouer avec Jean-Paul, dit-elle paisiblement.

— J'aime pas Jean-Paul ! Y fait pipi au lit ! Y casse les jouets ! Je veux mon petit frère à moi !

Tante Edda se gare (mal) le long du trottoir du faubourg de Lille où elle habite le pavillon « tibourjas ». Mais elle ne sort pas de la voiture. Elle tourne vers Marianne sa grosse figure placide, lui tend un bonbon, et dit gentiment :

— Il n'y a pas de petit frère, ma chérie. Le pauvre petit s'est envolé avec les anges, tout de suite. Ça arrive quelquefois. Tu as un petit frère au ciel, maintenant, qui te protégera.

Marianne comprend tout. C'est pour ça que papa lui a donné des claques : parce qu'elle était en train de gribouiller sur les ailes du petit frère. Il est dans la Fresque. Redevenue raisonnable, elle accepte le bonbon, le cale dans sa joue gauche, et précise pour tante Edda qui n'a pas l'air au courant de tout :

— Il est pas encore au ciel, parce que ses ailes sont un petit peu abîmées, c'est ma faute. Mais avec une gomme ou un canif, on pourra le nettoyer avant qu'il aille dire bonjour au petit Jésus.

— C'est ça, ma chérie, c'est ça, dit tante Edda qui ne cherche jamais à comprendre.

Elle sort ses grosses jambes de la voiture, empoigne la mallette et Marianne, puis pénètre dans le pavillon où le petit cousin Jean-Paul, tout barbouillé de beurre et de miel, se jette sur sa cousine pour la couvrir de baisers. Marianne se laisse faire avec dégoût. Si c'est pour avoir un petit frère du même genre que Jean-Paul, autant qu'il soit au ciel. Ou dans la Fresque.

Elle obtiendra de parler à son père au téléphone.

— Papa, y faut absolument tout de suite que Julia aille nettoyer le petit frère...

La voix de son père est lasse et irritée.

— Mais est-ce qu'on ne t'a pas expliqué... tu es pourtant assez grande...

— Oui, oui, je sais, il va aller au ciel, mais tu te rappelles, papa, j'avais gribouillé ses ailes avec mon crayon de l'école, et il est resté collé dans la Fresque.

— On fera ce qu'il faut. Ne t'inquiète pas. (Il a pas l'air de très bien comprendre, le grand Juste !)

— N'oublie pas, hein, papa. Parce que quand il sera au ciel il pourra parler pour moi au petit Jésus et lui demander mon vélo pour Noël.

— ... Oui, oui...

— Tu lui diras aujourd'hui, à Julia ?

— ... Mais oui...

— Alors si elle le nettoie cet après-midi, ce soir il sera au ciel et je pourrai lui faire une prière.

— ... C'est ça...

— Comment je l'appelle ? (Silence.) Papa ! Comment je l'appelle ? Il faut bien que je l'appelle pour lui parler, il n'y a pas que lui, au ciel !... Il a raccroché, tante Edda !

— Il vaut mieux ne plus lui en parler, mon bijou. Il a trop de chagrin de ne pas avoir de petit garçon pour l'accompagner à la chasse. Il aura oublié de lui donner un nom.

— Alors je l'appellerai Petit-Juste. Mais tout bas, tout bas...

Elle a tenu parole, quand elle est rentrée à la maison, elle n'a plus parlé du petit frère, elle est allée vérifier seulement que Julia avait bien enlevé les traces de crayon sur ses ailes, et elle l'avait fait. Seulement elle avait peut-être mis un peu trop de savon, car le petit elfe bleu, entre le chat à cinq pattes et le bonhomme au ventre d'horloge, était devenu gris, délavé, presque transparent. « C'est un fantôme », pensa-t-elle, et, même plus grande, elle ne fut jamais tout à fait sûre qu'en gribouillant ses ailes avec son crayon rouge elle ne lui avait pas ôté ses chances de gagner le ciel et ne l'avait pas condamné à errer à jamais, minuscule et transparent, dans la maison.

Un danger public (printemps 1975)

— Mais pourquoi tu as fait ça ? Pourquoi ? répétait Jeanne, les larmes aux yeux, exaspérée, désolée, et pour la première fois Stéphanie ne trouvait pas de ces réponses paradoxales, ironiques, avec lesquelles elle désarmait la critique.

Pourquoi ?

Ce matin-là on leur avait demandé de consacrer leurs deux heures de présence à préparer Gilbert. Des amis du docteur Lhomme, un couple sans enfants, allaient passer avant déjeuner et désiraient le voir. Jeanne jubilait.

— Tu te rends compte ? Il est si mignon quelquefois ! S'ils allaient l'adopter !

— Pourquoi ne vont-ils pas à l'orphelinat ? Ils auraient eu tout un assortiment de laissés-pour-compte, si c'est ce qu'ils cherchent.

— Ne dis pas des choses comme ça ! Je sais que tu ne le penses pas. Justement, Lhomme n'a pas voulu ça pour Gilbert. C'est trop traumatisant. Ici, pendant les séances, il pensera que ce sont des médecins. Tu veux bien lui laver un peu la figure et les mains ?

— Je ne suis pas une infirmière !

— Puisque soi-disant il n'y a que toi qu'il supporte..., dit Jeanne (avec un peu d'aigreur). Fais-le pour le petit. Pour qu'il fasse bonne impression.

Le petit, réfugié dans un coin du bureau, sentant déjà qu'il se passait quelque chose d'anormal, regardait alternativement Jeanne et Stépha, avec une angoisse naissante dans les yeux.

— Bonne impression ! Tu veux que je lui mette un nœud sur la tête ? Que je lui apprenne une fable de La Fontaine ? Que je fasse l'article : Monsieur, madame, voici une excellente affaire ; il ne dit pas grand-chose, mais c'est une garantie de tranquillité. Comme si vous aviez un chat chez vous. D'ailleurs, il marche à quatre pattes. Très affectueux si on sait le prendre : il mangera dans votre assiette et même dans votre bouche. Il...

— Stépha, arrête ! Ce pauvre petit Gilbert ! On dirait que tu ne l'aimes pas !

— Je l'aime comme les autres. Autant. Pas plus. Je l'aime autant que Jocelyne.

Jocelyne est la petite sœur de Jeanne.

— Oh ! tout de même ! dit Jeanne, choquée.

— Il faudrait que je l'aime moins ? Plus ?

Jeanne est désarçonnée quand Stépha se fâche et dit immanquablement ce qu'il ne faut pas.

— Peut-être... autrement ?

Naturellement l'entrevue est un échec complet, Stépha reste figée comme une statue, Jeanne, au sommet de la nervosité, commet maladresse sur maladresse, sollicite l'enfant auquel il faut toujours laisser l'initiative. Gilbert jette les fameux modelages par terre, trépigne, bave, et finit par se tapir dans un coin en hurlant son « Me touche pas ! » auquel il avait renoncé depuis quelques semaines.

— Non, dit la dame, qui a l'air vraiment gentille, ce n'est pas possible. *A ce point-là... !*

Le couple s'en va, attristé, voir d'autres enfants à l'orphelinat. Des enfants normaux. Ils ont préjugé de leurs forces, ils le reconnaissent avec simplicité.

— Nous pensions, c'est sans doute idiot avec un enfant aussi traumatisé, nous pensions qu'il sentirait que nous étions prêts à l'aimer...

— Il faudrait être prêt à l'aimer comme il est, dit Stépha, le couple encore dans le couloir.

*

— Mais pourquoi as-tu fait ça ? Mais comment as-tu pu ?

— Je n'ai pas dit un mot ! proteste Stépha de mauvaise grâce.

— Il a très bien senti que tu le soutenais. Que tu détestais ces gens ! Tu lui as gâché ses chances, il n'en aura peut-être pas d'autres. C'est dégoûtant ! C'est... c'est vrai alors que tu détestes les enfants ?

Jeanne est hors d'elle.

— Seulement les enfants qui guérissent, répond Stépha avec ironie (mais elle n'a pas son assurance habituelle. Et même, elle tente de se justifier). Ils savaient bien que le petit a un problème. Ils n'avaient qu'à...

Jeanne l'interrompt avec véhémence.

— L'aimer comme il est, d'accord. Mais ce que tu appelles l'aimer comme il est, c'est l'empêcher de guérir. Rappelle-toi l'histoire d'Hélène Keller. Si on ne l'avait pas aidée...

— Je me rappelle très bien l'histoire d'Hélène Keller. Tous ces efforts, cette lutte épique, pour arriver à quoi ? Une femme banale, écrivant des niaiseries... Ou était-ce Marie Lenéru ? Je me perds dans tes idoles...

— Tu es odieuse, dit Jeanne. Tous ces paradoxes, tous ces raisonnements, pour faire le malheur d'un enfant ! Pendant ce temps, toi, tu vis dans le confort, tu te portes bien, et tes problèmes tu les vis avec ta voiture personnelle et la maison de tes parents pour le week-end ! Tu les vis sur le dos des autres ! Tu veux que je te dise ? Tu ferais bien de quitter ce métier au plus vite, tu es un véritable danger public !

Et elle s'en va en claquant la porte. Elles se sont disputées bien des fois, mais aujourd'hui, Stéphanie sent que c'est la fin de leur amitié. Elle en ressent d'abord une amère satisfaction. Mais les paroles abruptes, maladroites, de Jeanne l'avaient touchée : c'était vrai que ce qu'elle aimait chez ces enfants, c'était sa propre souffrance. Elle avait préféré sa souffrance à Gilbert. Elle se sentit coupable.

*

Elle se souvint de la mort de Julia. De lui avoir dit cruellement : « Tu veux un prêtre ? » pour lui faire prendre conscience de sa mort, de sa vie. D'avoir résisté avec peine au désir de la secouer, de briser cette stupide, cette innocente acceptation, ce consentement à n'avoir rien été, à ne rien devenir. Elle se souvint de cette pensée qu'elle avait eue : qu'une vie innocente n'était pas une vie. De l'eau limpide, rien que de l'eau. Elle se souvint d'avoir repoussé cette pensée, que l'amour et l'injustice étaient inséparables. Que Dieu était aussi le mal. Elle se sentit perdue.

*

Elle douta. Elle regardait Gilbert qui se barbouillait de peinture, faisait des progrès. Ses yeux noirs comme des mûres, la méfiance, l'angoisse dans ces yeux. Elle réussit à lui faire dessiner un cercle, puis un bonhomme.

— Qu'est-ce qu'il dit ? Me touche pas !

L'enfant riait. Il riait de sa peur. Immense progrès. Il allait s'adapter. Ce n'était pas un cas très grave.

S'adapter. Accepter. Quelque chose en Stépha criait : « Ne me touchez pas ! »

*

Le 25 juin 1975, Stéphanie Fabrizius ne se présenta pas à sa soutenance de thèse.

Le docteur Lhomme finit par la dénicher dans sa petite chambre : sa tête trop lourde appuyée sur son bras, elle regardait en face d'elle, où, observa le docteur Lhomme, il n'y avait qu'un mur.

Tout ce qu'on peut dire d'affectueux et de raisonnable, le docteur Lhomme le lui dit : que c'était une folie, que même si elle voulait changer d'orientation, un diplôme pouvait toujours servir, que ses efforts, que sa famille, qu'un moment de dépression, consécutif au surmenage, était explicable, excusable, que si seulement Stépha l'avait prévenue... Qu'on pourrait malgré tout peut-être rattraper l'affaire si Stépha faisait preuve d'un peu de bonne volonté...

Stépha releva la tête et eut ce sourire si rare, si plein de charme, qui illuminait son visage et ses yeux sombres et soudain la rendait ravissante.

— Non, non, je vous remercie... Ça n'en vaut pas la peine..., répétait-elle.

— Mais enfin, qu'est-ce que vous allez faire ? Qu'est-ce que vous allez devenir ? s'écria le docteur Lhomme, qui perdait patience.

Alors Stépha rougit extrêmement sous sa peau mate (elle rougissait, comme une femme de couleur, dans un ton violacé) et dit posément : « Je crois que je vais essayer d'entrer au Carmel. »

Le docteur Lhomme ne sut pas ce qui l'étonnait davantage, d'entendre une de ses élèves sortir pareille énormité, ou de voir Stépha rougissant.

Jardin d'hiver (1935, début novembre)

J'étais l'apprenti sorcier. J'avais découvert la baguette magique, le sésame, le secret de Clara. Le langage de l'enfance, de l'insouciance, la clé du jardin. Christophe et moi étions à Munich.

Quel dommage que Klee eût en 1931 donné sa démission de professeur au Bauhaus ! C'était un des seuls peintres que j'aurais aimé faire rencontrer à Christophe. Celui qui, par opposition à Franz Marc, se considérait comme une « créature neutre », aurait pu, il me semble, éclairer pour Christophe le chemin solitaire qu'il suivait, et démêler avec sa froide délicatesse l'écheveau embrouillé de ces solitudes jumelles, intérieure et extérieure, que Christophe avait tendance à confondre. Reste à savoir si ce rôle de confesseur aurait convenu à Klee, et si Christophe eût consenti à se reconnaître son disciple et son pénitent !

Nous étions à Munich, en novembre 1935, à

l'hôtel de L'Homme armé, et, comme je l'avais tant souhaité, Christophe vivait, mangeait, dormait non loin de moi. Ce fut à cette époque-là qu'il me dit tout ce qu'il devait jamais me dire sur sa famille. Avec amusement, sans la moindre trace d'amertume, il me raconta les folies du notaire, victime des belles images des actions, la patiente recherche de « la particule » qui avait poussé sa mère à se réfugier à la cour de Philippe le Hardi, et Clara l'indispensable, la très chère, Clara dont nous n'avions eu aucune nouvelle, en dépit d'une énorme carte postale illustrée, à elle adressée le soir même de notre arrivée.

La souffrance qui m'avait quitté momentanément à l'entrée de l'autoroute, dès que j'avais été sûr qu'on ne pouvait plus me rattraper, m'arracher Christophe (fumant tranquillement une cigarette à mes côtés, tranquillement mâchonnant une pastille de menthe), je savais qu'elle avait dû s'abattre sur Clara, quand elle avait découvert le départ, ou plutôt l'enlèvement, de Christophe. Cette Clara dont Chris me parlait avec tant de tendresse, dont il me décrivait l'enfance avec tant de détails pittoresques, et dont il ne semblait pas se douter qu'elle pût, en ce moment même, souffrir.

Ah ! ce n'est pas que j'eusse pitié d'elle ! Chacun pour soi, chacun son tour, elle s'était assez moquée de moi ! Ce qui m'étonnait, c'était l'ignorance dans laquelle Christophe paraissait être de cette souffrance. Chaque soir, quand nous rentrions, parfois un peu euphoriques (je parle pour moi, Christophe ne buvait pas), parfois inquiets (je parle pour moi, qui essayais d'expliquer à Christophe l'importance du congrès de Nuremberg), Christophe ne manquait jamais de mettre fin à la conversation en disant : « Il faut que j'aille mettre un mot à Clara. »

Et en sortant, le lendemain matin, je le voyais remettre au concierge de l'hôtel une carte postale illustrée au dos de laquelle (j'épiais par-dessus son épaule) s'étalaient trois ou quatre lignes de son écriture soignée.

Pourquoi j'épiais ? Pourquoi je m'interrogeais ? J'étais un être humain comme Clara, après tout. Ce qui lui arrivait pouvait m'arriver aussi. Mais Clara était-elle un être humain ? Ou partageait-elle avec Christophe jusqu'à cette inconscience sereine que j'enviais, à laquelle j'atteignais parfois un moment, mais un moment seulement ?

— Tu viens, Gethsé ?

Que je le détestais, ce sobriquet absurde, dont il m'avait affublé tout de suite ! Gethsé ! Gethsémani ! Comme s'il devinait que, malgré mes efforts, mes envols momentanés, il me faudrait toujours, au bout d'un temps plus ou moins long, retomber ! Et retomber lourdement, ridiculement, sans noblesse !

Car tandis qu'il était là, amical, avide de découvrir, de connaître et d'apprendre (et pour ainsi dire à ma merci, car en jouant de son enfantine manie de la « collection » j'aurais pu lui faire oublier le temps, tel pavillon à Vienne complétant telle place de Munich, telle collection à Weimar devant être comparée à telle exposition temporaire à Salzbourg...), alors qu'il était là, je souffrais. Par poussées brusques, comme une rage de dents. Je souffrais de tout : les premiers jours j'avais noté qu'il lui était totalement indifférent, lui si beau, de se montrer avec moi, dans des milieux où on pouvait nous croire intimes ; j'en avais été touché. Mais tout de suite, lancinante, la rage de dents m'avait repris. Cette indifférence à mon aspect physique n'était pas le signe d'une communion de nos esprits, mais de l'indifférence tout court. Il se servait de moi comme guide, comme introducteur : il n'y avait entre nous aucune intimité réelle.

Il notait ses découvertes sur un petit calepin noir, il prenait des croquis sur un carnet un peu plus grand ; il posait des questions. Nous évoluions dans un cercle forcément restreint ; je ne me souciais pas de voir Christophe confronté à l'atmosphère politique de plus en plus lourde qui régnait à Munich. Mais un matin, en descendant très tôt pour faire une réclamation (la baignoire fuyait et il était impossible de la remplir), je découvris Christophe installé dans un cagibi derrière la réception avec le concierge et le portier, des journaux déployés devant eux, et discutant, moitié en allemand, moitié en français, la situation politique. Il était donc capable de nouer sans moi des contacts, de prendre des initiatives, de s'intéresser au monde extérieur... Moi qui oubliais, tant j'étais occupé de lui, le danger réel que je courais dans cette ville, quittée par peur du danger ! Dès qu'il me vit, il se dressa, avec une politesse, une docilité exagérées.

— Nous sortons ?

— Nous sortons ! Tu vois bien que je suis en robe de chambre !

Car en plus, j'étais en robe de chambre, pas rasé, hirsute, et j'imaginais l'aspect que je pouvais avoir. Et ma honte, la vieille honte de ma laideur, s'exprimait dans cet aboiement furieux.

— Comme tu as mauvais caractère ! dit-il sans la moindre rancune.

Et ainsi c'était lui (car le fait se reproduisit, je ne pouvais maîtriser ma douloureuse irritation devant des relations qui ne faisaient aucun progrès), c'était lui qui passait, qui passerait parmi nos amis futurs, pour ma victime.

Jusqu'à son indifférence envers Clara, cette carte

postale inévitable et insignifiante qu'il donnait chaque jour au concierge, qui me blessait. Cet être pour lui si précieux, si proche, ne se doutait-il pas de ce qu'elle avait dû ressentir lorsqu'il avait disparu en ma compagnie, laissant un mot bref ? Allais-je trouver, moi aussi, maintenant que je lui avais appris l'évasion, un mot dans un casier, m'apprenant qu'il était parti n'importe où, avec n'importe qui ?

Je n'en avais pas joui longtemps, de ma victoire ! J'avais joué sur l'inconscience de Christophe, et cette inconscience se retournait contre moi. Mille soupçons abjects me ravageaient. En décidant Christophe à partir ainsi, avec moi, à l'improviste, il semblait entendu que je l'invitais. Mais la simplicité avec laquelle il me disait, dès notre arrivée, « il va falloir que tu m'achètes une ou deux chemises », avec laquelle il entrait dans une librairie, se faisait montrer les albums d'art qu'il n'aurait pas pu trouver en France et faisait son choix, alors qu'il n'avait pas un sou en poche, cette simplicité avec laquelle il semblait se considérer comme entièrement « à ma charge » me blessait, après m'avoir charmé. Pas un remerciement, pas même un étonnement. Il disposait de moi. Un gigolo, Christophe ? Christophe ! Puis cette prétendue indifférence à Clara vint me tourmenter ; pas vraisemblable, non plus que le silence de cette garce. Elle avait l'adresse de l'hôtel, elle aurait pu écrire, télégraphier, téléphoner : rien. Allait-il à la poste l'appeler pendant que je rendais une ou deux visites indispensables ? J'allais jusqu'à imaginer, par moments, qu'ils s'étaient mis d'accord pour me piéger, pour m'entraîner dans ce voyage ruineux, et qu'ils riaient de moi, de mon amour grotesque, dans des coups de téléphone que j'imaginais.

Du moins, je voulais une apparence de victoire. Par Tim, à qui j'avais téléphoné, je savais que, malgré le cocktail décommandé, le vernissage avait été presque brillant. Si les machines effrayaient un peu par leur prix (j'avais voulu frapper fort d'emblée), l'une d'elles avait tout de même été retenue par Mme Albert-Moquet, fameuse collectionneuse d'art moderne, et les « collages-prospectus » s'enlevaient comme des petits pains : sur trente-deux collages que Christophe m'avait finalement confiés, dix-sept étaient vendus, et plusieurs sous option. Je pris alors la décision, au lieu d'un cocktail de vernissage, d'en faire un pour la fin de l'exposition. Étant donné les bons résultats de la vente, ce serait une publicité encore meilleure. Tim pouvait tout organiser, et moi, je me faisais fort d'amener Christophe à Paris, sous quelque prétexte futile, comme je l'avais amené à Munich.

Mais j'avais beau me le répéter, chercher le ton de voix avec lequel, comme je lui proposerais d'aller faire un tour sur la grande roue de Vienne ou visiter la maison de Mozart à Salzbourg, je lui suggérerais de « faire un saut » à Paris pour visiter Guimet ou le musée de minéralogie, il me suffisait de le voir arriver dans la salle en bois clair où nous prenions le petit déjeuner, calme, souriant distraitement, consultant ses petits carnets, pour me trouver sans voix. Quinze jours avaient passé déjà. Il ne restait plus qu'une semaine avant la fin de l'exposition. Tim m'appelait tous les jours pour me dire que si moi, du moins, je n'étais pas présent au cocktail final, il ne répondait plus de rien : j'aurais froissé toute une clientèle pas encore acquise. Je m'étais enfin décidé à lui parler, quand il entra un matin dans la salle à manger avec un sourire malicieux.

— Ça va, Gethsé ?

Sa bonne humeur, alors que je me débattais dans les affres de la timidité, m'exaspéra.

— Ne m'appelle pas comme ça, je te l'ai déjà dit !

— Et comment veux-tu que je t'appelle ?

— Mais... comme je m'appelle, Georges !

Il éclata de rire, se versa son café, empila des brioches sur son assiette.

— Tu ne me vois pas t'appeler Georges ! Pourquoi pas Doutremont ? Non, ce n'est pas sérieux ! Allons, ne fais pas la tête. J'ai une surprise pour toi. Pour ton anniversaire.

— Ce n'est pas...

Si. C'était mon anniversaire. Je l'avais complètement oublié, je n'avais pas l'habitude d'y penser d'ailleurs, n'ayant plus de famille pour me le souhaiter...

Christophe cependant riait, d'un rire d'enfant.

— Il ne sait même pas la date de son anniversaire ! C'est tout toi, ça !

Et il sortait de sa poche un petit paquet bien ficelé.

— Bon anniversaire, Gethsé ! Si on avait été à la maison, tu aurais eu droit à tout le cérémonial, le gâteau aux noix de Clara, les petites bougies, enfin tout, mais ici...

Je me passais fort bien de me voir souhaiter mon anniversaire par Clara. J'étais ému aux larmes. Le bonheur refluait en moi, étincelant, aveuglant de lumière.

— Mais comment as-tu su...

— J'ai regardé ton passeport. Tu m'avais dit un jour que tu étais Sagittaire.

Et il avait retenu cela ! Songé à chercher cette date ! Je voulus ouvrir le paquet.

— Pas maintenant. Tout à l'heure. J'aurai encore

une petite surprise pour toi. Mais mange ! Ton café refroidit.

Sa gentillesse ! Sa gentillesse que j'avais méconnue, la prenant pour de l'indifférence, une façon d'être, de payer son écot ! J'avais la gorge serrée quand il dit négligemment, en beurrant sa brioche :

— Il paraît que ça ne marche pas si mal, cette petite exposition ?

— Quoi ?

— Ben oui, la mienne, la nôtre ?

Il riait encore, ravi de m'avoir mystifié.

— Ne te creuse pas la tête. J'ai pris *Marianne* et le *Magazine* à la bibliothèque et j'ai vu... Oh ! quelques lignes, mais ça m'a paru bon. Non ?

— Excellent ! mais...

— Je suis sûr que tu reçois bien quelques petites nouvelles par ton associé, non ? Les mystérieux coups de téléphone ? La nécessité d'être dans ta chambre à dix heures précises ? Tu me crois plus bête que je ne suis, mon vieux Gethsé !

Il rayonnait de gaieté, de fierté juvénile, lui habituellement si réservé, prudemment courtois, et je le vis là, pour la première fois, comme Clara le voyait.

— Alors ? Il y a un peu de vente ?

— Une machine... Dix-sept collages..., balbutiai-je.

— Magnifique ! Alors je te fais tout de suite ma deuxième surprise. Je ne peux pas attendre.

Il tira de sa poche une enveloppe, me la tendit. Je me rappelle que mes mains tremblaient, que je fis une tache de beurre sur l'enveloppe. L'enveloppe contenait un petit guide de Paris. L'autre paquet, une eau de toilette.

— En fait, le guide, c'est pour moi. C'est un symbole seulement. Ça veut dire : nous irons.

— Nous irons ?

— Jeter un coup d'œil sur l'expo avant la fin. Voir Paris. Visiter le pavillon de zoologie, Notre-Dame et même les peintres, si tu y tiens. Une autre brioche, s'il vous plaît !

Il parlait, il dévorait, tout à la joie de m'étonner et aussi, je le crois, de me faire plaisir.

— J'ai très bien compris, tu sais, quand tu es passé me prendre, que tu voulais me montrer que Clara s'était trompée, que même si Juste avait mis de l'argent dans ta galerie, d'une façon ou d'une autre, tu te foutais de l'exposition si tu voyais que notre amitié était en jeu... On croit toujours que je ne comprends rien, mais j'observe !

Ce jour-là devait être un jour de pur bonheur. Il y en a si peu qu'on les conserve, comme des fleurs dans un herbier. Un jour on goûte la douceur âpre de se dire : cela a été, pourtant. Et la vieillesse commence, parce qu'on admet que cela ne sera plus.

Nous sommes restés une partie du jour dans le jardin d'hiver de l'hôtel. A travers les vitrages vieillots qui me paraissaient délicieux, la pelouse était d'un vert extraordinaire. Christophe lisait, dans un vaste fauteuil d'osier fait pour une douairière. De temps en temps il se retournait vers moi, qui m'étais placé derrière lui, un peu en retrait, pour le contempler, et il me faisait une remarque, me montrait une reproduction, souriait : j'avais le sentiment qu'il *savait*. Que sans partager mon amour — comment l'aurait-il pu ? —, il le tolérait, le considérait même avec bienveillance. Le temps coulait comme une rivière calme. Après un bref déjeuner, une promenade sans but entre des maisons dont je remarquai le moindre détail d'architecture, dans des squares où les statues étaient autant de célébrations, la soirée nous trouva de nouveau dans le jardin d'hiver où un orchestre s'était entre-temps installé. Quelques couples aussi, discrets, ne nous gênaient pas. Nous buvions lentement du vin blanc, nous parlions à phrases paresseuses. « L'année prochaine, disait Christophe, on te fera un vrai anniversaire... l'année prochaine, nous ferons une vraie exposition... j'ai commencé à travailler sur la forme de tous les alphabets existants, c'est très intéressant, ce passage du dessin au signe, je voudrais... »

Un moment l'orchestre s'arrêta. Une fanfare passait dans la rue, une fanfare de tout jeunes gens, presque des enfants, qui portaient des chemises brunes. Il y eut, dans le jardin d'hiver, quelques instants d'un silence différent, crispé. Puis le défilé s'éloigna, le bruit mourut, et, aussitôt, l'orchestre reprit la valse interrompue.

Plus qu'heureux, j'étais comblé. J'étais sur une plage où tout désir s'était éteint. Je n'avais plus même besoin d'être aimé. Le gros garçon pâle, à tête de cocker, avec son veston qui tombait toujours mal, ses soupçons, ses calculs, avait disparu. Dans ce jardin d'hiver désuet, au son de ce mauvais orchestre, enfin j'avais touché le rivage, le but, j'étais amour, je n'étais plus.

Christophe me dit d'une voix douce : « Dis-moi, Gethsé, ce n'est pas pour revenir sur ce que j'ai promis, mais est-ce que tu crois, toi, que c'est *bon* pour moi d'aller à Paris ? »

Cette question révélait une inquiétude qui dépassait son objet. Mais elle témoignait aussi d'une confiance qui me grisa. Je répondis que oui. Je crus que oui. Cinquante ans plus tard, je ne sais toujours pas ce qu'il aurait fallu répondre.

*

En religion, mère Elizabeth de l'Incarnation, Hilda Fabrizius, sœur aînée de Wilhelm Fabrizius, est supérieure du couvent de carmélites de Béthisy. Entre le printemps 1975 et le mois de décembre de la même année, elle devait avoir avec sa nièce Stéphanie Fabrizius une dizaine d'entretiens portant sur la vocation de celle-ci, qui désirait entrer au Carmel. Elle consignait ces entretiens, en partie ou en totalité, dans un carnet qu'elle consultait quelquefois, pensive.

La mère Elizabeth avait commencé par éprouver pour la jeune fille une secrète antipathie, qu'elle se reprochait, puis, avec un certain étonnement, elle s'était prise à l'aimer. Elle ne s'en interrogeait pas moins sur cette vocation, ce destin, cette âme curieuse et tourmentée. Elle relisait le carnet. Elle s'interrogeait de plus belle. De guerre lasse, elle priait.

Fiançailles (1975)

Quand Joseph est allé chercher Nadine « à son travail » pour la première fois, il a été pris dans un pénible dilemme. Avoir l'air d'un plouc en restant perplexe devant les toiles, les mobiles, les « entassements » exposés là (et dont il ose à peine s'avouer qu'il ne les comprend pas, qu'ils l'ennuient) et feindre un enthousiasme dont Nadine ne tarderait pas à déceler la fausseté. Avec le temps, il s'est pris à admirer secrètement la virtuosité avec laquelle Nadine passe d'une « abstraction lyrique » à l'Op, Pop, et autres formes d'art qu'elle explique, justifie, auxquelles elle donne vie, en circulant dans la longue galerie un peu triste éclairée par le plafond.

De ses grandes mains douces, elle caresse ce petit marbre, redresse ce cadre : elle aime ces objets neufs, plus jeunes ou du même âge qu'elle, qui vont devenir (certains du moins) des références, des histoires, mais qui ne le sont pas encore : ils grandiront, ils se définiront avec elle. Mais Joseph, qui ne restaure que des tableaux anciens, Joseph qui lutte pour un passé plutôt que pour un avenir, a parfois un peu de mal à suivre. Son hésitation lui donne l'air gauche, malgré les efforts qu'il fait pour cacher son embarras, tournant autour des statues, allant d'un tableau à l'autre sans les voir, sous l'œil tendrement ironique de Nadine, quand une petite aquarelle, un bord de mer peuplé de baigneuses bleues, le sauve.

— Ça, c'est vraiment extra, dit-il avec décision.

— Ce n'est pas tout nouveau, quand même, dit Nadine en riant. C'est de mon oncle. Enfin mon grand-oncle.

— Celui de la Fresque ?

— Mais oui.

— Tu sais que la Fondation Stass est très intéressée. J'en ai parlé au patron. A côté du nouveau musée de Villeneuve-d'Ascq qui est en projet, ils ont un terrain où ils veulent eux aussi faire leur petit musée. Et on parle d'une aile Matthyssen qui serait bâtie spécialement en fonction de la Fresque, qu'on pourrait alors transporter.

— Non ! C'est grand-mère qui serait contente !

— Et toi aussi, un petit peu, non... ?

Nadine regarde Joseph avec surprise. Il baisse les yeux, met ses mains dans ses poches, les retire, rit bêtement... Il y a là quelque chose qu'elle ne comprend pas, et elle est sur le point de le dire, quand elle se souvient des recommandations de sa grand-mère. La prudence.

— Oui, bien sûr, je serais contente, dit-elle avec modération.

— Seulement ça risque de durer assez longtemps... A partir de la signature, et ce n'est pas signé, je le saurais par M. le Conservateur, un an, deux ans...

— C'est vrai, ces choses-là peuvent durer...

— Enfin, en attendant, tu aurais ton studio... Ou même, tu pourrais retourner vivre un peu dans la grande maison...

Attention. Attention. Qu'est-ce qu'il croit, qu'est-ce qu'il projette au juste ? Nadine va jusqu'à son bureau métallique, dans l'entrée, dérange machinalement des papiers, tourne le dos à Joseph, lui dissimulant ainsi son visage.

— En attendant... quoi ?

C'est à peine une interrogation. Joseph s'est approché du bureau, la prend par les épaules, la serre contre lui.

— En attendant que nous puissions vivre dans la Tour.

Vivre ensemble. Dans la Tour. Le rêve, le but qu'elle s'est fixé sans trop y croire. Mais comment a-t-il eu l'idée... Grand-mère ? Nadine ne voit autour d'elle aucune autre puissance bienveillante qui ait pu agir en sa faveur.

— Parce que nous allons vivre ensemble dans la Tour ?

Elle s'est retournée vers lui, elle sourit, elle a l'air de croire à une taquinerie. Clara serait fière de son élève, et Nadine elle-même s'étonne de cette force, de cette maîtrise toute neuve dont elle se sent disposer.

— Tu ne veux pas ?

— C'est plutôt mes parents qui seraient un peu réticents...

— Même si nous étions...

— Mariés ?!

Là, le cri est sorti d'elle, irrépressible, de pure joie. Mais tout de suite elle le bloque, durcissant ses muscles, ce n'est que le début d'une partie qui peut être longue, très longue, et dure, très dure. Il ne s'agit pas de fondre.

— Mon chéri ! Tu sais que je ne demande que ça, dit-elle avec sincérité, mais sans excès d'émotion. Mais ne te fais pas d'illusions. Il sera difficile d'obtenir quelque chose de mes parents.

— Oh ! je sais, dit-il avec une amertume qu'il force. Naturalisé, un métier manuel... je ne les emballerai pas...

Nadine va dire : « Mais non », et puis se freine.

— Il y a peut-être un peu de ça... Ce sont des gens qui ont des préjugés, qui ont toujours vécu dans le même milieu...

— Ta grand-mère aussi.

— Oui, mais grand-mère, elle m'aime, dit Nadine avec un irrépressible beau grand sourire d'enfant.

— Moi aussi je t'aime !

Ils s'embrassent. Par la vitrine qui donne sur la place aux Oignons, un petit garçon les observe avec un vif intérêt. Nadine se dégage pour le chasser.

— Veux-tu filer, petit malheureux ! Pour une fois qu'on me demande en mariage !

Elle revient vers Joseph, ils s'embrassent encore,

le téléphone sonne. Nadine décroche, répond en riant, raccroche, ils se rembrassent.

— Tout de même, dit Joseph en reprenant haleine, ils doivent t'aimer un peu, tes parents, puisqu'ils veulent dégager le bâtiment pour te le donner.

Là, il y a quelque chose qui cloche. Quelque chose de bizarre. Circonspection.

— Me le donner, me le donner... peut-être... s'il n'y avait pas Stépha. C'est l'aînée.

S'il ne s'est pas aperçu tout seul que Stépha a tous les droits, tous les pouvoirs, ce n'est pas la peine de le lui faire remarquer.

— C'est vrai. Mais puisqu'elle ne se mariera pas...

— Comment peux-tu le savoir ?

— Mais elle me l'a dit ! Elle me l'a juré, même. Tes parents n'ont donc plus aucune raison...

Si elle a réussi à dissimuler sa joie et son amour, Nadine a encore plus de peine à dissimuler sa fureur. Comment, Stépha est allée monter la tête à Joseph, lui faire croire qu'elle, Nadine, serait l'héritière de la maison, et cela, pour l'amener à l'épouser ! Pour le duper en somme, car jamais, Stépha vivante, Marianne ne laissera *sa* maison à sa cadette. « Elle croit que j'ai besoin d'elle pour trouver un mari ! De ses mensonges, de ses intrigues ! Déjà, parce qu'elle m'a tout bêtement présenté Joseph, comme des dizaines d'autres copains, dans un snack ou dans une crêperie, c'est comme si elle m'en avait fait cadeau ! » Elle n'a pas digéré le « Tu ramasses dans mes poubelles ? » par lequel Stépha l'a délivrée (peut-être exprès) de toute reconnaissance. Elle n'ignore pas non plus que Stépha continue à exercer sur Joseph une sorte de fascination — et qu'elle s'en moque. Et Nadine en veut encore plus à sa sœur de n'être pas sensible au charme d'un garçon qu'elle, elle a choisi.

Elle hésite, elle va éclater. Elle ne tient pas seulement de sa mère sa beauté robuste, elle en a le tempérament chaud, vif. Mais derrière elle il y a Clara. Et derrière Clara, dans l'ombre déjà, une main sur son épaule, ce grand-père, Juste, qui savait quand, et quand ne pas, agir... Au prix d'un effort extrême (que Joseph prend pour un effort d'honnêteté), elle se domine, et calmement :

— Je voudrais te dire le contraire, mais franchement je n'y crois qu'à moitié... Quand une jeune fille dit, même tout à fait sincèrement, qu'elle ne se mariera jamais... Tiens, moi-même, avant de t'avoir rencontré, j'étais persuadée...

Ils s'embrassent. Nadine s'est assise derrière son bureau, on va fermer dans une demi-heure, Joseph s'appuie sur la table et reprend son argumentation.

— D'abord, Stépha n'est plus tout à fait une jeune fille. Elle a vingt-cinq ans, elle sait ce qu'elle fait. Et tu sais comme elle est honnête ! Jamais elle ne prétendrait... Et puis ça ne m'étonne pas, moi, qu'elle ne veuille pas se marier. Elle n'est pas comme les autres. Elle...

— Tu disais l'autre jour qu'elle était folle ! ne peut retenir Nadine.

— Oui, enfin, je voulais dire originale, très originale... Elle est tellement intelligente, aussi, tellement... Enfin elle est à part.

Nadine laisse passer. Il faut bien. Dit :

— N'empêche qu'elle peut se tromper sur elle-même... Un jour elle rencontrera quelqu'un... En tout cas, c'est ce que mes parents supposeront. Ils ne seront pas faciles à convaincre.

— Oh ! mais si ! dit Joseph d'un air mystérieux

et important. Mais si ! Ils vont être très vite convaincus !

— ?

— Écoute, ne le raconte pas, c'est un top secret, il n'y a que moi qui le sache (il n'en est pas peu fier) et puis son directeur de thèse, je crois... Elle n'a pas osé encore en parler à ta mère, mais...

— Eh bien ? Dis ! Est-ce que je raconte les choses ? s'impatiente Nadine.

Il lui semble qu'on sort du sujet pour extrapoler encore autour de Stépha.

— Stépha veut entrer au Carmel, dit Joseph d'un air triomphant. Hein ? Qu'est-ce que tu en penses ?

Ce qu'elle en pense ? Qu'elle a reçu un coup de massue sur la tête. Qu'avec Stépha il ne faut s'étonner de rien. Que c'est une folie. Que c'est un mensonge. Que Marianne en mourra. Que c'est un canular. Que... « En tout cas, si c'est pour me marier que tu as inventé ça, ma sœur, chapeau ! » Elle pense, avec un mélange de colère et d'admiration, que Stépha, quels que soient ses mobiles, l'étonnera toujours.

*

— Je trouve ça d'une absurdité ! dit la vieille dame.

— Je crois qu'elle s'est... convertie... d'une certaine façon, répond Nadine avec prudence.

— Convertie ! Convertie ! Mais elle n'était pas musulmane, que je sache !

(Bien que la nouvelle soit plutôt, de son point de vue, une bonne nouvelle, Clara est inexplicablement irritée.)

— Son caractère a beaucoup changé ces temps derniers... Elle a vraiment fait des efforts...

— Oui, oui... Mais elle a une façon de faire des efforts qui fait qu'on se demande toujours si c'est pour embêter le monde..., répond la vieille dame, acerbe.

Orages désirés (1975)

En somme, voilà Joseph fiancé. Optimiste comme il l'est au fond, il se voit déjà installé dans la maison avec Nadine, remplaçant le vieux M. Stass à la tête de son commerce prospère, disposant, grâce à l'usine, de temps et de revenus qui lui permettront de courir le pays pour découvrir des œuvres d'art, tableaux et meubles authentiques qui remplaceront avantageusement les pétrins et les natures mortes douteuses de Marianne. Fiancé. Le mot lui plaît, lui donne un statut. Comme il se targue d'être expert en restaurations auprès du musée de Lille. Son emploi, bien sûr, est au musée tout à fait temporaire. Et ses projets conjugaux ne sont encore connus que de Clara. Mais ça va s'arranger, ça s'arrange déjà. Au fond (si l'on en excepte la disparition de sa mère), il ne lui est jamais rien arrivé que d'heureux. Aussi se laisse-t-il aller, ces semaines-là, à son naturel paresseux et gai, fantaisiste, bavard, et en somme sympathique ; il en oublie son théâtre intime, et l'obligation qu'il se fait souvent de se donner des apparences sombres, romantiques, et pour tout dire un peu ridicules.

De cette affectation (qui disparaîtra, laissant derrière elle, comme la marée abandonne en se retirant des objets inattendus, un charmant bon à rien), son père est largement responsable. Il s'est refusé avec une telle obstination, au moment de la puberté, à incarner l'un des héros dont rêvait l'adolescent ! Paul Malinov, immigré bulgare, qui a quitté Sofia sans problèmes, grâce à un réseau de petites relations utiles (et non dans les circonstances dramatiques que dépeignait Joseph à ses camarades de lycée), Paul Malinov, qui se targue d'être un « homme d'esprit », notion encore très à la mode dans certains milieux slaves, vit l'exil sans mélancolie. Il se réjouit d'être à Paris parce qu'on y mange bien (il collabore d'ailleurs à plusieurs revues gastronomiques), parce qu'il peut y acheter librement des magazines qui l'enchantent, et, loin de s'être expatrié, comme il serait convenable (aux yeux de Joseph), pour Voltaire, Rousseau et les Droits de l'Homme, il semble plutôt l'avoir fait pour Labiche, Feydeau et le coq au vin. Cela compose une médiocrité assez originale, à laquelle s'ajoute ce trait, peu fréquent chez le petit-bourgeois français dont il partage les goûts et les préjugés : il est gai. Comme son fils, au fond. Un héritage qui en vaut bien d'autres.

Joseph, par une forme bizarre d'affection (car il aime beaucoup son père), a tenté pendant des années de le rééduquer : cœur brisé de nostalgie, espion de l'Est ou de la CIA, héroïque refusnik, rescapé des camps... Rien à faire. Paul Malinov n'a pas eu sa part des souffrances de ce monde et n'a nulle intention de la revendiquer. Même pour faire plaisir à un fils qu'il déclare chérir. Il est même incapable de comprendre ce genre de plaisir. Celui de vivre lui suffit. Tout son vocabulaire douillet l'exprime : à Paris il se « débrouille gentiment », il a trouvé dans le 13e un « deux-pièces coquet », il a un tas d'amis et de relations, des journalistes hippiques, des nègres d'écrivains connus, l'attaché de presse d'une petite maison de mode, le projectionniste d'un grand cinéma : il collectionne les invitations pour les théâtres de boulevard, les cocktails de maisons d'édition, les Journées de la saucisse de Montbéliard, les dégustations de vins dans des chais réputés. Il a même une maîtresse, propriétaire d'un magasin de confection pour hommes (« Il l'a connue en allant s'acheter des caleçons », dit Joseph, les jours où le besoin de rire est chez lui plus fort que celui de fabuler), maîtresse avenante, potelée, pour laquelle il fait la cuisine et qui est charmante avec Joseph.

Il a réussi, à travers les soubresauts du monde, à se créer une vie très semblable à celle d'un petit rentier du XIXe siècle. C'est une réussite, mais pas de celles qu'un garçon de vingt-trois ans peut apprécier.

Et pourtant, comme, la plume à la main, Joseph s'apprête à annoncer à son père l'heureuse issue de ses amours, il ne peut complètement écarter de son esprit l'idée qu'à un échelon supérieur, sans doute, lui aussi est en train de « gentiment se débrouiller », et l'horrible soupçon l'effleure qu'il pourrait, lui aussi, faire partie de ces gens qui manquent Waterloo parce qu'ils sont partis en week-end, évitent une arrestation parce qu'ils pêchaient à la ligne au bon moment, ont trouvé le billet du *Titanic* trop cher, bref, ont du bonheur, ce qui est autre chose qu'être heureux.

Et sans doute cette crainte procède d'un bien regrettable snobisme du malheur qui règne encore dans ces années soixante-quinze, et démontre le manque de maturité de Joseph. Mais, dans ces fantasmes enfantins subsiste une étincelle d'amour de la beauté, une aspiration à se dépasser, une petite palpitation assez touchante, parce qu'elle ne mourra ni n'aboutira jamais. Joseph, avec le temps, deviendra un véritable connaisseur, un collectionneur éclairé en même temps qu'avisé. Il aura toujours trop le goût de l'harmonie et du bonheur pour se spécialiser dans les œuvres vraiment modernes. Mais il lui arrivera, devant telle petite toile dont il refusera de se séparer, de connaître cette plénitude mêlée de souffrance qu'inspire la beauté, l'écho lointain, qu'on voudrait retenir, d'une voix oubliée...

Aussi, la plume à la main, comme Joseph s'apprête à écrire à son père pour lui annoncer ses fiançailles, il lui vient comme une tristesse, un adieu à Stépha. Rien ne lui paraît plus absurde, au fond, que la résolution qu'elle a prise. Il est même incapable d'en comprendre, si peu que ce soit, les motifs. Mais comme tout ce que fait Stépha, son projet le fascine. Depuis son arrivée à Lille, il y a quatre ans, il est le spectateur de Stépha. Amoureux, non. S'il était amoureux, il la souhaiterait moins tourmentée, moins solitaire, plus proche de lui, et même plus agréable. Non, c'est justement la faculté qu'elle a de créer l'inconfort, le malaise, un besoin obscur qu'elle ne satisfait pas qui l'attirent et qui le retiennent. Amoureux, jamais ! Et pourtant il l'aime, comme un livre trop difficile qu'on ne finira pas, un voyage trop coûteux, une lettre émouvante, adressée à un autre.

Alors... Alors il n'en désire pas moins Nadine, épouser Nadine, vivre avec Nadine. Même si son bonheur cache quelques turbulences. Et les réactions de son père et de « Kiki » (l'aimable maîtresse) d'avance l'épouvantent. Ils vont être tellement ravis (en parfaits égoïstes) de penser que Joseph, à son tour, a « trouvé chaussure à son pied » ! Il les imagine déjà, faisant les magasins à la recherche d'un grille-pain ou d'une cafetière électrique à offrir au jeune couple. Ça l'exaspère et ça le touche, ça l'exaspère d'être touché, et sans qu'il le veuille, sa plume dévie sur la douloureuse histoire de Stépha. A-t-elle nourri un amour caché, se sacrifie-t-elle pour sa sœur qu'elle adore, l'eût-elle aimé, l'eût-il conquise s'il avait deviné...

Toute cette lettre, destinée à annoncer des fiançailles, porte la marque d'une certaine mélancolie, pas entièrement jouée. Pas entièrement jouée, car à travers l'adieu à Stépha, c'est un peu un adieu que Joseph a l'impression de faire à d'attrayants désordres, à des sentiers secrets, à de beaux malheurs échevelés. Mais cet élan de sincérité littéraire passe complètement inaperçu de Paul Malinov et de sa jolie commerçante ; ils ne voient qu'une chose : Joseph va se marier, entrer dans une famille respectable qui le poussera dans la vie, et ne leur causera plus aucun dérangement. Ils se réjouirent donc sans arrière-pensée, réclamèrent une photo de Nadine, et ne tinrent aucun compte du « blabla sur la carmélite », Joseph ayant toujours été « un peu poète ».

Et Marianne n'était pas encore au courant de leurs projets que Joseph et Nadine recevaient déjà, par envoi recommandé, avec les vœux de Paul et de Kiki, un couteau électrique à découper le gigot, avec plusieurs lames de rechange.

*

Deux ans auparavant, Paul Malinov avait dit à son fils, de passage à Paris : « Écoute, j'ai à t'annoncer quelque chose d'un peu embêtant. Il paraît que ta mère est morte. Veux-tu qu'on aille au Dôme manger un peu de poisson ? » Pour lui, le poisson « faisait deuil ». C'était d'ailleurs la seule manifestation de deuil qu'il admît. Joseph était parti en claquant la porte. Il y avait bien douze ans qu'il n'avait pas eu de nouvelles de sa mère, il n'avait pas de chagrin. Mais il lui aurait paru convenable que quelqu'un en eût...

*

Ils regardèrent des meubles et des rideaux dans les vitrines. Nadine s'habillait mieux. Ils dînaient souvent dans le même petit restaurant, rue des Chats-Bossus, où on les connaissait. Avant d'entrer, Nadine achetait des cigarettes au tabac, Joseph, le journal ; le garçon leur donnait la petite table près de la fenêtre, et, assis de part et d'autre de la nappe rouge, ils parlaient de choses simples et douces, à mi-voix, parfois se prenant la main, parfois avec un rire étouffé, dans une familiarité confiante, comme s'ils étaient mariés, déjà, depuis des mois...

Presque tous les soirs Joseph rentrait dans le studio de Nadine ; sa petite chambre au-dessus de l'atelier le déprimait, maintenant. Et pourtant, quelquefois (au moment précis où Nadine, se déshabillant, faisait passer par-dessus sa tête la robe en tricot toute simple qui la moulait, et où il ne voyait plus pendant un bref instant que ce grand corps nu comme un symbole), quelquefois cette brève pensée : « C'est tout ? C'est vraiment tout ? Il n'y a rien *d'autre* ? » Comme devant un tableau.

*

Nadine devinait, sans le montrer, le passage de cette ombre, qui avait peut-être une forme de femme.

« Faudra-t-il toujours qu'elle soit sur mon chemin ! » se disait-elle, pensant pour la première fois à sa sœur sans tendresse. Car elle l'avait beaucoup aimée, avant de la soupçonner d'insultante générosité.

Elle se mettait alors à parler. Elle flattait, berçait, apaisait cette nostalgie qui pointait chez Joseph ; elle racontait ; elle ne mentait pas, elle se servait du mensonge. Elle racontait le marquis et ses apparitions potagères, l'inscription découverte sur le mur : « On a commencé la moisson le 18 juin et les vendanges le 26 août », elle racontait le notaire, la particule, les flammes peintes sur le mur de la chambre glaciale par le petit Christophe pendant la première guerre du siècle, les robes de Clara, la fortune de Juste... Elle racontait ce que Clara lui avait raconté, en sautant des passages.

Mais quand elle arrivait à Wilhelm et Marianne, comme elle sautait Stépha, Joseph n'aimait plus son histoire.

— Tes grands-parents, ton grand-oncle... oui... ils avaient une dimension... Mais tes parents... qu'est-ce qu'ils ont fait, qu'est-ce qu'ils font ?

Nadine s'était longtemps posé la question, avec bonne foi. Elle y avait répondu l'année de ses dix-huit ans.

— Ils font durer, disait-elle avec gravité. Ils font durer. Ce n'est pas si mal.

Elle essaya de raconter le bal.

En avril 1970, Stéphanie eut vingt ans. Depuis deux ans Wilhelm cogitait. Les manifestations de Mai-68 avaient ravivé en lui une inquiétude latente, née de l'évolution du marché, des difficultés de l'usine. Où allait-elle, l'usine, et la maison, et la famille, et par-dessus tout un certain mode de vie qui tendait à disparaître ?

De cette réalité Wilhelm a pris conscience (peut-être n'est-il pas tant médiocre qu'un peu pauvre de sang, un peu écrasé par ses responsabilités, avec, derrière lui, ces grandes ombres auxquelles on ne manque pas de le comparer) l'année des vingt ans de Stépha.

— Est-ce qu'il ne faudrait pas, a-t-il dit à Marianne, surprise, donner pour les filles une sorte de... une sorte de bal ?

— De bal ?

— On ne dit plus un bal, papa, dit Nadine qui se trouve là. On dit une surboum, ou si tu veux, une soirée...

— Eh bien, une soirée, si vous voulez... Est-ce que ça ne se fait plus ?

— Mais pour quoi faire ?

— Pour qu'elles rencontrent les enfants de nos amis... Pour montrer que nos affaires vont bien... Pour...

— Pour que nous trouvions des prétendants...

Marianne est de mauvaise humeur.

— Entre Stépha qui s'habille comme une chaisière et Nadine qui a l'air d'un motard, ça ne risque pas d'arriver !

— Je suis sûr que pour l'occasion, elles feraient un effort...

— Stépha, peut-être... Mais Nadine !... Regarde-toi, tes vêtements sont révoltants !

— Ils sortent de chez le teinturier !

— Eh bien, ils ont l'air sale même quand ils sont propres ! C'est pire : on dirait que tu sors du lit !

— Qui sait ? dit Nadine, ne suscitant qu'un haussement d'épaules de sa mère.

Puis, cœur sensible, touchée à l'improviste :

— Tu sais, papa, c'est très gentil... Mais vous avez déjà tant de dépenses...

— De toute façon, ce serait pour les vingt ans de Stépha, dit Marianne. Mais on en profitera pour fêter tes dix-huit ans, comme ça...

— Comme ça on en sera débarrassé, dit Nadine.

Le « bal » a été décidé. C'est alors que Wilhelm a constaté autour d'eux un étrange phénomène. Dans cette dure région industrielle, entre les tours de briques et les fumées, les canaux tristes labourés de péniches, les champs à terre noire labourés de tracteurs, dans ce livre ouvert du travail et de la peine humaine, on aurait pu s'étonner d'un tel projet. Projet pour lequel il a fallu vendre encore des actions (même la cuisinière le sait), solliciter, encore une fois, la vieille dame, peiner, trimer, calculer pendant des mois. Les « bonnes familles » de la région (qui n'étaient pas les « grandes familles » et donc étaient toutes plus ou moins ruinées ou feignaient de l'être) auraient dû blâmer cette frivolité, cette ostentation : pas du tout. La rumeur qui s'était, à travers la ville, la banlieue résidentielle, la campagne même, répandue, le détail des préparatifs, des sacrifices faits, des victuailles commandées, des musiciens qui viendraient de Paris, de la façade repeinte, que sais-je encore, ne rencontrait, une fois la surprise passée, qu'approbation, que solidarité. Ce « bal » entrait dans une logique de vie. C'était une pétition de principes, un manifeste. Tout juste si on n'y voyait pas une fière réplique locale à Mai-68, encore tout proche. Enfin, disait-on des Fabrizius (toujours un peu suspects en raison de l'action sociale de Juste), « on voyait où ils allaient ».

Ainsi le « bal », qui aurait pu accentuer une légère impopularité, acheva au contraire de la dissiper. On les savait gênés, l'usine tournant au ralenti, les investissements consentis par Wilhelm n'ayant rien rendu, ou pas encore, et certes on les avait approuvés de garder la grande maison, les deux voitures, de garder la face, enfin. Mais les toilettes de Marianne, la domesticité (un jardinier ! une cuisinière ! Et ils n'achètent de la viande que deux fois la semaine, je le sais par le boucher de Capelle !) avaient suscité des critiques. Tout à coup, à cause du « bal », on comprenait, on re-situait. La volonté un peu bornée de Marianne, la placide ténacité de Wilhelm à affirmer la survivance d'un certain mode de vie, assuré et cossu, enraciné dans un Nord traditionnel et têtu dont ils confirmaient la pérennité (un char de fête orné de guirlandes, traîné par des bœufs blancs aux cornes dorées). Leur obstination devenait du courage.

La date de la soirée approchant, l'enthousiasme grandissait ; des dames offraient de prêter leur argenterie, leur vaisselle, leurs domestiques ; des jeunes gens proposaient leurs services pour ériger une estrade ou sollicitaient des invitations ; le maire fit venir la fanfare municipale et des orangers en caisse dont on se servait pour la distribution des prix, et à toutes les rumeurs qui circulaient s'ajouta celle-ci : que la fête ne s'achèverait pas sans qu'on y annonçât des fiançailles. Sur ce point-là, ce fut l'échec complet.

Déception. Déception pour Marianne. Wilhelm ne montrait rien. Mais quand avait-il montré autre chose qu'indéchiffrable sérénité, modération, œil doux et froid derrière ses lunettes, cheveux bruns et blancs, épais, fournis, pelage d'animal pacifique ? (« Les cheveux Matthyssen », disait-il parfois, et l'on se demandait s'il était capable d'ironie, sans se demander s'il était capable d'aigreur, tant paraissait calme son visage de faux bel homme.)

— Je suis déçue ! Déçue ! Tous les frais qu'on a faits ! gémissait Marianne.

— Ces jeunes gens sont bien inconsidérés, en effet, de n'avoir pas enlevé Nadine ou Stépha la nuit même...

Elle fourrageait dans ses cheveux épais.

— Oh ! toi ! tu m'exaspères ! grondait-elle en penchant vers lui ses beaux seins.

Il était assis dans la bibliothèque, dans le fauteuil de cuir vert. Elle, debout ; plus grande que lui d'ailleurs. Il n'en était pas gêné. Il se savait fait pour occuper le fauteuil d'un autre (Juste), reprendre l'affaire d'un autre, se reposer dans une modestie qui pouvait devenir agressive, avoir une femme un peu plus grande que lui, poser la main sur son épaule comme sur l'encolure d'un beau cheval.

— Un jour elles se marieront, va... Les jeunes filles se débrouillent toutes seules de nos jours. Et la soirée a fait très bonne impression.

Mais lui qui n'était pas aveuglé par des passions et par des rêves avait senti que l'approbation, l'admiration même de leurs voisins et amis étaient de celles qu'on accorde aux défenseurs d'une cause perdue. Seuls de rares privilégiés survivraient. Née d'une guerre, mise en danger par une autre, la réussite de Juste restait une réussite, n'avait pas eu le temps de devenir un patrimoine. Seuls quelques-uns pourraient dans l'avenir continuer à vivre une vie dont eux maintenaient l'apparence, seulement l'apparence. La maison Matthyssen s'apparentait, pensait Wilhelm, aux « Maisons Potemkine », ces façades que le favori de Catherine II faisait dresser sur son passage pour qu'elle crût les villages russes prospères et coquets. Et ce qu'on avait applaudi dans « la » soirée, c'était l'exploit, c'était le spectacle. A la limite, le trompe-l'œil.

Et il en voulait à ses filles qui n'avaient pas su ramener un homme à la maison pour poursuivre la tâche commencée, protéger Marianne vieillissante et lui permettre de mourir à son heure.

Car il avait douze ans de plus que sa femme, et venait seulement de s'arrêter de fumer.

*

Après le bal :

— Papa m'a étonnée, dit Stépha. Je ne le croyais pas capable d'une chimère.

— La réputation de l'usine n'est pas une chimère..., dit Nadine.

— Elle est en bon chemin de le devenir.

— Il trouvera peut-être des fonds... une idée ?

— C'est ça. Surtout avec toi pour l'aider...

Le rire de Stépha.

Fiancée, Nadine se souvint, tout à coup, de ce dialogue. Mot pour mot.

Naturellement la mère Elizabeth, la tante Hilda, s'est demandé ce qui a bien pu amener Stéphanie au couvent. L'horreur de l'injustice, oui, le désir de témoigner, de s'offrir... la souffrance des enfants... l'insuffisance des recours humains... Tout cela est vraisemblable, honorable... et pourtant, Hilda devine une souffrance cachée, un raidissement dans cette âme assurément pure (mais qu'est-ce que la pureté ? s'interroge cette femme d'expérience) qui lui inspire une sorte de recul, voire de méfiance.

— En somme, il s'agirait plutôt d'une conversion intellectuelle ? demande-t-elle pour tâter le terrain. Ça te choque ? Ce n'est jamais tout à fait vrai, je sais. Mais ce n'est pas une critique. Les conversions intellectuelles sont peut-être plus complexes que les autres, mais souvent plus solides...

Elle parle lentement, comme on mâche, avec un accent plus prononcé que n'en ont généralement les gens d'une certaine classe sociale, dans le Nord. Sœur aînée de Wilhelm, elle l'a élevé. Blême et bouffie, le visage presque carré, les yeux bleus, petits, perçants, intelligents, les mains courtes, le corps informe et massif, on dirait un vieil homme autant qu'une vieille femme — elle n'est, du reste, pas vraiment vieille — et Stépha a ressenti dès leur première entrevue cette méfiance de sa tante, et, croit-elle, s'en amuse. Croit-elle.

— Ce n'est pas « intellectuel » qui me gêne, ma tante. Ce serait plutôt « conversion ». Il y a si longtemps que je pense à une solution de ce genre...

C'est curieux, ces rencontres qui ont commencé il

y a quelques semaines par des échanges de niaiseries familiales ont tourné très vite à une sorte d'affrontement. Il y a entre les deux femmes un espace encore inexploré dont elles s'approchent, s'éloignent, qu'elles contournent... Ce duel feutré se renouvelle à chaque visite, elles-mêmes s'en étonnent. Car enfin, leur but est le même, non ? Et, se dit Hilda avec un gros soupir, les vocations contemplatives sont devenues si rares ! Quoique ces toutes dernières années... Enfin elles ne s'aiment pas, d'instinct, mais elles sont vite devenues curieuses l'une de l'autre.

— Solution..., dit Hilda, pensive. Est-ce que c'est bien le mot ?

— Non, répond Stépha avec franchise. Et même, c'est un sentiment que je devrais rejeter... Le Carmel n'est pas une maison de repos, je sais cela. Il y a aussi le mot « défi » ?

Hilda y consent. Un moment de trêve, un début de fraternité les unit, très brièvement.

— Oui, défi n'est pas mauvais... Quand je vois le monde qui nous entoure, tu sais, je pense parfois à ces saints très anciens, un peu fous, les stylites, les ermites, les mangeurs de sauterelles, les flagellants, ceux des cavernes, des grottes, mais surtout, j'ai un faible pour les stylites. Saint Siméon. Déjà on l'avait congédié du monastère de Téléda pour « mortifications insolites ». Je me demande quelle était la surface de cette colonne...

— Est-ce que ce n'est pas le père Piny qui, pendant une période de sa vie, se refusait par humilité à parler, se traînant à terre et vagissant comme un bébé ?

— Ce n'est pas un saint, dit Hilda vivement.

Puis, avec comme un soupçon dans son œil rusé, paysan :

— Tu connais ça, toi, le père Piny ?
— Je l'ai vu mentionné dans une étude clinique..., s'excuse Stépha.
— Ah ! c'est juste... tes études... Mais si c'est vrai, cela va plus loin que le défi. Jusqu'à la provocation, qui n'est guère sainte...
— Guerre sainte ! dit Stépha, et elles rient, sans familiarité.
A entendre le gros rire de Hilda, on l'imagine une pipe aux lèvres...
— En tout cas, tu ne trouverais pas ici ces austérités. Il y a le chauffage central depuis plus de dix ans. Tiens, touche, les radiateurs sont tièdes...
Stépha touche, souriant de ce piège trop évident.
— Dieu soit loué. Je suis frileuse...
Tante Hilda n'insiste pas. Elle attaque sur un autre plan.
— Est-ce que tu as essayé de t'expliquer un peu avec ta chère maman ?
L'arme de l'onction, de la bénignité voulue. Hilda en use volontiers. C'est toujours « ta chère maman », « ta bonne grand-mère », pourquoi pas le petit Jésus et la crèche ? Et sainte Thérèse de Lisieux ? Stépha reçoit ces suavités en pleine figure, comme des gifles. Mais elle se garde de le laisser paraître.
— Maman a évidemment eu un choc... Il fallait s'y attendre... Elle aurait tellement voulu que je reprenne la maison, que j'épouse quelqu'un qui pourrait succéder à papa, dans l'usine...
(« Ah ! tu veux des papas et des mamans ! Je t'en donnerai jusqu'à plus soif ! »)
— C'est bien naturel... bien naturel..., fait tante Hilda en hochant la tête.
Elle gagne du temps, elle tâte le terrain, elle est comme le médecin qui hésite à poser un diagnostic, mais qui sent bien qu'il y a quelque chose (elle

pense avec une sorte d'humour) « de pas catholique » là-dessous.

— Il faut penser, ma petite fille, que tes parents ont beaucoup travaillé pour l'usine, pour la maison... Les temps sont difficiles, même ici on sait cela. Du temps de ton grand-père, les Matthyssen roulaient sur l'or. Et on se souvenait que les Corbin étaient une vieille famille. Aujourd'hui que les vieilles familles ne comptent plus guère, et que les affaires flanchent un peu, est-ce qu'on ne pourrait pas considérer que le devoir d'état...

— Il y a Nadine, dit Stépha, avec le sentiment de marquer un point. (« Réponds si tu l'oses. Toute carmélite que tu es, tu es tout de même au courant des potins de la famille. Voyons si tu oses justifier l'amour injustifiable, la préférence, le choix. Voyons ? »)

Hilda se dérobe.

— D'un autre côté, tu m'objecteras que cela pourrait aussi être considéré comme une tentation... Je comprendrais cela. Votre situation dans la région est encore de tout premier ordre...

— Une tentation ! s'écrie Stépha avec hauteur (et s'aperçoit qu'elle s'est laissée prendre à son tour).

Hilda ne triomphe pas. Elle ausculte, soucieuse.

— Je m'étonnerais tout de même que tu ne regrettes rien... Tu as une vie, en somme, privilégiée... Tu as fait des études passionnantes, que tu as interrompues... Je ne suis pas sûre que tu aies eu raison d'ailleurs... Et pas d'attachements ? Autour de toi, personne de possible, qui te laisse un regret ? Allons, voilà que je te fais rire. C'est ce mot, dans ma vieille bouche ? Mais il y a ici même, au Carmel, des femmes qui ont aimé, et qui s'en souviennent, tu sais...

— Je n'ai pas de sacrifices à faire, dit Stépha. Je n'ai jamais aimé personne. Je veux dire...

— Je vois.

— Et vous vous demandez si c'est bon signe ?

Un sourire malicieux éclaira un moment son visage, et rappela l'enfant fantasque et charmante qu'elle avait été. (« Au fond elle est jolie », pensa Hilda. Cela lui déplut.)

— Je n'interprète pas les signes, dit-elle lourdement. J'accueille des vocations d'un type particulier et, bien sûr, cela comporte toujours un risque. Je n'ai pas encore décidé s'il fallait le prendre.

Stépha ne parut nullement inquiète.

— Je ne suis pas pressée, dit-elle avec le même sourire. Si ce n'est pas aujourd'hui, ce sera demain. J'attendrai.

« C'est presque trop beau, pensait Hilda. Soumission, patience, chez une fille qui ne doit être par nature ni soumise ni patiente... Peut-être que je me trompe, et qu'il y a bien là, malgré les apparences, cette chose si rare : une vraie vocation contemplative ? » Sans le savoir, elle se départait de cette bonhomie asexuée qu'elle affectait, son petit œil aigu examinait, soupesait, et la jeune fille semblait supporter cet examen avec une simplicité de bon aloi. D'où venait alors ce soupçon, cette vague inquiétude ? Tout son vieux fond de ruse paysanne ne permettait pas à Hilda d'en deviner la cause. « Il y a quelque chose... quelque chose, mais je n'arrive pas à mettre le doigt dessus. » Et pourtant le sentiment d'un danger pour la communauté dont elle a la charge... Elle soupire. C'était tellement plus facile d'y voir clair autrefois... Celles qui préféraient être religieuses qu'ouvrières, ou bêtes de somme dans les champs... Les jeunes bourgeoises exaltées qui avaient eu un chagrin d'amour (ce qu'elles appelaient comme ça !)... Les éternelles adolescentes prêtes à adorer leur supérieure comme elles ont voué un culte à leur mère ou à leur maîtresse d'école... Les dégoûtées... Les orgueilleuses... Orgueilleuse, Stépha ? Peut-être. Et l'orgueil peut être un atout aussi bien qu'un vice — mais l'orgueil est chaud, violent, on le sent flamber à portée de la main. Et ce qui trouble la mère Elizabeth, elle le perçoit très finement en supérieure et non en parente, c'est, sous les foucades et les sursauts du caractère de Stéphanie, une zone froide, fermée, un granit dont elle ne discerne pas l'origine.

— Je vais réfléchir encore, dit-elle. Et avec une sincérité qui ne ménage rien : Je ne vois pas clair dans ton cas. Reviens me voir. Réfléchis. Prie. Tu peux te tromper de bonne foi.

— Vous aussi, ma tante, dit Stépha.

Le désert de l'amour (1936 à nos jours...)

Il y a un titre de roman que j'aime beaucoup, encore que je ne l'aie pas lu — je lis très peu de romans et encore moins ces années-là, ces années d'avant-guerre où j'avais si peu de temps —, c'est *Le Désert de l'amour*. C'est de Mauriac, ou de Maurois peut-être ? Impossible de vérifier. Les librairies d'ici sont pauvres en romans français. Et puis tout cela est si vieux... En quelle année, du reste, ai-je vu ce roman dans une vitrine ? De toute façon je ne me soucie pas d'en connaître le contenu. S'il correspond à son titre, je le connais, je ne connais que lui.

Le désert de l'amour. Au début de l'amour, quand il est impossible de rien voir, de rien comprendre qui ne se rapporte à l'objet aimé (l'émotion ridicule, insensée, que j'éprouvais devant une publicité où figurait la marque Menier, à cause des collections de Christophe enfant) ; pendant l'amour, qui conditionne toutes les décisions, les acquisitions, modifie jusqu'à la couleur de la lumière, le goût des aliments (ce jour où, déjeunant avec Christophe au Dôme, à Montparnasse, et savourant une sauce à l'oseille, sa phrase : « Franchement mauvais, non ? » modifia instantanément, dans ma bouche, le goût de la sauce qui tourna) ; après l'amour, qui abandonne derrière lui des souvenirs périssables, cailloux, coquillages encore humides de la marée qui se retire, teintés de vives couleurs, de reflets, et puis ils sèchent, impitoyablement sèchent, nous laissant dans un monde terne, réduit à des rapports inoffensifs, des couleurs gris muraille, des odeurs fades, des béchamels ratées, de la cuisine sans sel, un rhume perpétuel nous affligeant d'une légère surdité, et l'absence, l'absence totale (qu'on croit d'abord reposante avant qu'elle ne devienne le pire des supplices) de tout DÉSIR.

Tout cela donnerait à penser que j'ai été l'amant de Christophe, et j'ai été son amant, dans le vrai sens du terme. J'ai été celui qu'il autorisait à l'aimer. Rien de plus, rien de moins. C'était peut-être assez ?

Mais je n'ai plus jamais fait l'amour depuis la mort de Christophe, à part cinq ou six misérables tentatives avec Tim, le brave et dévoué et ridicule Tim, me proposant ses grandes cuisses maigres et velues, camouflées dans d'appétissants pantalons rose-orange et moulants, comme on propose un plat douteux couvert de sauce tomate ou d'herbes grillées pour en masquer le goût. Pauvre, humble, excellent cœur qui allait jusqu'à adopter l'eau de toilette de Chris (l'eau de toilette d'un mort, l'eau de cercueil, ô imbécile, pourquoi ne pas te glisser dans mon lit vêtu d'un linceul, pendant que tu y étais ?) dont il imprégnait sa barbe de Neptune...

N'avoir plus le désir de l'amour. N'avoir même plus le désir de ressusciter l'amour mort ! Terres brûlées.

J'étais un homme sensible, je vous assure. Un peu lâche peut-être, avec le courage de ma lâcheté, et j'ai fait pour Chris, pendant l'Occupation, des choses que je n'aurais jamais dû faire (pour lui acheter ses vestes blanches, lui procurer des toiles, des couleurs, et s'il s'inquiétait — rarement — de la provenance de l'argent, je prétendais avoir « une petite fortune personnelle »), oui, j'ai fait des choses qu'il eût désapprouvées, que je désapprouvais moi-même, le mot est faible, et cela avec une joie âpre à aller plus loin, encore plus loin, dans la bassesse, dans le mépris de moi, comme si de m'anéantir avait pu lui apporter quelque chose... Mais sensible, oui.

Et bien que je n'aie jamais fait l'amour avec Christophe (j'ai baisé ses cheveux, quelquefois, et je l'ai embrassé une fois, en 1943, le jour de mon anniversaire, et même ce souvenir est empoisonné par le soupçon, car quelques jours après il retournait à Kerkhove, la première fois depuis six ans, et peut-être, au cours de cette nuit où il l'a revue, a-t-il, je ne le saurai jamais, embrassé Clara, dans ce qui était resté pour lui « la maison » et où il était allé chercher le germe de la mort, ô assassins, Juste, assassin, Clara, meurtrière, et moi, et moi... Aucun de nous ne peut se laver les mains de son beau sang clair, le « sang léger » des romans de la Table ronde, le sang de Perceval), et bien que jamais je n'aie fait l'amour avec lui, l'ayant près de moi, vivant dans son ombre et dans son soleil, sachant qu'il existait, le désir existait, et me peignait de vives couleurs le garçon tout en cuir de Saint-Germain-des-Prés, la petite frappe en chemise de soie aurore de la boîte rue Sainte-Anne, et l'amour les colorait, et me prêtait sa voix, et jamais on ne s'est confié à moi comme alors, et je découvrais sous le cuir, sous la soie, des embryons, des graines d'âme qui n'auraient demandé qu'à fleurir, je me penchais sur leur vieille mère, leur blenno ou leur casier judiciaire, tout plein de cet amour qui venait d'ailleurs ; mon argent d'alors n'humiliait pas, il était reçu avec un clair merci qui allait à Christophe, pour un peu j'aurais de mes mains guéri des écrouelles.

Et je bandais comme un démon, qui plus est.

Mon fils, mon amant, mon amour, tu me donnais le monde. Tu me l'ôtais, aussi. Coups de poignard, brûlures, délices. « Ah ! tu t'es fait couper les cheveux ? Tu es encore plus... encore moins... » Il s'empêtrait dans sa franchise d'enfant, je l'ai vu rougir devant ma laideur, rougir pour moi, ou rougissait-il de sa beauté, comme d'un avantage injustement acquis ? Je l'ai vu presque bon, presque aimant. « Une bonne soirée calme avec toi, ici, cela vaut tous les... » Tous les quoi ? Tous les Kerkhove ? Il écoutait Satie, *son* musicien, il l'aimait exclusivement, ses titres absurdes, son parapluie. Aucune autre musique, pendant des années. Je louai un piano pour que Tim, qui avait des talents de jeune fille, pût lui jouer Satie. Je giflai un critique qui, au nom de la « santé morale », avait plaisanté sur Satie.

« Santé morale... » Tiens, ce devait être, ça, en

1938, la guerre approchait, encore à pas de loup, j'avais demandé à Christophe, pour mon anniversaire, de me recopier, sur une grande toile, la Fresque restée inachevée là-bas, et il avait refusé. Et j'avais cédé à cette exaspération des nerfs que je ressentais parfois, l'usure de ceux qui doivent assumer, jour après jour, heure après heure, la fatigue de n'être pas aimés...

— Tu la laisses à Clara, hein ? La gardienne du secret ? Ce n'était pas assez de lui laisser tous tes dessins ? Deux cents dessins !

— Près de trois cents.

— C'est ça. Tu te délivres enfin d'elle, tu t'échappes, et ce que tu emportes, ce sont tes sables, tes boutons, et tu lui laisses trois cents dessins...

— Je t'en ferai d'autres. J'en ai déjà fait d'autres, répond-il patiemment.

— Et la Fresque ?

— Tu peux bien lui laisser cela. D'ailleurs, la Fresque n'est pas finie.

— Le mur est tout couvert.

— Il reste une place en haut, près de la chambre. La place du cerf-volant. Je n'ai jamais su quoi mettre.

— Eh bien, le cerf-volant, je suppose, dis-je de mauvaise humeur.

Je voulais cette Fresque, qui n'était ni une toile ni une fresque, je voulais au moins qu'il la recopiât, en arracher l'exclusivité à Clara, extirper la racine de ce secret qui liait toujours Christophe à Kerkhove, à son enfance et à sa sœur. Et cette soif de possession (avancer et avancer dans la possession sans jamais rencontrer le dernier abandon, sans ouvrir la dernière porte), c'était l'envers de mes bonheurs brefs, des instants purs qui se suffisaient, le désert de l'amour. Jalousie, humeurs, provocations, tourments louches infligés à celui qui n'aime pas : ça meublait. Entre le ciel impitoyable et les savoureuses horreurs de l'enfer, je n'ai jamais su choisir. Lâche, sans doute. Mais pas cruel. Pas volontairement cruel ?

Il passait la main sur son front, dans ses boucles courtes, je savais qu'il avait la migraine, et que c'était à cause de moi. S'il n'avait tenu qu'à lui, nous aurions toujours vécu en paix.

— Le cerf-volant, oui... Mais peut-être *la tristesse du cerf-volant*, c'est qu'il n'y a pas de cerf-volant...

— Alors la Fresque est finie. Et tu peux la recopier.

— Je t'en ferai une autre, grande toile. J'ai une idée. J'y pense... depuis Munich, depuis les jeux Olympiques de Berlin. Ça s'appellerait : « L'Année des merveilles. » Ce serait...

— Je déteste ce titre. Et puis ce n'est pas ça que je veux. Il suffit que je te demande quelque chose pour que tu me proposes autre chose. Tu sais bien que je refuserai. Tu n'as aucune raison de ne pas faire une copie...

Ça pouvait durer toute la soirée. Nous la passions chez moi, au second, dînant avec Tim, écoutant la radio, Chris sortait rarement sans moi, sauf pour de grandes promenades solitaires d'où il rapportait tout un « matériel » trouvé dans les poubelles, dans les décharges publiques, parfois chez de petits brocanteurs. Il avait envahi tout le premier, faisant son atelier du salon de réception, et j'étais obligé de donner les cocktails dans la galerie même. Je le lui reprochais. Je lui reprochais n'importe quoi, quand me prenait cette angoisse de posséder sans posséder, d'aimer sans être aimé, et d'y trouver un étrange bonheur. Un jour, dans un de ces moments-là, j'arrivai à soudoyer Mme Lacroix, la femme de ménage, et à me faire remettre une des lettres que Chris expédiait régulièrement à Clara. La honte, que je devais découvrir devant Hasselbach, le rabatteur de Goering, la honte a peut-être commencé là, par le billet plié que je glissais dans la paume de Mme Lacroix, par son regard, son silence quand elle empochait le billet, son silence encore quand elle reprenait la lettre pour l'expédier, sachant que je l'avais décachetée et lue... C'était une assez jolie femme, lasse, avec un chignon clair. Elle ne m'aimait pas. Elle adorait Tim (bien qu'il la surnommât « la Lessive »), elle respectait Christophe (« C'est un travailleur »), elle ne m'aimait pas, ne me respectait pas. Comme plus tard Hasselbach, elle me méprisait tranquillement, attribuant mon geste non à une souffrance (la poursuite désespérée d'un fil qui me permît de saisir le *cerf-volant*), mais à la bassesse profonde de ma nature.

Si bassesse il y avait, elle connaissait des trêves pourtant, elle n'était pas totale, il y avait ces périodes d'abnégation, de contemplation, des moments où j'étais presque aussi pur, aussi inhumain que Chris. En étais-je plus heureux ?

Quand il était arrivé à Paris, Chris avait commencé une série de toiles sur le thème des « Maisons ». C'est une de ses époques les plus prisées, mais je la détestais, car j'y voyais la nostalgie de Kerkhove et de Clara. La période des « Maisons » s'était close par une série de sculptures assez petites, des tiroirs en plâtre dévoilant un chaos de maisons renversées, éventrées, et bêtement je m'en étais réjoui, car j'y voyais Kerkhove dévasté, Clara rejetée, le passé enfin renié. Je crois aujourd'hui que je me trompais. Chris ne rejetait pas le passé, il pressentait l'avenir. La fin de l'année 38 approchait, et beaucoup d'hommes voyaient avec appréhension venir la guerre.

Tim s'occupait de la galerie. Le bon Tim, avec son inculture, ses choix incohérents, basés sur des sympathies de pochard qu'il appelait « ses intuitions », avait la main plus heureuse que moi. Tout ce qui ne ressemblait pas à la peinture de Christophe me déplaisait, et tout ce qui lui ressemblait plus encore, je ne lui voulais pas de rival. Ainsi je tâtonnais, et l'identité de la galerie Minerve serait restée indéfinissable sans les beuveries et les coucheries de Tim, qui se révélait en outre excellent gestionnaire, et, aux innocents les mains pleines, mettait la main de temps en temps sur un talent original.

Moi, je remâchais les phrases de Chris à Clara : « *J'ai pu voir un très beau dessin de Matisse, " La Danseuse acrobate ". Il n'y a rien, un trait, un point, et tout y est. Je me souviens de notre passion pour les Japonais. Et de nos petits poèmes d'enfant. Marianne fait-elle des poèmes ? Dessine-t-elle ? Elle a dû trop grandir. Et toi, Clara, ma Mongolienne, as-tu grandi ?* »

Lettre d'un frère affectueux à une sœur aimée. Mais la lettre d'avant, que contenait-elle ? Et celle d'après ? Et cette interrogation mélancolique, et cette fin identique, enfantine, de chaque lettre : « Je t'aime de tout mon cœur » ? Venant d'une nature aussi peu expansive que Christophe, « tout mon cœur » devait être pris à la lettre. Alors, où était ma place dans ce cœur ?

Je revois Chris. Il est là, en face de moi, prenant

son petit déjeuner avec lenteur et circonspection. Est-ce d'être réformé pour insuffisance cardiaque qui a fait pour lui, de sa santé, une préoccupation constante ? Est-ce d'être loin de « la maison », de Clara, qui lui inspire une méfiance qui ne fléchit pas devant des nourritures étrangères ? Il va chercher son pain lui-même dans une boutique lointaine, se procure des paquets de Birchermüesli dans un restaurant végétarien de la Rive gauche, et plus tard, pendant les trois premières années de guerre, on pourrait faire un livre de recettes des ingénieux procédés qu'il utilise pour pouvoir, dans la limite de ses tickets, manger sainement. Il est là, dans ce qui est devenu son étage et son appartement, au-dessous du mien que j'ai agrandi peu importe comment, et je l'entends marcher, fredonner, clouer une toile, faire marcher un disque sur son phono tout neuf. Il est là, au cocktail que je donne avec Tim pour l'exposition « Divergences », d'une politesse charmante, déférent avec les hommes d'âge, attentif avec les dames, cordial avec les autres peintres, parfait. Parfois, rarement, il s'ennuie, et alors il appuie son beau front buté contre la vitre froide de la galerie et regarde dehors, pensif, sans plus d'espoir qu'un animal prisonnier. Mais il est là.

Et je me souviens, avec un déchirement inexprimable, du petit matin de 1936 où, plus pâle encore que de coutume, il est arrivé au volant d'une camionnette empruntée, l'a garée avenue de Courcelles, a sonné chez moi et est monté.

— Je viens m'installer pour quelque temps. Tu n'as personne dans la chambre d'amis ? Ça ne te gêne pas ?

Me gêner ! Le miracle ! Le miracle qu'on attend toujours, qu'on se raconte sans y croire, la première histoire, la seule, pendant qu'on se balance d'avant en arrière, les bras serrés sur le plexus douloureux, la berceuse, l'histoire impossible : « La porte s'ouvre, l'être aimé entre soudain. » Cette histoire folle dans sa simplicité, aussi folle qu'un « Je suis Napoléon » d'asile, l'affirmation dérisoire de l'impossible « La porte va s'ouvrir et Christophe va entrer », l'histoire s'était passée, elle se passe en ce moment, la porte s'ouvre, Christophe entre et dit : « Je viens m'installer pour quelque temps. » Attention, le monde s'arrête, l'histoire s'arrête, le temps n'est plus, je crois en Dieu et en la présence réelle, car la présence de Christophe est réelle, comme Christ dans l'hostie. Christophe est dans le pain, sur la toile, dans l'air de la maison, Christophe est dans Satie et dans le Birchermüesli, et j'écoute les « Gymnopédies » et je mange ces horribles graines qui craquent sous la dent et s'infiltrent sous mon bridge, et comme à Munich dans le jardin d'hiver, je contemple, Christophe est là, je n'ai plus faim, pour l'éternité.

On croit ça. Et au bout de deux mois, dans cette félicité irrespirable, on crève, dans le désert de l'amour, on cherche avidement de petites oasis de mesquinerie, de bassesse, pour se retrouver un peu et respirer.

Du moins, si l'on est un être humain normal.

Un enfant et un chien (automne 1936)

Peut-être Christophe, pendant les années passées à Kerkhove, a-t-il eu un chien ? Il n'en aurait pas acheté un, vraisemblablement. Mais un chien errant, entré par le fond du « parc », par une brèche, et qui serait venu à lui, il ne l'aurait pas repoussé. Il l'aurait soigné avec répulsion d'abord, puis aurait été touché par la reconnaissance de l'animal, se serait résigné à son amour, s'y serait habitué tout en le tenant à distance, comme il tenait tout à distance, mais l'habitude était chez lui si importante, peut-être aurait-il fini par s'attacher à l'animal ? Il y avait si peu de ponts entre lui et le monde vivant, il aurait pu éprouver un soulagement à lui passer la main sur le crâne, à sentir exister près de lui cette chaleur sans noblesse, il avait dû avoir si froid loin de la maison et de Clara...

Mais s'il avait eu un chien, Chris l'aurait emmené à Paris. C'était peut-être Gethsé, son chien ?

Il aurait dû y avoir un chien, logiquement, dans la série des « Maisons » commencée en 1936. Il y en avait un, mais on ne le voyait pas, il était derrière la porte, derrière la toile. Cette série marquait chez Christophe à la fois une régression et un défi. On le chassait (c'est ainsi qu'il traduisait, qu'il ressentait la grossesse de Clara) de sa maison ; il en ferait d'autres, beaucoup d'autres, il était capable d'avoir sa maison à lui tout seul, et dans cette maison, un chien. Chassé, expulsé, remplacé par l'enfant que portait Clara et dont il avait été entendu, dès qu'il s'était annoncé, que ce serait un fils, ce fut la seule période de la vie de Christophe où, par l'intermédiaire de la toile, il se plaignit. Il revint à sa première manière à la Klee, mais en y ajoutant une note de sentimentalité assez déplaisante, qui plaisait. Sa première exposition lui avait acquis un petit public limité de collectionneurs, l'exposition des « Maisons » les déconcerta et allait les décevoir, lorsque le grand public, le public populaire qui ne s'intéresse pas à la peinture, appâté par des reportages en couleur (alors fort rares), se précipita en foule, phénomène presque unique, à la galerie Minerve.

Maison misérablement rose au milieu de champs géométriques et cruels, maison douloureusement penchée au bord d'un canal sans reflet, maison pointilliste se dérobant sarcastiquement dans une tempête de neige ou une pluie de grains de blé, toute l'exposition n'était qu'un appel à la charité publique, la crise de larmes complaisante d'un enfant qui se vautre dans un chagrin dont il espère quelque profit affectif. Cette période, assez courte mais abondante, va de mai 1936, date de son arrivée impromptue, effarante, à Paris (avec collections de sables, de graviers, de journaux, revues, prospectus, affiches devant servir à des collages), à janvier 1937 environ. Elle marque la vie pure (je dirais « chimiquement pure ») de Christophe d'une tache.

Il s'en aperçut trop tard — d'autant que, circonstance pour lui aggravante, ce fut une erreur largement payante. Devant l'affluence, devant la popularité soudaine (si rarement échue à un peintre) qu'avait suscitée l'effondrement de Christophe, le snobisme hésita, renifla quelques semaines, puis céda au double plaisir de satisfaire sa sensiblerie « au second degré », et de voir monter la cote des collages précédemment acquis et immédiatement valorisés.

Doutremont affichait un ravissement désolé. Christophe se vendait, Christophe (ses manies mêmes, ses bizarreries jouant en sa faveur) devenait, très vite, une star du Tout-Paris, Christophe s'était installé dans la « chambre d'amis » du boulevard de Courcelles avec l'intention évidente de n'en plus sortir, annexant successivement un cagibi « très commode pour y faire faire des vitrines » et le salon où Doutremont recevait après les vernissages et qui devait, jusqu'à sa mort, lui servir d'atelier. Mais Christophe était, à sa manière patiente et taciturne, brisé, et Doutremont essayait en vain de deviner si le choc serait durable, la blessure bientôt cicatrisée.

Durant quelques mois, le silence entre Chris et Clara avait été total. Doutremont s'était gardé (à tort) de poser aucune question sur la crise qui avait déterminé Christophe à se jeter dans une camionnette avec ses biens terrestres et à débarquer boulevard de Courcelles. Il avait supposé chez Christophe une intolérance devenue furieuse à la seconde grossesse de Clara. Pourtant, il supportait assez bien Marianne, avait même une certaine affection pour elle. Toujours est-il qu'il avait fui, n'écrivait pas, ne téléphonait pas.

Début septembre, Doutremont reçut et remit à Christophe, non sans appréhension, un mot très bref de Juste : Clara avait accouché d'un garçon mort-né, aussitôt enseveli sans pompe, la mère étant trop faible et trop prostrée pour supporter le bruit qu'on ferait autour d'un tel événement.

— Comment s'appelle... s'appelait-il ? demanda seulement Christophe.

— Il ne le dit pas.

— Ah ! bon ! Je vais écrire à Clara.

Le soir même, qui était un lundi, il écrivit. Et à dater de ce jour, il écrivit tous les lundis à sa sœur, sans que leur correspondance, d'abord unilatérale (Clara ne répondit qu'au bout de plusieurs mois), ne s'interrompît plus jamais. Mais jamais plus Christophe ne manifesta le désir de retourner à

Kerkhove ou de revoir la maison Matthyssen. Ce fut le début de sa période abstraite.

« Il est soulagé, pensait Doutremont. Il est soulagé parce que l'enfant de sa sœur, dont il était jaloux, est mort. »

Et servilement, il s'efforçait d'adapter son amour à un monstre.

*

— Mais explique-moi ! demandait Joseph avec passion. Une telle folie ! Tu as eu un chagrin, une déception ?

— Oh ! ces choses-là, tu sais... Ça remonte à la petite enfance..., disait Stépha, avec ce sourire indéfinissable qu'elle avait quand sa propre ironie lui faisait mal.

— Oui ? Oui ? demandait Joseph avidement.

Il avait l'impression que se déroulait à ses côtés un drame ou une fête, un de ces grands événements qui l'attiraient, un film-catastrophe dont il ne voulait manquer aucune péripétie.

— J'ai été un enfant martyr, ça marque toujours...

Joseph était déçu comme le spectateur qui arrive au guichet et se voit déclarer qu'il n'y a plus de places.

— Tu te moques de moi !

— Oui, Joseph.

*

Elle pensait à la bouche révulsée de la petite Anna qui vomissait la vie. Elle pensait à Julia, disparue sans laisser de trace. Elle pensait au petit Gilbert. « Est-ce que je lui ai fait du tort ? Est-ce que Jeanne a raison et faut-il vivre *tant bien que mal* ? »

Elle pensait qu'il ne fallait plus — depuis le temps — chercher des preuves, mais être une preuve. Monter sur sa colonne. Si on voulait bien l'y laisser monter.

*

Marianne était dans une telle agitation que devant l'annonce des fiançailles de Nadine (Clara s'était dérangée tout exprès pour annoncer le projet, et qu'elle y était favorable) elle n'avait trouvé à répondre qu'un « Ah, bon ? il est gentil ? » égaré. Elle avait vu Joseph plusieurs fois au sujet de la Fresque, elle ne le reconnaissait pas ou feignait de ne pas le reconnaître, ou le confondait avec un autre, on ne savait pas, littéralement elle battait la campagne, sanglotait dans la cuisine, claquait des portes, proposait à Stépha des « discussions raisonnables » qui se terminaient en crises de nerfs.

— Pauvre maman ! disait Nadine, sincère, à sa grand-mère. Elle a perdu près de quatre kilos.

— Ça ne peut pas lui faire de mal. Elle commençait justement à faire un peu belle poissonnière.

— Tu es méchante, grand-mère.

— Je suis méchante. Je ne suis pas mauvaise.

— Musset.

— Tu as des lettres ! Embrasse-moi, va. Pas si fort, tu me fais mal. Tu sais pourquoi je t'embrasse ?

— Parce que j'ai lu Musset ? Parce que tu m'aimes bien ?

— Si on veut. Et puis non. Je t'embrasse parce que tu vas gagner.

— Qu'est-ce que je vais gagner, grand-mère ?

— Nadine, fais l'imbécile avec ta mère si tu veux, parce que ça te gêne d'être plus intelligente qu'elle, mais pas avec moi ! Tu vas tout gagner, la maison, ton Joseph, et même tes parents. Mais ne t'endors pas.

— Oh ! je sais ! Elle peut encore changer d'avis...

— Il n'y a pas que ça, disait Clara.

Et avec une expression un peu triste, rare chez elle :

— Veux-tu que je te dise ? Elle me fait peine...

— Stépha ?

Nadine se butait. Elle aimait sa sœur, elle n'aimait pas qu'on l'aimât.

— Joseph la prend pour un ange, une sainte !

— Tant qu'il la prend pour une sainte, il ne la prendra pas pour une femme, disait Clara.

*

Il la prenait pour une folle, une sainte, une femme. Il ne l'aimait pas : il ne pouvait pas en détacher ses yeux. Stépha s'était mise à travailler sur elle-même comme on travaille à une œuvre d'art. Une phrase de sa tante : « Est-ce que tu cherches à m'étonner ? » l'avait blessée au vif. Elle qui ne désirait que s'effacer, que se fondre ! Elle s'évertuait. C'était de l'art à rebours. Cela tenait du travail patient du miniaturiste soignant chaque détail et de la sale manie, celle de se ronger les ongles ou de rouvrir sans cesse une petite plaie qu'on a sur le poignet ou dans les cheveux.

Joseph, reçu à Kerkhove par indifférence, la voyait de vive se faire patiente, incroyablement patiente. Elle écoutait les histoires de l'usine, les récriminations de Wilhelm qui prenait la crise comme un affront personnel : une façon qu'aurait eu la vie de lui faire avouer qu'il ne valait pas son beau-père. Elle restait au salon pendant les visites de gens qu'elle avait toujours détestés, des clients anglais, un correspondant turc. Elle souriait à son père. (Il aurait encore fallu pouvoir le faire sans mépris, remarquait Joseph. Cela viendrait peut-être.)

De fantasque, elle se fit terne. Joseph, qui l'avait vue aimer les couleurs vives, négligée, mais négligée comme une bohémienne, avec éclat, la vit s'habiller de gris, de beige. Choisissant pour ses chemisiers, ses pulls des couleurs fades qui ne lui allaient pas. Le jour où il la vit en jaune poussin (couleur préférée de Jeanne, et dont Stépha s'était moquée jusqu'à la cruauté), il en eut les larmes aux yeux. Il la voyait s'enliser dans des sables mouvants, sans pouvoir faire un geste. Elle répétait des phrases insignifiantes, des lieux communs, ne se permettait plus aucune ironie apparente (une gymnastique). Mais au moment même où elle croyait y réussir, quelqu'un disait : « Comme elle est singulière, cette Stépha », et c'était à recommencer. Joseph la voyait s'évertuer, il brûlait de l'aider et de l'arrêter à la fois. Il était révolté, écœuré, attiré par là même. Elle réussissait à lui paraître laide ; insignifiante, non. Et même, il lui semblait qu'ainsi elle plaisait davantage, qu'elle attirait par les efforts mêmes qu'elle faisait pour déplaire et qui, coupés d'éclats involontaires d'ironie, de gestes d'une générosité impulsive, violente (elle donna à Nadine un très beau collier de corail auquel elle avait tenu, à Jeanne des robes dans lesquelles la malheureuse avait l'air d'un épouvantail), intriguaient, retenaient l'attention.

Alors, mécontente d'avoir manqué son but,

consciente que Joseph s'en était aperçu, elle devenait blessante, et scellait son pouvoir.

*

— Pourquoi ne viens-tu jamais me voir à l'usine, ma petite Nad ? demanda Wilhelm en ces temps-là.

*

La première fois que Stéphanie était allée voir sa tante Hilda Fabrizius pour lui faire part de son désir d'entrer au Carmel, Hilda, qui savait la famille d'un catholicisme fort tiède et pour tout dire purement formel, dans son étonnement, avait demandé, comme Joseph :

— Mais enfin, qu'est-ce qui t'a donné cette idée ? Quelle a été la première impulsion, le point de départ ?

Et Stépha, jouissant amèrement du double sens de son propos, avait répondu :

— L'amour de ma mère.

Hilda en était restée, qu'on nous passe l'expression, comme deux ronds de flan.

*

Maintenant Wilhelm sort de l'ombre.

Sa tête léonine, ses cheveux d'argent. Une beauté banale de ténor, sans finesse, faite pour être vue de loin. La taille un peu courte, les épaules larges : trapu. De la force, oui, mais sans lyrisme. Sa patience à guetter la proie, son humilité fanatique : la loi est la loi. Un médiocre, peut-être, mais un médiocre très dangereux. Doucereusement intransigeant : ayant capturé une fois une petite vérité de rien du tout et la faisant chanter, comme un sansonnet, en lui crevant les yeux.

Patron dur, mesquin, sans aucun amour du lucre : préférant gagner quelques sous sur le bien-être des ouvrières que la grosse somme dans un commerce avec l'étranger qui comporte une infime part de risque. Borné dans le plein sens du terme, et capable de défendre le territoire compris entre ces bornes. Capable de le perdre, pour n'avoir pas compris qu'il faut aujourd'hui que ce territoire s'étende ou disparaisse. S'étendre est coupable. S'élever est coupable. Maintenir est sa vocation. Légaliste, profondément religieux. Avec cela du courage. En dehors de ses heures de travail, joue aux fléchettes. Il s'y entend.

Pour achever son signalement, ses yeux se mouillent quand il entend de la musique. Amant fort et délicat, fidèle, ingénieux comme un bourreau. Bricoleur. Il s'accorde une faiblesse : l'instinctive injustice de Marianne lui plaît comme une délicieuse infraction aux règles qu'il a lui-même établies. Du reste il y mettra fin quand il voudra. Il tient la longe. Il attend le moment.

C'est le moment. Clara, qui a pris l'affaire en main, demande qu'on fixe une date pour les fiançailles de Nadine. Wilhelm consulte Marianne. Marianne tourne vers lui ses yeux profonds, égarés, de cavale, et balbutie sans savoir ce qu'elle dit :

— Quand tu veux... Quelle importance... Je ne veux voir personne...

— Je ne croyais pas que c'était à ce point, dit Clara.

Wilhelm éclate :

— Ah ! cette Stépha ! On n'en aura eu que des

ennuis ! Qu'elle se dépêche d'y entrer, dans son Carmel, et qu'on n'en parle plus !

Jalousie, déception ; Clara le comprend, mais trouve qu'il a le désespoir vulgaire. C'est entendu, il « adore » sa femme et s'irrite de la voir dans cet état de prostration, « Ça passe les bornes », dit-il, mais elle ne peut s'empêcher de penser à l'habileté avec laquelle Juste eût maîtrisé — a maîtrisé — une situation semblable. Au fond, c'est ça qui pèse sur ce pauvre Wilhelm. On le compare toujours à son beau-père, et évidemment, il ne tient pas le coup... Il faut l'aider, le guider doucement.

— A mon avis, vous vous occupez tous beaucoup trop de Stépha et pas assez de Nadine.

— C'est tout à fait mon avis, maman, répond Wilhelm avec une fermeté qui étonne Clara.

Elle avance :

— Vous savez combien j'aime Nadine. Je ferai certainement quelque chose pour elle au moment de son mariage...

— Nadine est très intelligente, dit Wilhelm.

Il parle posément, mais ne peut s'empêcher de baisser les yeux devant le regard acéré de la vieille dame. Elle remarque au passage ses longs cils, presque féminins. Elle a toujours apprécié la beauté.

— Très intelligente. Je suis sûr qu'elle se débrouille très bien à la Galerie, mais elle pourrait faire tout autre chose...

Clara attend.

— Son point de vue, par exemple, sur les transformations à opérer dans l'usine n'est pas bête du tout. Bien sûr, il lui faudrait une formation, mais je la crois tout à fait capable de l'acquérir...

Clara s'étonne. Nadine est donc allée à l'usine, où elle ne mettait plus les pieds depuis son enfance. Et vraisemblablement, plusieurs fois. Et elle ne lui en a rien dit. En progrès, la petite. En progrès, Wilhelm.

— ... si toutefois cela en vaut vraiment la peine, bien entendu. L'usine souffre de son archaïsme. Il faudrait tout moderniser, la bâtisse, les machines...

— Holà !

— Je négocie en ce moment un emprunt, poursuit Wilhelm comme s'il n'avait pas entendu.

— Mais qui sera, sans doute, insuffisant ?

— Vraisemblablement.

Le problème est très bien posé. Un peu brutalement peut-être. Juste aurait exprimé tout cela avec plus de chaleur, plus de nuances aussi. Mais enfin, Wilhelm a saisi l'occasion, perçu le moment où il pouvait à la fois désembourber l'usine et nettoyer la maison, assurer une succession et éliminer un facteur de désordre... Pas mal, pas mal du tout... Il a l'air si sûr de lui que Clara ne peut retenir une malice :

— Vous seriez bien embêté, hein, si la petite changeait d'avis et vous amenait à son tour un fiancé ?

Maintenant Wilhelm sort de l'ombre. Il regarde sa belle-mère bien en face et dit :

— Il n'en est pas question, maman. On ne la laissera pas revenir en arrière.

*

Oui. Il y a toujours un moment où l'on ne peut plus retourner en arrière. Ou l'aurait-on pu ? On fait ses calculs, et puis on découvre que les êtres ont changé pendant qu'on regardait par la fenêtre. Un moment de distraction, la lumière qui bouge... Tout change, même ce dont on se croyait le plus sûr : Nadine, Wilhelm... Christophe.

Clara marche parmi les feuilles mortes du cimetière, seule, sans Nadine, sans Turco, s'appuyant sur une canne depuis peu... Pensive. Beaucoup de choses reposent encore entre ses mains. Elle ne s'arrête pas devant la tombe de Christophe, elle ne peut pas, elle n'a jamais pu, mais elle va s'asseoir en face de la pierre sans nom, comme si elle allait voir s'inscrire sur la triste pierre nue un conseil, un nom.

Pauvre petit enfant anonyme, il a existé cependant, il a bougé dans son corps ; un jour, elle a eu un fou rire et il a été secoué, il a remué fortement, comme pour protester, c'était avant le départ de Christophe... Après, l'enfant a encore bougé, mais elle n'a plus eu de fou rire.

Christophe parti, Christophe l'abandonnant (et elle n'a jamais douté qu'il ne reviendrait pas), parti avec ses boutons, ses boîtes à chaussures, ses images Menier, ses bouts de ferraille... Il avait cru faire, sans doute, acte de générosité en lui laissant ses fameux dessins. Dessins de la Tour, du jardin, dessins d'elle surtout, d'elle à seize ans, d'elle avec sa première belle robe, d'elle penchée avec une théière qu'il aimait, il aimait certains objets plus que les êtres, dessins, dessins... Elle ne les avait plus jamais regardés, ses dessins. Il s'imaginait peut-être qu'elle allait les feuilleter, s'attendrir ? A la banque, dans un coffre, dans l'obscurité, condamnés, ses dessins.

Et pourtant, ce n'était pas faute d'avoir été réclamés ! Les musées, les expositions, une fois même un misérable petit journaliste qui avait parlé de sœur abusive, et l'autre, la limace, le collabo, qui avait osé écrire à Marianne, du Brésil ! Non, non, les dessins étaient très bien où ils étaient, jusqu'à ce que...

Beaucoup de choses reposent entre les mains de Clara. Beaucoup de choses dont elle a prévu le cours (sauf cependant l'attitude résolue de Wilhelm, allié qu'elle n'attendait pas). Elle peut mettre aujourd'hui un point final au déchirement de sa vie, elle peut lui river son clou, à Chris, elle peut écrire sur cette tombe nue, qui ne doit plus contenir que de petits ossements fragiles comme ceux d'un oiseau (comparaison qui lui vient tout naturellement et la fait frissonner, qui dit oiseau dit chant, et elle n'a jamais entendu la voix de son enfant), elle peut écrire sur cette pierre, et nul n'y changera plus jamais rien : « Ici repose Juste Matthyssen. 1936. » Une seule date.

Elle peut. Et elle hésite encore, parce que tant que la pierre est nue, elle est encore cette tombe d'un chant.

Le mouchoir de Léon Blum

Ça m'est revenu brusquement, un jour, après mon installation au Brésil : pendant les années 1937-1938, quand Chris a été installé à Paris, il m'arrivait souvent, dans les moments difficiles, de rêver de Léon Blum. A cause de cette grande fête du Front populaire, qui avait coïncidé avec l'arrivée de Christophe ? C'est d'autant plus curieux que je rêvais rarement. Et pourquoi, alors que j'étais de tendances plutôt conservatrices, avoir choisi, pour me confier oniriquement, le cher *debater* à moustaches ?

Peut-être parce que j'avais le sentiment que Blum, arrivé au faîte du pouvoir, réalisant ses ambitions (comme j'avais atteint mon but, hébergeant, nourrissant, possédant, d'une certaine façon, Christophe), devait connaître malgré cela, à cause de cela, pris entre ses idéaux (que j'estimais sincères) et les compromissions du pouvoir, des problèmes analogues aux miens ?

J'ai dit mon insoutenable bonheur. Je l'atténuais de mille souffrances, dont le prétexte n'était pas difficile à trouver. Le côté littéraire, un peu dandy, de Blum me paraissait l'indice d'une âme sensible. Il devait être capable de comprendre le supplice qu'infligent ces êtres qui n'aiment pas, qui glissent entre les doigts avec une exquise courtoisie, qui font mal sans le savoir, sans le vouloir, comme l'angle d'un meuble où l'on se heurte, la branche d'un rosier où l'on se pique ; et pendant que le blessé se débat dans des tourments déshonorants (le coton, le pus, l'arnica), divinement indifférent, le meuble garde ses angles purs, le rosier fleurit, l'acier renvoie la lumière, innocence des métaux, pureté du végétal. L'imperméabilité de certains êtres les prépare à entrer dans la légende, la symbolique, l'analogie, la métaphore, pendant que vous, minable, essuyez la morve du gros chagrin bête.

Ah ! il ne fallait pas y toucher ! Vous pouviez, vous aussi, être métal, rosier, regard... Théoricien, conférencier, héros, martyr, mais pas ministre, qu'en pensez-vous ? Dans mon rêve, Léon Blum hochait alors longuement la tête, émettait un murmure compatissant où je distinguais que la politique aussi, c'est dur, et que Doriot, et que Déat... Au moment où Blum essuyait une larme, du coin d'un mouchoir d'un *blanc aveuglant*, je me réveillais en sursaut.

Perplexe. Par le blanc de ce mouchoir, Blum me conseillait-il une trêve, une réflexion, un *modus vivendi* avec Christophe ? Me signifiait-il qu'ayant atteint mon idéal il fallait le défendre de toute impureté trop humaine ? Ce blanc, était-il symbole de l'amour, de l'absolu, de l'abnégation sereine ? Ou, au contraire, en essuyant une larme, Blum renonçait-il au blanc drapeau de l'innocence et se rangeait-il de mon côté, du côté de ceux qui cassent les œufs (l'œuf alchimique !) sans forcément réussir l'omelette ?

Non. Blum était trop chic, trop net : il ne connaissait pas cette honte de n'être pas aimé (malgré les insultes dont on l'abreuvait), qui faisait de moi le candidat idéal aux rhumes de cerveau, aux pyorrhées. Je n'acceptais pas mon état, je n'acceptais pas l'évidence, qu'on puisse aimer sans être aimé et s'en satisfaire. Aussi pas une coupure, pas un point noir qui ne s'infectât. Christophe même s'en apercevait. « Tu es le roi des petits bobos. » Il riait. Il ne se sentait aucune responsabilité. Blum ne devait, ne pouvait pas avoir de points noirs, extraits maladroitement à l'aube, et, malgré la désinfection immédiate, gonflant, rougeoyant ; pas de points blancs qu'on perce d'une aiguille en louchant abominablement, pas de furoncles, pas d'aphtes, malgré la dévaluation de septembre 1936. Son visage restait pur, prêt pour le livre d'histoire. Son mouchoir restait blanc. Décidément ce n'était pas un copain.

Après 1943, après toute l'aventure absurde et sanglante qui pour moi finit là, la mort de Chris le mettant à jamais hors d'atteinte, j'ai rêvé encore une fois ou deux du mouchoir blanc de Blum, Blum prisonnier après le procès de Riom, mais détenant toujours, dans mon rêve, le précieux et cruel étendard. Cette fois le message était clair ; Blum saurait porter dignement sa couronne d'épines : c'était lui, et non moi, Gethsémani. Bien qu'il ne fût pas mort et donnât des directives de sa cellule de Bourrassol, avant d'être emmené à Buchenwald, dans mon rêve Blum avait rejoint Christophe, il était à ses côtés, dans le tableau, ce que je n'avais pas su être : un symbole, un mouchoir, une blancheur...

Faux départ (novembre 1935)

Au Brésil, Doutremont a quatre-vingt-six, quatre-vingt-sept ans, il est un peu gâteux, ou alors lucide au point de ne plus distinguer dans la vie que l'essentiel, ou alors frivole au point d'amuser son chagrin de coïncidences sans poids, le carré blanc sur la toile, le mouchoir blanc de Blum.

Mais en revenant de Munich, il n'a que quarante-six ans, il est plein d'ambitions, de préoccupations, de projets. La merveilleuse « plage », dans le jardin d'hiver, n'a été qu'un de ces moments privilégiés (un coucher de soleil, l'audition d'un concert) dont on espère bien qu'ils se reproduiront, mais dans le climat desquels on ne saurait vivre toujours. Il a même tendance à croire que ces moments, il les fera renaître quand il voudra. La réussite du voyage à Munich le grise. La réussite aussi de l'exposition. La sympathie charmante que Chris manifeste pour Tim, son jeune associé aux longs cheveux et à la barbe fluviale, qu'il baptise aussitôt « Neptune » et auquel il demande de lui apprendre à jouer au billard. La satisfaction toute simple de Chris devant les ventes, les articles, les bonnes nouvelles (Éluard est passé, oui, Éluard, il a demandé les prix !). Les phrases que Chris prononce négligemment : « Est-ce que tu crois que ce serait prudent pour toi d'aller à Berlin l'année prochaine ? J'aimerais bien assister aux jeux Olympiques... », et qui laissent présager d'autres voyages, d'autres moments privilégiés, et, qui sait...

Je n'avais pas encore assez souffert. Je n'avais pas encore souffert du tout, si je compare mes misérables petites pulsations d'angoisse à tout ce qui allait venir par la suite. Mais on est ainsi fait qu'on se dit « Je ne peux pas en supporter plus... Je ne peux pas... » et on peut toujours, et toujours, jusqu'au moment où l'on s'aperçoit que c'est cet amour même, tant désiré, qu'on ne peut pas supporter. Qu'on est trop minable, trop faible, trop infirme, pour supporter. La blancheur du mouchoir, c'est peut-être cela que cela signifie ? Ou la blancheur de la toile, à gauche en haut ? Qu'on est trop faible, ou même qu'on *n'est pas fait* pour la supporter, cette blancheur ?

Mais j'anticipe, il n'y a pas encore de toile, seulement une fresque, bien installée, incrustée dans la maison de Clara.

J'y pensais beaucoup moins, en revenant de Munich, à Clara. Trois ou quatre jours s'étaient écoulés avant la petite fête qui devait marquer la fin de l'exposition, et je donnais des coups de fil, je me démenais pour qu'une critique parût dans les *Cahiers d'art*, les machines, les collages pouvaient plaire aux surréalistes, mais Breton n'aimait pas, y avait-il moyen de l'inviter à déjeuner ? Tim pensait que non, finalement Breton avait dit peut-être, alors Christophe dit non, qu'il avait enfin rendez-vous avec le directeur du Muséum d'histoire naturelle et qu'il n'allait pas manquer ça, et Breton bouda définitivement la galerie. Mais ce n'était pas important (disait Christophe) puisqu'on l'assurait que Matisse viendrait et qu'il n'admirait absolument que Matisse.

Le matin du cocktail, Chris prenait son *maté* (il trouvait ça plus sain) avec Tim et moi dans le petit salon du premier (il devait plus tard le transformer en atelier), en face de la chambre d'amis, et paraissait tout à fait calme. Il parlait de Matisse, du Pavillon de zoologie dont l'architecture l'avait passionné, des projets de Dufy pour le Planétarium et de l'aquarium du Musée des colonies où on lui avait signalé, paraît-il, une extraordinaire « tortue molle ».

— Oh ! j'aimerais bien voir ça aussi ! dit Tim avec enthousiasme. Ça doit être d'un dégoûtant ! Mais je ne sais pas si on aura le temps. Les canapés et le champagne vont arriver tout en début d'après-midi, et il faut que je sois là pour avoir l'œil ; la dernière fois, au lieu de caviar, ils m'avaient mis des crevettes, tu te rends compte !

J'eus peur d'un mouvement de sauvagerie de Chris. Mais il dit simplement :

— C'est une tout à fait grande soirée, alors ? Qu'est-ce que je vais mettre ?

Allais-je m'inquiéter de le voir sortir pour acheter une jolie veste, alors que tout semblait lui plaire, la chambre préparée pour lui depuis des mois, la disposition de l'exposition, alors qu'il comptait les points rouges qui, sur les collages, indiquaient les ventes, allais-je m'inquiéter alors que ce matin-là, ce matin même de novembre 1935, il avait dissipé l'un de mes misérables soupçons en sortant de sa poche l'un de ses innombrables petits carnets « pour que tu fasses les comptes après l'expo » sur lequel j'avais trouvé notées, une à une, de son écriture petite et nette, toutes ses dépenses de Munich ?

Aucun pressentiment, quand j'y repense. C'était en 1935, le 29 novembre 1935, et j'avais vendu dix-neuf collages, deux des « machines » (mais bien vendu, vendu à des collectionneurs connus, et cela se saurait), et la presse controversée était abondante, et Tim versait le champagne à flots, et les femmes élégantes, les visages connus et les légions d'Honneur abondaient, et Chris descendait, avec une très belle veste de flanelle blanche tout à fait déplacée, et c'était toujours le miracle (en fond sonore, les « Morceaux en forme de poire »), et une cinquantième fois la porte de la galerie s'ouvrit, la main qui poussait cette porte la maintint ouverte un moment, pour que le froid pénétrât dans cette atmosphère surchauffée et lui frayât un passage ; effectivement tous s'écartèrent, et, vêtue d'une robe noire coupée en biais, une épaule nue, l'autre couverte, une robe d'une audace folle dont la jupe se divisait en deux pans asymétriques dont l'un découvrait la jambe, une robe dont chaque manche était composée de carrés inégaux et de noirs différents (mats, brillants, gaufrés), une robe cubiste, une robe... je voudrais multiplier les virgules, les tirets et les parenthèses, décrire les gants, l'un court, l'autre long, les cheveux, une grande mèche sur un côté du visage faisant contraste avec l'épaule nue, décrire, décrire encore pour retarder jusqu'à la fin du monde, la fin du miracle, la brutale rupture du cristal : l'ouverture de la porte et l'entrée de Clara.

Ce coup de foudre était-il prémédité ? Un complot ? Une surprise ? Christophe attendait-il avec ferveur (pendant qu'il me parlait des ammonites fossiles ou du musée Gustave-Moreau) « que la porte s'ouvre et qu'entre Clara » ? Ou l'avait-il appelée de Munich ? Les communications étaient longues à obtenir, je m'en serais, il me semble, aperçu. Il lui aurait écrit ? Mais il aurait fallu alors qu'il sût, qu'il décidât dès son arrivée à Munich que nous repasserions à Paris ? Tim me fournit une clé, Tim semble destiné à fournir à toutes choses des explications, toujours évidentes, toujours insuffisantes.

— Mais M. Matthyssen, je veux dire M. Juste Matthyssen, fait partie de l'Association. Alors naturellement je lui ai envoyé un carton ; comme aux autres.

Clara est entrée, belle et laide, étonnante, elle a fait de son apparition une œuvre d'art : elle a réussi à surprendre ces gens que rien ne surprend. Elle est allée tout naturellement embrasser Christophe, se placer près de lui, elle toute noire et lui tout blanc, et ils ont fait les honneurs de la soirée, ne se quittant jamais de plus de deux ou trois pas, comme des danseurs qui n'exécutent une figure que pour mieux se rejoindre. Ensemble, ils étaient parfaitement beaux, parfaitement à l'aise, échangeant de temps à autre, dans la foule, un regard sérieux, attentif, de partenaires. Ils se renvoyaient la balle ou le trapèze volant, peu importe. Ils étaient d'accord, plus, ils faisaient partie du même accord. Inéluctable.

C'est pourquoi ma colère, qui s'était d'abord tournée contre Juste le spectateur, Juste souriant dans son costume du dimanche, avec sa dégaine de bûcheron et d'homme des bois, s'éteignit. « Pourquoi ne l'avez-vous pas retenue ? » avais-je eu envie de crier, car il devait se sentir autant que moi bafoué, mais je m'étais arrêté, comme devant un mur. Juste savait, Juste saurait toujours ce qui était inéluctable. Et aujourd'hui je crois qu'en regardant ces fous magnifiques exécuter leur danse rituelle il savait ce qui entre eux était inéluctable, et que Chris en mourrait, et que Clara serait à lui, définitivement.

En attendant, elle part, elle l'emmène, et je ne puis même pas crier quand Chris me fait un gentil sourire : « Je t'appelle », et disparaît, disparaît...

Ce jour-là, je m'imagine que je souffre. On est encore jeune, à quarante-six ans. On ne sait pas ce que ça veut dire, souffrir.

*

Elle s'en va, elle l'emmène, elle triomphe, et Juste ne roulera jamais assez vite pour atteindre Kerkhove et la maison qui les attend. Avec quelle gentillesse Chris s'est empressé d'aller chercher sa valise dans la chambre d'amis, et elle était faite, sa valise, elle était prête, preuve qu'il comptait bien partir après la fête ou du moins qu'il se sentait si peu chez lui, si peu installé, qu'il avait laissé ses quelques vêtements pliés dans la valise ! Preuve qu'il ne s'agissait que d'une fête, que d'un bref triomphe sans importance que Clara était prête à lui accorder, généreusement, qu'elle applaudit même, comme elle allait l'applaudir tout enfant à la fête de l'école quand il avait les prix, un petit sourire retenu sur son visage habituellement fermé.

— Oh ! je suis contente ! Je suis contente ! C'était très bien, c'était tout à fait réussi ! Ta veste !

— Et ta robe ! Un chef-d'œuvre ! Balenciaga ?

— Lucien Lelong. Je l'avais achetée exprès. Tu sais à quoi ça m'a fait penser ? A la fête de l'école, quand tu avais dix ans et que je t'avais fait un costume de marquis si joli pour danser avec la grande Angèle !

Chris éclate de rire.

— J'espère qu'aujourd'hui j'étais moins ridicule ! Angèle avait une tête de plus que moi et j'avais tout le temps le nez enfoncé dans une grosse fleur d'étoffe qu'elle avait à l'épaule.

— Tu n'étais pas ridicule ! Tu étais splendide ! *Elle* était ridicule. Évidemment, quand tu as chanté...

Ils rient tous les deux, de plus belle. Chris a toujours chanté faux, même la petite Marianne l'a remarqué et le reprend : « Pas comme ça, oncle Chris », et elle chante de sa petite voix claire et juste, contente de sa supériorité.

« Cet étang
Qui s'étend
Dans la plai-ne... »

Ils rient, ils chantent. Juste les conduit vers Kerkhove. Demain c'est le premier décembre, et Clara a demandé à Julia d'allumer dès ce soir les ampoules électriques du grand sapin, au fond de la pelouse — un dispositif réglé par Chris l'année de son retour dans la maison. Tellement plus joli qu'un arbre coupé, à l'intérieur. Depuis, on l'allume tous les soirs durant le mois de décembre. Quand il y a de la neige, c'est comme une image.

— Pauvre Gethsé ! on l'a peut-être laissé un peu vite, dit Chris sans tristesse.

— Tu as tout de même passé quinze jours avec lui. Et puis il faut partir vite après une fête.

— C'est vrai. Plus vite, Juste ! Plus vite !

Chris a un peu abusé du champagne, il est un peu grisé par le succès de la soirée, un peu grisé aussi par le plaisir de s'en éloigner. Le succès, le souvenir du succès, est un jouet merveilleux qui doit rentrer dans sa boîte, qu'il en ressortira, mais à loisir, mais à Kerkhove, mais à la maison.

— Oui, plus vite, plus vite ! dit Clara en riant.

— Je vais toujours vite, répond Juste.

Il conduit avec maîtrise, mais sans à-coups, vite et bien, comme il fait tout.

— Je vais toujours plus vite. Plus vite que vous.

— Comment ça, plus vite que nous ? dit Clara indignée.

— Pour vous, la fête est finie, n'est-ce pas ? Il n'y a qu'à rentrer à la maison, recommencer à collectionner des pierres, à dessiner pour l'usine, à herboriser avec Marianne comme si vous aviez son âge...

— Quoi d'autre ? dit Clara, presque de bonne foi. On n'est pas heureux ?

— Là n'est pas la question.

Chris s'emballe à son tour.

— Comment, là n'est pas la question ? Mais il n'y a pas d'autre question !

Il faisait noir, les phares trouaient la nuit, on approchait du cher Nord avec son rude et laid visage, ses maisonnettes en briques rouges où même l'implacable plante verte, raide dans son pot comme un sabre, ne faisait aucune concession à la facilité, du Nord avec ses belles usines austères, sa longue tristesse plate. Parfois, le soubresaut d'un mont.

— Tu gâches tout..., dit Clara plaintivement. Pour une fois qu'on s'amusait...

— Mais je ne veux pas vous empêcher de vous

amuser. Je voudrais seulement que vous voyiez un peu plus loin.

— Par exemple ?

— Par exemple, que Chris commence à cultiver quelques relations. Qu'il prenne un pied-à-terre à Paris me paraît indispensable. Avoir une voiture pour pouvoir y aller, aussi. Pouvoir, je ne sais pas, inviter à dîner quelques personnes utiles...

— Oh ! Gethsé fera cela, dit Christophe avec insouciance. Et je pourrai toujours loger dans sa chambre d'amis. Il ne me demandera pas d'argent pour ça. Il n'osera pas.

Dans l'ombre, le visage de Clara se durcit. Mais elle ne dit rien.

— D'ailleurs, je dois en avoir, de l'argent. Dix-neuf collages vendus, tu te rends compte ! Ça en fait, du fric ! Attends, ça fait...

Il se mit à calculer, en se trompant dans ses multiplications...

— Là n'est pas la question...

— Encore !

La voiture ralentit, à cause du pavé. Plus qu'une trentaine de kilomètres avant Kerkhove. On dépassait Lille, Clara soupira d'aise. La conversation prenait un tour qui ne lui plaisait pas.

— Tu as profité d'un effet de surprise, dit Juste. Ça ne se reproduira pas forcément. Le succès, ça s'entretient, ça se cultive...

— Commerçant !

— Commerçant, pourquoi pas ? J'ai été le premier à croire en ton talent...

— Et moi ? ne put retenir Clara, d'une voix trop aiguë.

— ... à ton avenir...

— Mais qu'est-ce que c'est, l'avenir ? Je me fous de l'avenir ! Je m'en fous !

— Et je ne veux pas que tu le sabotes par...

Cette fois, ni Christophe ni Clara ne l'interrompirent, et son hésitation n'en fut que plus perceptible.

— Par quoi ? dit enfin Christophe.

— Par peur ? Par une espèce de peur de grandir ? Je me trompe peut-être, mais je crois que tu peux devenir très grand, Chris...

Ils arrivaient au village. Clara se taisait. Sa tête noire, sa robe noire se fondaient dans la pénombre de la voiture. Christophe restait interloqué, ne sachant comment extérioriser une exaspération dans laquelle il y avait du chagrin.

— Et pour cela, je crois qu'il est bon que, peu à peu, tu prennes vis-à-vis de nous, de Clara, de moi, de Kerkhove, une certaine distance, dit Juste, avec une sorte de tristesse résolue.

— Tu veux dire que je suis de trop dans votre vie ?

— C'est plutôt nous qui serions de trop dans la tienne. D'ailleurs qu'est-ce que c'est, ta vie ? Tu n'en as pas, de vie à toi. Tu essaies de t'en débarrasser dans les bras de n'importe qui, pour être tranquille une bonne fois...

— Mais pourquoi est-ce que je ne serais pas tranquille ? demanda Chris, d'une voix brusquement désarmée.

Juste manœuvrait pour passer entre les deux bornes et s'arrêter bien en face du portail de la maison.

— Tu ouvres, Chris ?

Il descendit de la voiture, ouvrit les deux battants du portail. Au fond du jardin, le sapin brillait de la tête au pied, de toutes ses ampoules de couleur, et, en haut de la Tour, sa chambre était allumée. Julia savait qu'il aimait la trouver éclairée, le soir — elle, au moins, se souciait de lui !

Juste rentra la voiture dans la cour, et Clara descendit à son tour, serrant contre elle son manteau de vigogne. Elle tremblait légèrement.

— Vous n'allez pas vous disputer ? demanda-t-elle d'une voix faussement enjouée, si fausse qu'ils l'entendirent tous les trois et en furent gênés. Moi qui avais mis ma plus belle robe...

Elle restait là, debout, malgré le froid, près de la voiture, comme si elle posait pour l'une de ces photos de prix d'élégance, une belle femme, une belle voiture, un beau chien, et elle tremblait, la tête droite, ravissante, souriante, une mèche de cheveux noirs s'échappant de son chapeau blanc. Juste, engoncé dans sa canadienne, claqua la portière, et ils tressaillirent.

— Rentrons, rentrons, il fait un de ces froids... On a la vie pour discuter...

Chris mit la main sur l'épaule de Clara qui cessa de trembler. Lui n'avait pas pris de manteau, mais dans son costume clair, incongru, il n'avait pas froid. La légère euphorie du champagne, la somnolence de la nuit, un instant de vulnérabilité, tout cela dissipé, il redevenait lui-même : sur ses gardes. Avec une petite nuance d'excitation en plus, tout de même. Juste et lui allaient-ils, enfin, se mesurer ?

— Rentrons chacun chez soi, tu veux dire ? Mais je croyais que tu allais — pardon, que *vous* alliez — encore m'offrir un verre pour fêter ce que tu appelles mon succès ? Allons, tu ne peux pas me refuser cela.

Il se sentait libre soudain, faisant jouer ses muscles sous le beau costume blanc, jetant à la nuit étoilée, au sapin illuminé, un regard complice. Il ne manquait pas d'alliés. Il affermit sa prise sur l'épaule de Clara et marcha vers la porte de la cuisine. Clara trébuchait sur les pavés. Juste suivait, massif, encombré de sa force. Chris alluma tout dans la cuisine, ouvrit le réfrigérateur, sortit une bouteille de blanc, disposa des verres. Il allait, il parlait, on eût dit qu'il dansait, léger, tendu, qu'il dansait un ballet, qu'il dansait sur un fil.

— Mon succès, oui... Tu crois vraiment que c'est un succès ? Un vernissage ce n'est pas une première de théâtre. On ne peut pas se dire : il y aura une cinq centième. Alors c'est peut-être un peu tôt — Tu ne bois pas, Clara ? Bois, tu as eu froid dans la voiture, ça te fera du bien —, c'est peut-être un peu tôt pour me jeter hors du nid ? Non, tu ne crois pas, Juste ?

Juste s'était défait de sa canadienne, de sa veste, et en manches de chemise paraissait plus à l'aise, plus lui-même. Après une brève hésitation, il s'assit derrière la table de la cuisine, et parut installé pour l'éternité.

— De nid, tu n'en as jamais eu, mon pauvre Chris, dit-il pesamment.

Et soudain, en face de l'allégresse batailleuse de Chris, il parut las, étonnamment vieilli.

— C'est tout ce que j'ai voulu dire. Ni toi ni Clara. Il y a si longtemps que je le sais. Tu te rappelles, il y a des siècles, quand je poussais la tondeuse derrière la maison, et que ton père était dans son bureau, à se demander, j'imagine, comment il allait boucler le mois, l'année, à rêvasser, à faire ses folies, et pendant que votre pauvre maman était à la bibliothèque prenant des notes sur Philippe le Hardi, je vous voyais, vos petites têtes sur le balcon du premier, regardant dehors, je vous voyais partant pour l'école, Clara boutonnant ton manteau et toi lui arrangeant son cartable, quand je vous portais des marrons ou des cerises dans cette espèce de grande chambre toute nue, sans même un tapis, où tu n'avais que tes cahiers, tes crayons, tes images Menier, et où Clara n'avait que toi, je vous voyais et je me demandais comment vous surviviez, comment vous pouviez rire, grandir, comment...

— Qu'est-ce que ça a à voir... commença Christophe.

Et Clara, au même moment se dressant :

— C'est à nous, ça. C'est notre passé. Ça ne te regarde pas !

— Je m'exprime mal, peut-être, dit Juste avec cette lourdeur, cette pointe d'accent flamand qui lui venait aux moments d'émotion, de lutte. Je veux dire... La maison de tes parents n'était pas vraiment une maison pour toi, n'est-ce pas ? Ni pour Clara ? C'est ce qui rend si difficile de vous parler : vous êtes comme des enfants élevés dans les bois. Moi...

Un moment, il hésita, et Chris et Clara restèrent muets de stupeur, devant cette éventualité impensable : Juste qui allait parler de lui. Mais il se tut quelques secondes de trop, et Chris reprit l'avantage, avec moins d'allégresse guerrière, toutefois.

— Tu prends tout ça trop au sérieux, vieux frère ! La carrière, l'avenir... C'est toi, notre grand homme. Ne crois pas que je me moque : ton usine, l'activité que tu as créée à un moment si difficile, la maison, et même Marianne... Tu ne crois pas qu'il suffit d'un homme sérieux dans la famille ? Laisse-moi mes petits dessins, mes machines qui ne servent à rien, mes collections, et si cela rapporte un peu d'argent, tant mieux — mais si cela ne sert qu'à amuser Marianne... Est-ce que par hasard tu trouves que je te coûte trop cher ?

Clara eut un léger sourire devant cette mauvaise

foi. Elle ne s'était pas assise, mais debout, un verre à la main, elle s'appuyait au réfrigérateur tout neuf comme elle se fût appuyée à une cheminée, écoutant, gracieuse, tendue.

Juste donnait dans le piège tête baissée.

— Moi ! s'indignait-il. Mais au contraire, matériellement, c'est plutôt moi qui te redevrais quelque chose ! Tu as donné quelque chose de tout à fait personnel à nos tissus, et si ton succès se confirme, ce sera le prestige de l'usine de t'avoir eu, le premier, comme dessinateur, comme...

— Ah ! je comprends ! Tu veux pouvoir te dire que tu as Renoir sous contrat !

Clara se permit un petit rire d'écolière. Juste se dressa.

— Mais nom de Dieu ! Quand est-ce que tu auras fini de te moquer de moi ? hurla-t-il.

Et frappant du poing sur la table :

— Ce que je veux dire, ce n'est pas que tu es cher à nourrir, ce n'est pas que tu sois de trop, ni que tu occupes un espace où je pourrais élever des cochons. Ce que je veux dire, c'est qu'il est temps que tu deviennes un homme !

— C'est-à-dire ? dit Chris très froidement.

— Que tu prennes ta vie en main ! Que tu prennes ta vie au sérieux ! Que tu ne continues pas à te dire que tu peins des bonshommes dans les escaliers pour amuser Marianne ! Non, tu ne peins pas pour amuser Marianne ! Et même si je te fais de la peine, je te dirai qu'on ne vit pas pour être tranquille, pour préserver sa tranquillité ! Qu'on ne couche pas avec une bonne pour préserver sa tranquillité ! Qu'on ne plante pas là, le soir de son vernissage, un garçon dévoué comme Doutremont, en risquant de tout faire foirer, pour préserver sa tranquillité ! Et que si on aime sa tranquillité à ce point-là, elle s'engraisse, la tranquillité, elle devient comme une grosse bête qui finit par dévorer le peu de talent qu'on a !

— Eh bien ! dit Christophe.

Et Clara vint se placer à côté de lui.

Juste s'était laissé retomber sur le banc de bois, et se versait à boire. Sa colère était tombée aussi brusquement qu'elle s'était déchaînée, il éprouvait un vrai soulagement, il avait tant bien que mal exprimé son malaise.

— Enfin, Chris, demanda-t-il sur un autre ton, presque douloureux, tu y crois, tout de même, à ta peinture ?

— Qu'est-ce qu'il était de mauvais poil ! dit Clara, avec une vulgarité voulue, quand Juste fut allé se coucher. Si je ne le connaissais pas, je croirais presque qu'il était jaloux de ton succès.

— Oui, mais tu le connais, fit Chris, pensif.

— Je le connais. Il t'aime trop pour...

— Il nous aime. C'est vrai. Mais c'est un fanatique, Juste.

— Juste ?

— Mais oui. Tu ne t'es pas aperçue qu'il était en train de nous déclarer une espèce de guerre de religion ? C'est le mysticisme flamand qui remonte, ça arrive souvent chez ces géants sanguins et pleins de bière. Tout à coup ça mousse, ça mousse jusqu'au ciel ! N'oublie pas qu'il est d'Audenarde, ville des derniers bûchers, l'homme des Flandres orientales ! Tu l'as entendu dire : « Tu y *crois*, à ta peinture ? » C'était l'Inquisition qui parlait. Il nous accusait d'hérésie, ni plus ni moins. Les enfants élevés dans les bois, qui se rendent au Sabbat dans la forêt de Raisme...

— C'est joli, ce que tu dis.

— C'est joli et ça brûle, dit Chris. Un jour il nous brûlera, ton homme, tu verras.

Elle devait se souvenir plus tard de cette conversation, beaucoup plus tard. Ce soir-là, ne se décidant pas à aller se coucher, plissant son petit front pur, elle pensait à autre chose. Chris allumait une cigarette.

— Chris ?

— Oui ?

— Qu'est-ce qu'il a voulu dire, que tu couchais avec la bonne ? Quelle bonne ?

— Ben...

— Julia ? Non ! Mais elle pèse au moins...

— Dans les soixante-quinze kilos, dit-il en pouffant de rire. Si ce n'est pas quatre-vingts !

Et elle se mit à rire aussi, et tout ce qui demeura en apparence de cette soirée fut l'éclaircissement d'un petit mystère qui avait également tracassé Clara et Doutremont, celui de la vie sexuelle de Christophe.

Ils riaient. Ils se croyaient revenus en arrière, avant Munich, avant l'exposition. Ou plutôt non, ils ne se croyaient pas revenus en arrière, ils croyaient que le temps ne bougeait pas. Qu'il était au blanc fixe.

Entretiens (juillet 1975)

— Vous savez, ma tante, j'ai détesté mes études.

— Que tu as été bien sotte d'interrompre.

— Peut-être. J'ai été fascinée par elles, aussi. Tant de dévouements autour de moi (je pense à la clinique, au stage), tant d'intelligence, de vraie bonté souvent... et une seule idée, rendre vivable ce qui ne l'est pas. Tâcher de réparer, avec des bouts de ficelle, des inégalités, c'est-à-dire les reconnaître... Il n'y a pas d'inégalités !

— Aux yeux de Dieu, ma petite enfant, sans doute, aux yeux de Dieu... Mais nous sommes dans le monde, dans « la vallée de l'ombre », comme disaient les vieux cantiques... Et le Christ lui-même guérissait les malades...

— Oh ! comme ça ! Pour faire plaisir !

— La voilà qui sait mieux que le Christ ce qu'il avait à faire ! dit Hilda, plus amusée que scandalisée.

— Non, mais... les miracles, les guérisons, les Noces de Cana... C'est bon pour les foules et les médias, ces choses-là. Ce que j'aime, c'est l'homme auquel le Christ annonce que son fils est guéri, qui retourne chez lui, sans preuves, en se disant : mon fils est guéri. Que le fils soit mort ou guéri, qu'importe ? Il fallait croire sans preuves. Oh ! je sais. Vous allez me parler de saint Thomas...

— Non, dit Hilda. Je vais te parler de toi. De quoi cherches-tu, ici, à être guérie ?

*

— ... cet enfant, ce petit garçon, c'était une preuve. Je lui ai fait manquer ce qu'ils appelaient « sa chance » parce qu'il était pour moi une preuve. Que le rejet du monde était instinctif, qu'à l'état le plus primaire il y avait une autre aspiration, un contact sans paroles...

— Tu l'aimais.

— Non, non ! protesta-t-elle vivement. Il y avait de l'amour entre nous, mais je ne l'aimais pas comme... comme un individu, comme un choix... Je ne sais pas comment exprimer cela, c'était le contraire de Montaigne et La Boétie : parce que ce n'était *pas* moi, parce que ce n'était *pas* lui... (Elle hésita un moment, doutant d'être comprise.) L'amour était là, voilà tout. Dès qu'il y a le *moi*...

— Dès qu'il y a l'Incarnation ?

— ... il me semble qu'il y a le mal. Qu'est-ce que c'est, moi ? Un tas d'impuretés génétiques, d'accidents de parcours, du pittoresque... Si encore ce moi se fondait dans la création, dans l'ensemble, un jambage du grand mot illisible... Mais non. On le déifie, le bossu s'identifie à sa bosse et la prend pour une idée...

— Car la vie est plus que la nourriture et le corps plus que le vêtement... Mais cela ne signifie pas qu'il ne faille ni se nourrir ni se vêtir ! Ni se guérir...

— Se guérir, aux yeux de Dieu, est-ce que ce n'est pas se dépouiller de tout cela, justement ? Enfin... de l'accessoire ?

*

— Tu as vite fait de liquider l'être humain, les réalisations humaines...

— Les barrages ? L'invention de la pénicilline ? Ou ce qu'on appelle en trahissant le mot la création ? Ce ne sont tout de même que des formes, et des formes qui abâtardissent l'élan premier, l'adoration, la contemplation. Nous-mêmes, des formes. Nous retenons, comme une glu, l'amour et l'admiration qui devraient aller à l'Esprit. Les arts ! La peinture ! L'écriture ! La parole ! Toutes ces petites bulles qui emprisonnent l'air pur !

— Dieu seul suffit ?

— Il me semble parfois que Le nommer, c'est déjà trop... Il faudrait parler sans paroles...

— La musique ?

Le visage de Stépha s'adoucit.

— Oui, la musique, peut-être... Une toute petite part de la musique... (Elle eut son sourire brusque, plein de charme.) Vous me piégez, ma tante. La musique... Mais le silence vaut mieux, non ?

Carrée dans le grand fauteuil qu'elle remplit tout entière, les mains croisées dans son giron, l'air bonasse et méfiant, pour la première fois Hilda s'étonne.

« Elle a une drôle de façon de l'exprimer, elle a une drôle de façon de la vivre, mais c'est pourtant vrai qu'elle a la foi, cette petite... »

Août 1975

— Tu es différente aujourd'hui. Qu'est-ce qui s'est passé ?

Stépha raconte, en mots brefs, hachés ; dans l'escalier de la grande baraque sonore et triste où elles ont leurs chambres, elle a rencontré Jeanne, qui allait au stage.

— Attends-moi deux minutes, je t'accompagne.

Jeanne paraît embarrassée.

— Écoute, je n'ai pas voulu t'en parler, ça ne me regarde pas... mais le docteur Lhomme est très montée contre toi. Du moment que tu n'as pas voulu défendre ta thèse, elle estime que tu n'as plus à... Enfin, que tu as pris une autre orientation... et que... Enfin, elle a dit, tu sais comme elle est anticléricale : « Il y a assez de bonnes sœurs qui s'occupent d'enfants. Stépha n'a qu'à leur proposer ses services. Elles seront trop contentes, il n'y en a pas une qui ait une qualification... »

— Charmant !

— Oh ! tu sais, elle est comme ça. Elle a l'impression que tu t'es moquée d'elle. Elle n'est même pas sûre que ce n'est pas un canular, ton histoire de Carmel. Et quand elle ne comprend pas, elle s'énerve... Moi, pour le Cameroun, c'est un peu pareil, elle...

— Quoi, le Cameroun ?

— Je t'ai déjà dit, c'est une petite unité médicale qui part là-bas travailler sur la malnutrition, les problèmes d'hygiène, mais aussi les difficultés scolaires, les problèmes d'enfants qui ont été dans des catastrophes naturelles, inondations, famines, enfin tu vois. Pour les enfants ils demandent une assistante qui ait fait psy, une maîtrise leur suffit, alors Lhomme ne comprend pas que j'hésite. Mais c'est loin tout de même, ça ne plaît pas à mes parents, et puis il y a Pierre...

— Quoi, Pierre ?

— Un garçon que j'ai rencontré à Saint-Luc, il fait un stage en orthophonie, je t'en ai parlé, mais tu n'écoutes jamais ce que je te dis...

En effet, Stépha n'écoute pas.

— Mais si je ne retourne pas à Saint-Luc... Gilbert ?

— Ah ! le petit Gilbert... C'est vrai que tu avais un bon contact... Mais ne t'en fais pas, les amis de Lhomme sont revenus, on le leur a confié provisoirement, et ils l'emmènent dans le Midi ; tu ne l'aurais plus eu bien longtemps, de toute façon...

— Mais enfin, c'est impossible ! Si brusquement ! Son traitement, ses progrès...

— Qu'est-ce que tu veux ? S'ils s'en vont.

Lhomme leur a donné un mot pour un chef de clinique, là-bas, qu'elle connaît. Mais Stépha... Stépha !

Elle s'est enfuie dans l'escalier. Elle a refermé la porte de la petite chambre derrière elle. Elle cachait son visage dans ses mains. Quand elle a retiré ses mains, elle y a vu, avec une véritable horreur, des traces de larmes.

— Je m'étais attachée. Sans m'en rendre compte, je m'étais attachée à cet enfant. Oh ! de la vanité pure, sans doute, il avait l'air de me préférer aux autres, alors...

— Pourquoi te diminuer ? Méfions-nous de la fausse humilité, Stéphanie. Un peu de vanité, pourquoi pas ? Mais aussi, sûrement, de la compassion, de la tendresse, des sentiments bien naturels...

— Je ne peux pas supporter cette idée de nature. Ça mène toujours à l'injustice, à la violence, au choix... Pourquoi celui-là ? Il faudrait les aimer tous, ceux de Lille, ceux du Cameroun, les aimer indifféremment... Je pense à Jeanne qui n'a aucun mal à considérer tous les enfants, tous les patients, avec une bienveillante indifférence... Vous avez raison, ce n'est pas de l'humilité que je ressens, c'est de l'humiliation. Jeanne meilleure que moi. Et sans peine ! J'ai encore beaucoup à apprendre !

— A désapprendre, plutôt. A supposer que t'attacher à cet enfant soit un péché (note bien que je ne le pense pas un instant), pourquoi ne pécherais-tu pas ? Tu serais bien la seule.

— C'est si difficile de pécher..., dit Stépha avec un sourire rêveur (et cette fois elle est tout à fait sincère, désarmée). C'est si difficile... Je me demande si c'est possible.

— Stépha !

Le salon a été, vers 1912, 1913, avant la guerre, quoi, la pièce la plus laide de la maison. Christophe en a reproduit les détails les plus marquants dans le portrait de son père qu'il exécutera des années après. On y voit un coin de rideau, retenu par une embrasse de velours beige frappé de fleurs de lys marron, un fauteuil en cuir repoussé portant les mêmes fleurs de lys, le buste d'une Mauresque, en marqueterie de diverses couleurs, et l'esquisse d'une table basse à plateau de cuivre, offerte par un militaire ami, retour des guerres du Rif. Les têtières en dentelles, les malencontreuses assiettes (scènes de chasse) fixées au mur ont été respectées. Et dans la minutie même du pinceau, on devine, sinon une tendresse, du moins une compréhension, pour ce qu'il faut bien appeler l'innocence de la laideur.

Christophe a dessiné ou peint par la suite les différentes transformations du salon, que Clara n'a cessé de modifier selon la mode et ses ressources. Cet hiver, le salon s'enlaidit d'une suspension nickelée, qui ressemble à un appareil chirurgical. « J'aimais autant le buste de la Mauresque », pense Christophe en crayonnant sur un carnet. Mais il aime à garder des traces, des souvenirs, qui lui tiennent lieu d'agenda. Ainsi a-t-il fait quelques croquis de visiteurs de la galerie, de Tim, de Doutremont faisant ses comptes... Quelques semaines, et déjà l'exposition, le voyage, lui paraissent aussi loin que le salon d'autrefois. Diverti, flatté, un peu las, il ne souhaite qu'une chose, cette veille de Noël 1935, c'est que l'agitation de la fête, des visites, des cadeaux, passe vite, pour pouvoir se remettre au travail.

Juste pénètre dans la salle à manger-salon réchauffée par un grand feu, éclairée par un grand soleil, dehors, sur la neige, et déclare en se frottant les mains :

— Mon petit Chris, une bonne nouvelle, et presque un cadeau dès le matin ! J'ai réussi des tractations dont je ne voulais pas te parler, pour ne pas te décevoir, bref, tu pars pour Amsterdam dans trois jours !

— Comment ?

— Oui. La galerie van Ryswyck, une excellente galerie, reprend ton exposition pour tout le mois de janvier ! Le camion est déjà parti, les acheteurs sont trop contents de prêter leurs œuvres achetées, ils ont l'impression d'avoir fait un placement, et toi tu vas surveiller la mise en place et voir enfin « La Ronde de nuit » !

— Comment, le camion est déjà parti ? demanda Chris en fronçant le sourcil. Comment, je pars dans trois jours ? Il me semble...

— Il me semble, s'écriait Clara, toujours plus vive, que tu aurais tout de même pu lui demander son avis !

Juste s'assit devant la table du petit déjeuner et se servit copieusement.

— Voyons, dit-il d'un ton apaisant, ça ne se discute même pas, une offre comme celle-là ! Mais tu sais, Chris, c'est pour te faire plaisir qu'ils t'invitent pour la mise en place ! Ils peuvent très bien se débrouiller tout seuls et, dans ce cas-là, tu irais seulement pour le vernissage, le 3 janvier. Mais comme je te connais, j'ai pensé que tu préférerais les surveiller... Ils vont mettre ça dans n'importe quel ordre...

Clara en resta bouche bée. Cet argument témoignait d'une telle connaissance du caractère de Christophe qu'elle y vit une ruse presque diabolique, et c'était la première fois qu'elle décelait de la ruse chez son mari. Elle en fut doublement blessée : elle l'aimait, à sa façon, et lui faisait confiance.

— Évidemment..., disait déjà Christophe... Pour les machines, c'est tellement délicat... Gethsé pourrait peut-être y aller ! Je lui ai tout bien expliqué...

— Sans doute... Mais je ne te cache pas que j'aurais préféré que tu ne sois pas trop étroitement tributaire de Doutremont... Bien entendu, il est le premier à t'avoir donné ta chance, et nous ne l'oublierons pas. D'ailleurs j'ai son accord signé pour l'exposition d'Amsterdam, et il a été tout à fait coopératif. Mais il ne faudrait pas qu'il se croie sur toi des droits...

— Ça c'est vrai ! Il est un peu collant, le brave Gethsé !

« Il rit, l'imbécile ! Le fou, l'inconscient, il rit, pendant que Juste l'englue et l'embobine et le manœuvre à son gré ! Amsterdam ! Et après ? Berlin, peut-être, ou Vienne, ou Rome ! Pourquoi pas ? Il a bien réussi, juste après la guerre, au moment le plus difficile, à remonter la petite usine, à la développer, à trouver des capitaux, des crédits, et moi, pauvre idiote, qui m'émerveillais en plantant des dahlias. Sans deviner que cette " magie " se retournerait contre moi, un jour. Et je ne puis rien ! Qui sait ce que Juste va faire de Chris ? Il a fait ce qu'il a voulu de Me Corbeau, de l'usine, de sa vie, le Flamand ! A notre tour maintenant... » Clara se sentit impuissante : les larmes lui vinrent aux yeux. Elle eut même une fugitive, une très fugitive lueur de pitié en elle pour Doutremont. Que pèserait le gros pleurnicheur devant Juste ?

— J'ai signé pour deux toiles par mois pendant trois ans. C'est beaucoup, mais tu gardes toute liberté d'exposer et de vendre ailleurs — et Doutremont est un brave homme ; si tu souhaites lui donner un dessin, un collage, une sculpture, au lieu d'une toile, on s'arrangera toujours. La mensualité qu'il te versera...

— Mais comment ? disait Christophe, les mains plongées dans ses cheveux, je lui *dois* deux toiles par mois ? Moi ? A Gethsé ?

— Je me suis informé, rassure-toi, ce sont des conditions tout à fait normales, et même bonnes. Et bien entendu, cela s'entend au sens large. Il se peut qu'un mois tu lui en donnes trois, ou quatre, et un autre mois, pas du tout... Du moment qu'au bout de l'année il en a une vingtaine...

— Vingt toiles ! murmura Christophe qui semblait contempler un abîme.

— Et même vingt-quatre. Mais tu produis bien plus que ça. Et ce n'est pas à une toile près, tout de même. Quant aux conditions...

— Je me fous des conditions ! Mais tu m'as vendu comme un esclave ! Comment as-tu osé... (Son ton changea tout à coup, il réfléchissait.) Comment as-tu *pu*... ?

Clara ne disait rien.

— Mais j'ai votre procuration, enfin ! s'écria Juste avec une colère joviale. Votre procuration pour vendre, acheter, placer...

Et devant leur stupeur, comme à des enfants :

— La procuration que vous m'avez faite, chez Mᵉ Sipriot, à la mort de votre papa...

— Et cela comprend mes tableaux ? demanda Christophe lentement, comme si l'idée avait de la peine à pénétrer en lui.

— Tu m'as cédé la gestion de ton œuvre. Sur

laquelle je ne perçois qu'un pourcentage minime, d'ailleurs. Enfin, tu le sais bien, puisque c'est moi qui ai signé le contrat pour ton exposition, avec Doutremont.

— Et tu m'as fait signer cela dès la mort de mon père ?

— J'avais déjà confiance en ton talent, dit Juste paisiblement.

Il acheva sa tasse de café, et se leva.

— Mes enfants, avant le réveillon j'ai encore quelques petites choses à régler ; je fais un saut jusqu'à Lille, je mangerai un morceau sur le pouce là-bas et je serai de retour vers quatre heures, pour vous aider aux préparatifs. Chris, ne fais donc pas cette tête-là ! Toute procuration peut se révoquer. Mais tu sais très bien que tu n'es pas capable de t'occuper de ces choses — donc ne te formalise pas et laisse-moi faire. Crois-moi, tu n'y perdras pas.

Il sortit dans le hall.

— Salut, ma bonne Julia ! l'entendirent-ils crier. Est-ce que la petite est réveillée ? Joyeux Noël !

Puis le claquement de la porte et, un moment après, le ronronnement du moteur de la Chevrolet. Julia s'était précipitée pour ouvrir et refermer le portail.

— Tu vois ? Elle est encore leste ! fit Chris, dans un dérisoire effort de plaisanterie.

Mais Clara ne réagit pas. Elle était toute pâle, les yeux brillants, et son effort pour retenir ses larmes lui faisait une bouche plate de petite fille laide.

— Oh ! Chris !... Oh ! Chris... hoqueta-t-elle... Je te demande pardon.

Elle sanglotait sans larmes, et de la voir bouleversée, secrètement angoissa Christophe davantage.

— De quoi ? demanda-t-il néanmoins.

— De l'avoir épousé. J'aurais dû me méfier. J'aurais dû...

Il eut un geste fataliste, accablé.

— Qu'est-ce que nous pouvions faire d'autre ?

On entendit Marianne qui descendait l'escalier en trébuchant et en poussant des cris joyeux, et Julia qui s'élançait pour la retenir.

— Allons ailleurs. Allons dans la Tour. Je ne peux pas la voir, en ce moment, murmura Clara.

Dans le bouleversement de cet instant, elle ne voyait en Marianne que la fille de Juste, la fille de l'ennemi.

Ils sortirent par la porte-fenêtre. La cour, le jardin étaient couverts de neige. Clara ne portait, sur un pyjama de shantung, qu'un léger peignoir de soie et des mules. Chris n'avait pas pensé à reprendre sa veste et était en manches de chemise, mais au moins il avait des bottes. Comme Clara se mouillait les pieds, il la souleva sans peine et lui fit franchir les portes vitrées du bâtiment. Il la porta ainsi jusqu'en haut de l'escalier.

C'est lui aujourd'hui qui l'enveloppe de ses bras, l'étend près de lui, la berce. Pour un moment, c'est lui l'aîné, lui le plus fort. Elle en a épousé un autre, elle a fait confiance à un autre que lui : elle n'est plus intacte. Maintenant elle pleure de vraies larmes, Clara qui ne pleure jamais, elle s'essuie le nez contre la manche de sa chemise, elle connaît enfin le soulagement de s'abandonner, fût-ce au chagrin, pendant qu'il chantonne :

« *Madame Corbeau*
a des jumeaux
Où est-c' qu'y sont
Dans le plafond

Ils sont cachés
dans le grenier... »

— Non, non ! interrompt-elle en reniflant, c'est dans le papier ! Ils sont cachés dans le papier... Tu te rappelles, c'était du papier journal qui était collé au mur, plein de taches, et on y trouvait tout, un écureuil, une grenouille, une petite maison...

— Nous deux...

— Oui, nous deux.

Et elle chantonne :

« *Tu peux chercher*
Tu peux chercher tu peux... »

Mais Chris n'embraie pas.

— Il a cherché, et il nous a trouvés, dit-il sombrement. Tu as raison. Tu n'aurais pas dû l'épouser.

— Si je ne l'avais pas épousé, on n'aurait plus de maison, Chris. Il fallait bien qu'on ait une maison...

— Oui. Oui. Mais tu l'as tout de même... un petit peu... aimé..., dit-il avec une infinie pudeur.

— C'est pas vrai ! C'est pas vrai ! crie Clara d'une voix aiguë, et couchée contre lui comme elle est, elle lui martèle la poitrine de coups de poing, avant d'éclater en sanglots de rage et de honte.

Il la serre, comme il la serre, il voudrait la consoler de l'irréparable, de l'inévitable, d'avoir été sans lui une femme, une mère, alors qu'ils auraient dû tout vivre ensemble. Alors, navré, il reprend la vieille comptine, on ne sait jamais.

— *On est pareils ?*

— *On est pareils,* répond Clara avec ferveur, et ses sanglots diminuent. Ô Chris, on est pareils.

— *Tu as un nez ?*

— *J'ai un nez.*

— *Tu as des pieds ?*
— *J'ai des pieds.*
— *Qu'est-ce qu'on peut se ressembler !*

Leurs visages s'approchent l'un de l'autre. Visage pâle de Chris, visage mat de Clara. Boucles de cuivre et mèches de jais. Yeux clairs, sombres prunelles. Invoquent-ils encore la fée de leur enfance, « la ressemblance », ou porte-t-elle déjà un autre nom lorsque leurs lèvres également douces s'effleurent, puis, sans hésitation, résolument, s'entrouvrent, se pénètrent, retrouvent avec délices et sans surprise le goût des fruits de ce jardin, il y a longtemps, avant la faute...

Maintenant (1975)

Maintenant les images se succèdent, l'une après l'autre, les pages du livre tournent toutes seules, elles ne s'arrêteront plus jusqu'au mot fin qui ne veut rien dire.

Maintenant Hilda Fabrizius, en religion mère Elizabeth (elle n'a pas voulu prendre le nom de la mère du Christ, elle a pris celui de la femme stérile qu'en ses vieux jours l'esprit féconda, la mère de Jean-Baptiste), monte pesamment un escalier vers le télescope qui se trouve placé dans une cellule haute, qu'elle appelle son oratoire. Vieil astronome lourd de rhumatismes, elle y contemple les étoiles, ouvre parfois les vieux livres qu'il lui est permis de posséder : Tycho Brahé, le grand Danois, le maître de Kepler ; Newton, Leibniz... Maintenant elle abandonne le livre, contemple sans voir, commence avec Dieu un long et savoureux entretien...

Maintenant Clara, pieds et mains joints, impeccablement, comme si on devait l'enterrer sur l'heure, monte en pensée un escalier en haut duquel personne ne l'attend plus. Les flammes ont été recouvertes d'un badigeon, l'espace en haut de la Fresque est demeuré vide, et dans la chambre de Christophe, la chambre de la comptine, une vieille servante est morte serrant le médaillon de Christophe sur son sein cancéreux. Clara se réveille en sursaut. Elle a des insomnies. A son chevet, un calmant, une tisane dans un thermos, le portrait de Juste. Lui au moins, il est là. Il ne l'a pas abandonnée. Elle se rendort.

Maintenant Stépha, sous le même toit que sa mère (elle s'impose cette épreuve), écrit, sur une facture de l'horticulteur qu'elle a ramassée sur un meuble : « Voir toute chose vivante liée aux autres par le même cordon ombilical. Voir toute chose vivante irriguée par une chaude divinité indifférente. Voir avec le même sentiment mon père, un chien, une orchidée. Des facéties de la création. » Et elle range la facture (que Marianne va chercher pendant huit jours) dans une boîte à chaussures. Elle la brûlera, méthodique dans la destruction, quand elle sera pleine. Ne pas s'attacher à sa propre parole. Peut-être est-ce une faiblesse même de griffonner ces notes ? Mais la vraie faiblesse, c'est cette petite voix en elle comme un appel, la voix de l'enfant qui disait toujours « Me touche pas ! » et voulait qu'on le touche...

Maintenant Marianne descend dans le jardin, tourne en rond, inquiète, douloureuse, comme une chatte en mal d'enfant qui cherche un coin propice : elle tourne, entre les murs devenus maléfiques, dont étincelle la garniture de tessons de bouteilles posée par les Corbin (on pourra bientôt fêter leur centenaire). La lune est presque pleine, il n'y manque qu'une rognure d'ongle. Marianne voit s'éteindre la lumière dans la chambrette de Stépha. « Elle peut dormir ! » se dit-elle, transpercée. Ses mains se tendent, dans l'obscurité du jardin, cherchent désespérément un appui, un secours, rencontrent le tronc des bouleaux, s'y attachent. Elle pose sa joue sur l'écorce lisse, plus douce qu'une peau. La lumière, là-haut, se rallume.

« Elle ne dort pas ! »

Stépha écrit, sur la page de garde d'un vieux livre (un livre de la bibliothèque) qu'elle arrachera distraitement ensuite, pour la ranger dans la boîte promise au feu : « Le mot, le nom même de Dieu est intolérable. C'est encore une gangue, une prison. Atteindre l'indicible, d'un bond. Cesser d'être un mot, une définition. Être n'importe quoi, la glaise, la pure matière de la création, modelable à l'infini. Au gré de l'esprit se faire homme, chien, orchidée. » Elle éteint. La voix de l'enfant.

« Elle éteint. »

Le vent se lève. Bruissement argenté des feuilles. Wilhelm aussi dort, ou fait semblant. Il ne peut pas comprendre. « Ma mère... a-t-elle jamais aimé ? Qui me consolera ? Qui me consolera ? gémit Marianne dans le jardin. Il n'y a de doux que les arbres... »

Maintenant il fait jour. Dans l'atelier clair et froid, Joseph restaure un petit tableau assez joli. C'est une toile du XVIIIe siècle anglais, dont le vernis a jauni, un peu craquelée dans le haut. La toile représente une maison de campagne, demeure à l'italienne plutôt que château, placée sur une petite éminence, encadrée de quelques arbres sages. Devant la maison, une pelouse descend jusqu'au cadre. Au-dessus, un ciel bleu, quelques nuages pommelés ; personne n'est en vue.

C'est dommage. Une silhouette permet de rêver, une touche de jaune ou de gris. Il n'en faut pas plus. Peut-être Stépha est-elle passée et a-t-elle disparu, à gauche, au fond, derrière les cèdres bleus... Quand il pense à Stépha, il pense à sa mère. C'est le même univers, l'envers du sien... Pour la première fois, l'image simple et violente qu'il se fait de sa mère a pâli. Pour la première fois, il se dit, en prenant son grattoir, que sous la couche superficielle, un repeint, gisait peut-être une réalité plus douce... Sans doute, il ne saura jamais ce qu'était sa mère, là-bas. Elle n'a pas écrit, ou n'a pas pu écrire. Ceux-là, bien rares, qui lui ont parlé d'elle employaient des mots si différents qu'elle n'était pas reconnaissable, à travers ces portraits déformés. Devrait-il faire un portrait de Stépha qu'il en serait de même ; il en faudrait deux, dix, cent... Et comme si elle était déjà partie, engloutie par les sables, ensevelie dans la retraite, il s'évertue à retrouver des traits, un visage sombre au front trop lourd, un sourire bref et charmant qui lui échappe, une conversation d'il y a un an ou deux...

C'est l'été. Personne n'est parti en vacances. Stépha prend le car pour Béthisy. Marianne refuse dorénavant de lui prêter l'Austin pour « aller se faire endoctriner ». Nadine s'enferme avec son père. Clara a perdu un peu de sa causticité. Il y a de l'orage dans l'air, au-dessus de la maison. Ce nuage noir, est-ce une tache, une moisissure, ou un signe prémonitoire ?

J'aime Nadine. J'aime mon métier, avec toutes ses échappées, ses clairières, ses incursions dans des sentiers déjà frayés, où je ne m'avance pas trop loin. Stéphanie ? Les flammes au fond d'un

Breughel l'Ancien, dont on ne saura jamais la provenance, bateau incendié, désastre de la guerre, feu de la Saint-Jean... Ces flammes pourtant donnent la profondeur du tableau, elles pourraient gagner le premier plan, si l'on n'y prenait garde, ce banc de gazon émaillé (comme disaient les poètes de la Pléiade), émaillé de fleurs, où de joyeux convives attablés mangent des tartes fabuleuses, caressent un petit chien ou un téton très blanc.

« Que faire ? » se dit Joseph comme s'il y avait quelque chose à faire. Je veux et je ne veux pas ces flammes, ces flammes interminables, cette immolation qui n'en finit pas, comme s'il y avait en Stéphanie quelque chose d'incombustible... Comme s'il y avait en moi... Ce n'est pas de l'amour. C'est le fruit, peut-être, de ces rêveries, de ces mensonges un peu vrais, de cette provocation, ce jeu auquel il s'est livré en sachant bien qu'il était du bon côté, du côté soleil de la vie. Qu'est-ce que c'est, soudain, que cette envie de traverser ? Cette terrible envie ?

Maintenant Marianne s'engage dans la ville, ouverte comme un fruit sous le soleil. Maintenant Marianne, les cheveux défaits, parcourt les rues comme on cherche son chemin dans un bois, tâtonne, se reprend, ne reconnaît plus les places où elle est cent fois passée. Maintenant Marianne renie sa décence bourgeoise, ses scrupules polis, ses apparences. A grandes enjambées, maintenant Marianne marche vers l'atelier de Joseph, suit sa folle impulsion. Maintenant Marianne a brûlé sa maison.

*

Son chignon s'était défait pendant qu'elle traversait la ville sans la reconnaître. Elle avait garé sa voiture sur un bateau. Un petit bouton de son corsage de fin lainage roux avait sauté, et le fil pendait. C'était un fil blanc. Elle avait déjà consolidé le bouton une fois et ne s'était pas rendu compte de la couleur du fil.

Elle frappa, entra dans l'atelier clair sans attendre de réponse, alla vers Joseph qu'elle étreignit légèrement, sans l'embrasser, et s'assit dans le fragile petit fauteuil en bois de rose, aux coussins aplatis, fanés, qui attendait qu'on le recollât. Joseph eut un mouvement pour la retenir : Marianne, sans être grosse, était grande et robuste. Elle ne vit pas son mouvement. Elle ne vit pas non plus qu'il était gêné par sa blouse de travail, par la possibilité que quelqu'un entrât par l'arrière-boutique et la surprît dans cet étrange état. Elle ne voyait rien, sinon qu'elle avait tout tenté auprès de Stépha sans réussir, et que le seul atout qui lui restait était ce jeune homme. Du moins le croyait-elle.

En venant, en marchant, en courant à demi, elle avait répété des entrées en matière, des « Je sais que ma démarche... », des « Vous allez peut-être être surpris... », cherchant désespérément à retrouver l'autre Marianne, celle qui organisait des déjeuners pour les acheteuses des Galeries Lafayette, celle qui bouturait les roses de son jardin ; mais c'était trop tard. Elle ne pouvait trouver que des mots d'urgence. Elle dit :

— Nadine n'est pas là ?

— Elle est à l'usine.

— Qui est à la galerie ?

— Une remplaçante.

— Déjà !

Joseph ne dit rien. Marianne et lui avaient eu

quelques entretiens, d'abord au sujet de la Fresque ; puis elle l'avait toléré, comme fiancé de Nadine, sans presque s'en apercevoir. Mais ces dernières semaines, dans le lourd climat qui régnait à Kerkhove, où elle se sentait traquée, entourée d'ennemis invisibles, déchirée, furieuse, impuissante (elle hurlait en rêve sans qu'un son sortît de sa bouche), se tournant de tous les côtés pour chercher un secours, et où elle trouvait sa condamnation sur tous ces visages familiers qui se détournaient, dans ces regards qui la fuyaient, brusquement, elle avait découvert le visage de Joseph, sympathique, insignifiant, charmant sans doute : fasciné. Elle avait découvert le visage de Joseph regardant Stépha. Elle était venue.

— Vous vous rendez bien compte qu'il y a une conspiration contre elle ?

Joseph ne demanda pas qui était « elle ». Marianne s'en trouva confortée.

— Ça ne vous a pas surpris, ces rendez-vous à l'usine, avec mon mari ? Nadine qui ne s'était jamais préoccupée...

— Je crois que sa grand-mère lui a conseillé..., commença Joseph.

Il était submergé, décontenancé par la brutalité de l'attaque de Marianne. Des scènes comme celles-là, on les imaginait, on les trouvait dans les livres, on ne les vivait pas. Pas lui ! Et son regard effaré cherchait dans le tableau sur le chevalet, les brosses, les grattoirs, le réconfort de l'atelier, lieu de paix qui lui assurait son équilibre...

— Parce que Stépha traverse une crise, qu'elle est désemparée, tout le monde en profite. A commencer par ma belle-sœur. Avec la crise des vocations, vous pensez si elle a poussé Stépha dans son aberration ! Une postulante d'une des meilleures familles de la région, ça la flatte, ça lui redonnera un peu de poids en haut lieu, où j'aime autant vous dire qu'elle n'est pas *persona grata* !

Elle rit si brusquement que Joseph, un instant, la crut folle. Mais elle baissa le ton et prit celui de la confidence.

— Enfin, vous vous rendez bien compte, vous qui la connaissez si bien, qui êtes son meilleur ami, que c'est invraisemblable ! Stéphanie, carmélite !

— Je dois dire...

— N'est-ce pas ? Ma mère, qui n'est pas bête et qui n'attendait qu'une occasion, en a profité : le chantage. Mais oui. Elle donnera tout à Nadine, ses parts de l'usine, ses reconnaissances de dette (nous avons été obligés de lui emprunter de l'argent, de temps en temps, oh ! pas pour nous, des investissements), et même (elle se pencha en avant, Joseph entendit craquer le petit fauteuil), même les dessins... Les trois cents dessins de l'oncle Chris. Ça vaut une fortune. Elle renflouera l'usine à condition qu'on se débarrasse de Stépha, vous comprenez ? Vous comprenez ?

Elle gardait le contrôle de sa voix, encore qu'un peu fébrile. Mais comme elle se penchait vers Joseph qui avait pris un tabouret, il vit son visage moite de sueur.

— Mais pourquoi Mme Matthyssen voudrait-elle...

Marianne prit un ton raisonnable, qui parut plus inquiétant encore à Joseph.

— Vous connaissez Stéphanie. C'est un être exceptionnel. Exceptionnel. Non ?

Il ne put qu'acquiescer, complètement perdu.

— Ces êtres-là suscitent autour d'eux une jalousie, une envie... Vous n'avez pas idée. Toute petite déjà, elle était d'une telle intelligence, d'un tel charme, que son père, son propre père, la détestait. Jalousie. Et ma mère, qui n'a jamais été bonne, qui n'a jamais supporté une supériorité auprès d'elle (il paraît qu'elle a littéralement chassé son frère de sa maison natale, dans le temps, il lui faisait de l'ombre), ma mère a dressé Nadine contre elle.

Joseph eut un geste de protestation, voulut parler. Mais Marianne s'était levée, elle marchait à présent de long en large dans la grande pièce claire et vide, que sa présence animale envahissait.

— Je sais, je sais que vous aimez beaucoup Nadine, c'est une bonne enfant d'ailleurs (elle dit cela avec un effort sensible, puis, le barrage franchi, repartit de plus belle), mais enfin, c'est Stépha que vous aimez, n'est-ce pas, c'est Stéphanie ? Vous ne vous êtes pas déclaré assez vite sans doute, vous connaissez son orgueil, sa sensibilité, ou peut-être s'est-elle trompée sur ses sentiments... Mais je suis sûre, certaine, vous m'entendez, que c'est ce malentendu qui est à l'origine du drame. Je n'exagère pas, c'est un drame qu'elle vit, c'est un drame ! Et elle n'a que moi pour l'aider !

Pour la première fois de sa vie, Joseph, affolé, invoquait l'invisible personne de son père. « Il trouverait une plaisanterie, un dérivatif, quelque chose... Car enfin, qu'est-ce qu'elle veut que je fasse ? Que je change de fiancée ? »

Exactement.

Marianne se rassit, prit les mains de Joseph qui s'était rassis aussi, machinalement, sur son tabouret.

— Écoutez. Je sais bien qu'il y a des considérations pratiques... Ma mère est bien coupable de céder à des préférences... Mais ne vous laissez pas influencer. J'ai ma dot. J'ai les parts de l'usine qui m'appartiennent en propre, que mon père avait mises à mon nom. J'ai la maison que maman m'a laissée (pour une fois elle a eu un joli geste) et je suis mariée en séparation de biens. Tout sera pour Stéphanie, tout. J'ai des bijoux, et ma mère ne pourra pas me déshériter tout à fait. Vous n'y perdrez pas.

Joseph était au bord de la nausée. Il avait peur, aussi, de cette femme qui le fixait de ses grands yeux sombres, comme si elle avait voulu l'hypnotiser.

— Oui, oui, Nadine... Mais Nadine retombera toujours sur ses pieds ! Elle est solide, Nadine. Et elle sait où est son intérêt. Elle...

Joseph se dressa, indigné. Tout de même, un réflexe ! Il était temps.

— Si Nadine était le moins du monde intéressée, elle n'aurait pas accepté de m'épouser !

— Elle a accepté pour l'emporter sur sa sœur. Cela prouve bien que Stépha était attirée...

— Mais... mais...

— Ah ! ce ne sera pas une reconquête facile ! C'est un être fier, Stépha, vous avez dû la blesser... Il faudra vous donner un peu plus de mal que pour séduire Nadine, cette petite vendeuse... Si vous obteniez seulement qu'elle réfléchisse, qu'elle attende... On peut repousser encore les fiançailles... Il faut que nous soyons bien d'accord tous les deux, que les autres ne sachent rien pour le moment...

Puis, brusquement :

— ... Vous me promettez ? Vous essaierez ? Voyez-la aujourd'hui, tout de suite... Promettez-moi... Allez chez elle, je sais qu'elle est à Lille...

— Mais oui... je vais réfléchir... je vais lui en parler...

Il avait pris Marianne par le bras, la guidait doucement vers la porte, sentant trembler contre lui ce grand corps moite, qui exhalait une odeur de sueur, de terre et de parfum.

— Rentrez chez vous... J'irai vous voir... Mais oui, je vous promets...

Il aurait promis n'importe quoi pour qu'elle s'en allât, pour rester seul, pour se reprendre. La peur et la pitié se mêlaient en lui au point de le rendre malade.

Sur le pas de la porte, elle s'arrêta encore, avec une malice terrible sur son visage ravagé.

— Ne vous y fiez pas, chuchota-t-elle ; ce n'est pas parce qu'elle a cette crise mystique... Je suis sûre qu'elle est très sensuelle. Il n'y a qu'à la regarder manger un fruit, caresser les chevaux, les chiens... Essayez par là. Une fois prise...

Il referma la porte pour ne plus l'entendre et entendit dans le couloir sonore s'éloigner son pas, hésitant comme un pas d'ivrogne.

Un jour « fatal » (été 1936)

On aime, on attend le miracle, et le miracle se produit. Tout devrait s'arrêter là dans les livres et les légendes où il y a le mot « fin ». Dans la vie il n'y a pas de mot fin, de trait tiré, de dernière page. Et tout de suite on est mesquin, susceptible, on mégote — c'est du moins ce que moi j'ai fait, pourquoi ?

Pour bien des gens, l'été 36 signifie congés payés, victoire politique, espoirs démesurés, avantages acquis ; pour moi, arrivée de Christophe. Coup de fil à la galerie, fin mai, comme je suis en train de faire des comptes avec Tim, de la correspondance ennuyeuse, un inventaire, je ne sais plus, si : j'étais de mauvaise humeur parce que j'avais prêté un petit Rick Wouters, ma propriété personnelle, à une exposition à Bruxelles qui ne me le renvoyait pas. Dire que j'ai pu être de mauvaise humeur, distrait, avoir trop chaud, et ne pas me rendre compte que le destin roulait vers moi dans une camionnette blanche !

Je recevais une lettre de Christophe de temps en temps, ce printemps-là il était allé à Amsterdam, il me « rendait compte », mais le ton était guindé, il s'était passé quelque chose depuis l'apparition foudroyante de Clara à mon cocktail et l'enlèvement. (Elle m'avait rendu la monnaie de ma pièce ! Il fallait s'y attendre.) J'étais tombé dans un profond découragement : elle était trop forte. Je ne me demandais même plus ce qu'elle avait pu inventer. Un mot de Juste m'avait appris que Christophe n'avait pas apprécié le contrat que son beau-frère avait signé en son nom. Je leur avais, sans un mot, renvoyé le contrat. Je n'espérais plus. Je somnolais dans ma douleur.

Sans forces, ramolli comme l'asphalte sous le soleil, j'en étais presque à me dire avec résignation qu'à l'automne je partagerais sans doute les petits plaisirs crasseux de Tim, ses préoccupations insignifiantes, j'écouterais ses ragots, cela ferait à ma blessure un pansement à l'ancienne, toile d'araignée et feuille d'ortie, ce qu'on appelle la vie...

— Tu réponds ? demanda Tim.

Le téléphone sonnait, à trois mètres de mon bureau. Si j'avais été seul, je n'aurais peut-être même pas répondu.

— Tu es debout !

Il décrocha.

— Oui... oui... mais... je pense que oui. Immédiatement ?

J'écoutais à peine. Il mit la main sur l'écouteur.

— C'est Christophe. Christophe Matthyssen. (Comme s'il était besoin de préciser !) Il demande s'il peut venir.

Assommé, je n'eus même pas le réflexe de me lever.

— Mais où est-il ?

— Où êtes-vous ? répéta-t-il docilement, et vers moi : Il est au coin du boulevard Malesherbes, avec un camion.

— Avec un camion !

— Il apporte sans doute des toiles ? suggéra Tim.

Je réagis enfin, je bondis, je lui arrachai l'appareil.

— Chris, c'est toi ? Je ne comprends pas ce qui se passe, est-ce que...

— Gethsé, je suis au coin du boulevard Malesherbes avec un camion mal garé et que je ne sais pas conduire. Est-ce que je puis venir, oui ou non ?

— Naturellement ! Mais dis-moi...

Il avait raccroché. Dix minutes après, peut-être moins, une camionnette blanche venait se garer devant la galerie, boulevard de Courcelles, accrochant d'ailleurs légèrement le pare-chocs d'une Oldsmobile qui se trouvait être la mienne, et Christophe en sortait, souriant calmement, en pantalon de toile blanche et chemise blanche aussi.

— Toi ! Je ne m'attendais absolument pas... Tu viens passer quelques jours ? Tu apportes des toiles ? Pourquoi ne m'as-tu pas prévenu, j'aurais préparé...

— Toujours affolé, Gethsé ! Ça va, Tim ? Oui, je viens pour quelque temps. J'ai apporté des toiles.

Quelques affaires indispensables, aussi. Il y a quelqu'un dans la chambre d'amis ?

— Non. Mais le lit n'est pas fait, on n'a pas passé l'aspirateur, je...

Le ton était donné, déjà les petitesses, qu'est-ce que ça pouvait me faire, puisqu'il était là ? Je me souviens de mes moindres paroles, je me souviens de tout depuis ce moment-là, plus même que du voyage à Munich, un peu rêvé ; cette fois il venait de sa propre initiative, et sans demander mon avis. Il me traitait comme une chose à lui, qu'avais-je à souhaiter de plus ? Et pourtant j'étais dans une agitation insensée. J'aidais à monter ses paquets, des cartons, des boîtes à chaussures, à biscuits, des tas de boîtes, très soigneusement empaquetées et ficelées ; j'ouvrais les rideaux, je courais chercher des serviettes. Tim était parti avec les clés ranger la camionnette ailleurs. Christophe était calme, trop calme.

J'aurais dû être calme aussi. Digne du miracle. Mais l'esprit de possession s'était emparé de moi.

— Oh ! disais-je avec un désespoir absurde, si j'avais su, seulement ! J'aurais dit à Mme Lacroix de passer ce matin, j'aurais débarrassé la commode, j'aurais acheté tes biscuits anglais... Si tu avais prévenu !

Est-ce qu'un miracle prévient ? J'étais entre deux chemins et je choisissais tout de suite, d'instinct, le sombre, le tortueux, je tentais de l'attirer au lieu de le suivre, je discutais au lieu d'adorer !

— Mais je voulais te faire une surprise..., protesta-t-il doucement.

Puis, voyant que je continuais à tourner en rond, affolé par cette joie trop grande, essayant de lui échapper, il dit gentiment :

— Si tu veux, demain matin je partirai très tôt,

et je ne rentrerai que pour dîner. Comme ça, tu pourras tout préparer, et demain soir, nous ferons comme si j'arrivais. Tu veux ?

Je dis oui.

Je dis oui. Si j'avais dit : « Non, cela n'a aucune importance », si j'avais cessé de penser aux serviettes de toilette, à l'ordonnance du repas, aux draps à changer, si j'avais posé les questions qu'il fallait, ou, peut-être, si je m'étais tu, est-ce que tout aurait été différent entre nous ? Le moment décisif, c'était peut-être cette arrivée, bien plus que, sept ans après, le jour fatal de l'anniversaire ? C'était peut-être ce jour-là, le jour « fatal » ? Ou tous les jours l'ont-ils été, tous les jours de ces sept ans, et chaque jour une chance s'est-elle présentée de tout rattraper, de faire dévier imperceptiblement la ligne droite qui menait si infailliblement à la mort ? Mais cela, ce sont des choses auxquelles on ne peut pas penser plus d'un moment : on deviendrait fou.

Je ne sais pas si j'ai dit que Christophe était bon. D'une bonté sans familiarité, délicate et cérémonieuse. D'une bonté patiente à l'extrême et peut-être un peu triste. Mais je m'en foutais, moi, de sa bonté ! Un peintre n'a pas besoin d'être bon, un être aimé encore moins. Et quand Tim va faire ses dévotions à N.-D. de la Mar, quand il allume devant le portrait de Chris ces coquilles de noix où flotte une mèche fixée sur un bout de bouchon, quand il soupire devant le père Benoît : « C'était un saint, notre Chris, mon père, un saint ! », il me semble qu'il ne parle pas du même Christophe, ou du moins qu'il m'empêche de le refaire à l'image de ce que j'aurais voulu qu'il soit, qu'il me le prend.

— Tu veux ? Demain ? Je fais comme si j'arrivais et...

J'ai dit : « Oui. » J'ai dit : « Oui », de mauvaise grâce.

Je boudais, oui, je boudais déjà. Et il venait d'arriver ! et j'avais souhaité sa venue, pendant cinq mois, comme je n'avais jamais rien souhaité au monde. Avec toute l'ardeur de mes quinze ans, de mes dix-sept ans, quand je voulais tant être un grand peintre ! Oh ! être paralysé des deux jambes mais dessiner comme Dürer ! Avoir un cancer (pas trop douloureux quand même) et Chris auprès de moi ! Il était là, et je boudais, parce qu'il n'y avait rien pour dîner, parce que la chambre n'était pas faite, ne dégageait pas l'espèce de magie que je croyais pouvoir y mettre, et même à cause de mon pare-chocs enfoncé. Peut-être était-ce son calme qui m'agaçait ; comme une mouche à merde bourdonnant dans le tableau idyllique, des pensées malpropres et railleuses tournaient dans ma tête. « Il ne vient pas pour me voir... Il vient ici comme à l'hôtel, parce que ça lui est commode... Il a dû se disputer avec Clara, alors, faute de mieux... » Tranquille, il ouvrait le placard du fond, en sortait les vieilleries que j'y avais en quelques mois accumulées (je n'avais pas son ordre maniaque), les pliait et les mettait dans le panier à linge de la salle de bains, trouvait un chiffon, essuyait méticuleusement les étagères, y plaçait ses boîtes à chaussures, ses carnets.

Et je ne posais pas de questions, et je ne le *regardais* pas... Tous ces paquets, ces albums, ces cartons, pourtant, auraient dû m'indiquer qu'il venait pour longtemps, qu'il ne venait pas pour longtemps sans cause ? Et j'étais de mauvaise humeur ! De mauvaise humeur, devant l'amour de ma vie, venant se rendre à moi, avec armes et bagages, pinceaux et collections. Je *râlais* ! Il m'était impossible de me dominer, je me dédoublais, je me voyais maussade, l'accueil réticent, et en même temps « mais reprends-toi ! Mais c'est le plus grand bonheur qui pouvait t'arriver ! ».

Justement. Quand j'ai revu cette journée, avec la terrible mémoire que l'on a des moments honteux, des moments dégradants, dont le moindre détail bourdonne sans fin à nos oreilles, je me suis dit que c'était ce jour-là que s'était révélée ma lâcheté.

« C'est ça... Il ne me regarde même pas... Il fait comme chez lui... » Et qu'est-ce que j'avais souhaité d'autre ? Loin d'apaiser la soif torturante que j'avais de lui, sa présence l'exacerbait. Quelque chose, tout de même, avait dû se passer, et je sentais obscurément que Chris avait besoin de silence et de paix. Mais j'étais comme une bête affamée devant laquelle passe enfin un gibier vulnérable, incapable de contenir l'élan furieux, le besoin de possession (le besoin dévorant, au sens le plus charnel du mot) où se mêlent l'amour, la haine, la faim.

Tim lui procura quelques moments de répit. (Je pense souvent, ici, que Tim le gigolo, le parasite, la folle, la tante, le bel idiot dégoulinant de sentimentalité bête, le petit faucheur de centimes, a donné à Christophe ce qu'il a connu de plus proche de l'amitié. Et il en est récompensé, l'amant des S.S., lui qui pleurait sur « ces pauvres Juifs » dans les bras de Rupert ou de Günther : il vit en paix ses vieux jours, entre sainte Thérèse de Lisieux et saint Christophe Matthyssen. Il se confesse au père Benoît, communie le dimanche, et qui sait si l'un de ces petits pouilleux qu'il lui arrive encore de s'envoyer pour quelques sous ne viendra pas à son tour allumer des cierges pour lui et dire « C'était un saint » parce qu'il lui file mes vieux vestons ?)

— J'ai mis la camionnette au garage pour ce soir, dit-il joyeusement. J'adore conduire ces trucs-là, moi. Si tu veux, demain j'irai la rendre... J'ai plus que toi l'habitude de Paris.

— Oh ! je veux bien ! J'ai eu une de ces trouilles ! dit Chris avec un sourire, un instant, très juvénile. J'ai dû me tromper de chemin, un moment je me suis trouvé à l'Étoile, avec ce mastodonte, et j'ai dû faire tout le tour... Je ne te dis pas !

Il sympathisait avec Tim ! Il trouvait une détente avec Tim !

— Tu feras tes rangements après, dis-je, presque sèchement. Viens dîner, sans quoi, on ne trouvera plus rien d'ouvert dans le quartier.

Il abandonna immédiatement son déballage. Son étonnante docilité n'était que l'envers de son indépendance tranquille. Tim restait là à traîner, espérant une invitation à dîner qui, j'y étais bien décidé, ne viendrait pas.

— Pourquoi as-tu tant de boîtes à chaussures ? demanda-t-il.

— Il faut bien que je range mes collections, mes esquisses, mes notes. Et c'est Clara, ma sœur, tu sais, qui me les donne, parce que c'est ce qu'elle préfère au monde, les chaussures. Elle en achète des montagnes...

— Viens, Chris. Tim, à demain. J'emmène Chris dîner à l'Écailler. Il aura bien le temps...

— Oh ! j'aurai tout le temps. J'aurai la vie, dit-il comme une plainte discrète.

J'aurai la vie ! Et je ne suis pas tombé à genoux, je n'ai pas cru en Dieu ! S'il y a un enfer quelque part, comme le croit Tim, comme le père Benoît fait semblant de le croire, je l'ai bien mérité.

Mais je ne crois pas à l'enfer, je crois à la mort, si présente, si familière au Brésil, et que je recevrai comme un cadeau, que je l'aie mérité ou pas. J'y pense peu. C'est à la mort de Chris que je pense. « Est-ce que c'est ce jour-là que j'ai commencé à le tuer ? Ou celui-ci ? Ou celui-là ? » Et le bourdonnement des mouches sartriennes continue, il m'accompagne, parfois il me torture, parfois il me tient compagnie, mais jamais il n'apporte de réponse.

Et si je suis dans le living, il se marie, ce bourdonnement, au grincement sans fin des ventilateurs, mes yeux se posent sur la copie de la Fresque à jamais inachevée, sur l'espace blanc, en haut, à gauche, et je me dis pour me réconforter que cela n'est pas un « jour fatal », qu'aucun de mes gestes n'a plus de signification, qu'il n'y a plus de « jour fatal » puisqu'il n'y a plus d'amour.

(Début septembre 1975)

Dans la chambre de Julia, dans la chambre de Chris, dans la Tour, Stépha monte pour s'isoler. Marianne n'y vient pour ainsi dire jamais. Elle passe devant les battants de la porte vitrée, s'éloigne, revient. Ce n'est plus la mort de Julia qui l'attire et la repousse, c'est sa propre mort dont elle accuse Stépha. « Elle me tuera. » C'est banal. C'est vrai.

Joseph, épouvanté par sa propre audace, enfourche certains soirs sa Honda et arrive jusqu'au portail de la maison Matthyssen. Va-t-il sonner ? Le portail va-t-il s'ouvrir, et se refermer derrière lui ? Va-t-il entrer, entrer dans l'univers de ces deux folles ? Il repart. Pour oublier sa lâcheté, il pousse sa moto au maximum, en direction de Lille, jusqu'à se faire peur. Heureusement Nadine vient de lui offrir un casque.

*

Sa tête douloureuse entre ses mains, Stépha tente de trouver la paix. « Ta vie limpide, Julia, zéro, plus zéro, plus zéro... Je mets devant le chiffre de Dieu et tout prend son sens. Je mets. Je choisis. Est-ce donc que je n'ai pas la force d'affronter le zéro tout pur ? » Elle a la migraine. Elle y est sujette. Elle tient cela de son grand-oncle, dit Clara.

*

Le zéro. Le blanc, couleur du deuil chez les Chinois. N'être plus. *Perinde ac cadaver.* La transparence. Elle s'y efforce. N'être plus mue que par le souffle divin. Délivrée des choix, à jamais. Mais l'injustice, si Dieu la reprend à son compte ?

(Septembre 1975)

— Je crois que ce qui m'a le plus bouleversée, ce sont les nouvelles que Jeanne m'a données du petit Gilbert.

— Oui ?

— On lui a écrit, paraît-il, que depuis qu'il ne me voit plus, il est beaucoup plus actif. Il modèle, il dessine.

— Eh bien ? N'est-ce pas ce qui pouvait lui arriver de mieux ?

— Remplacer l'amour par du modelage ! C'est ce

qui peut nous arriver de mieux ? Même si on est Rodin...

— Ah ! tu as dit le mot...

— ?

— Amour...

(Fin septembre 1975)

— Il paraît que ta mère est au désespoir ? Qu'elle ne mange plus, refuse de se lever ?

— Elle est sur sa colonne.

— Quoi ?

— Vous ne vous souvenez pas ? Nous avions parlé des stylites, la preuve par l'absurde...

— Mais c'était en d'autres temps ! C'est une légende !

— Il n'y a pas de temps ! Nous sommes une légende.

(suite)

— Et tu n'as pas pitié d'elle ?

— De ma mère ? Je l'envie.

(1er octobre 1975)

— Je ne peux pas t'accepter ! Ce n'est pas possible !

— Vous le regrettez ?

— Peut-être. Je ne sais pas, dit la vieille femme, le vieil homme, la vieille chose asexuée qui fait bloc avec son dur fauteuil.

Une dernière fois, elle sonde le conflit. Non pas le bon vieux conflit, les forces du bien et du mal qui s'affrontent ; mais, d'un côté, les forces du bien *et* du mal, dans un combat obscur et indistinct (au point que l'on ne peut plus distinguer l'une de l'autre, au point qu'elles paraissent procéder d'une seule et même nature, un serpent qui se tord en mille nœuds furieux et se combat lui-même), et, de l'autre, un détachement, une expérience du vide, un gouffre vers lequel s'avance la jeune fille intrépide et folle...

— Je ne crois pas qu'il y ait place, dans l'Église, pour ce que tu recherches. Je peux me tromper. Je voudrais te sauver, ma fille.

— Vous croyez donc qu'on peut se perdre ? dit-elle (avec un peu d'espoir).

*

Marianne dans son lit, prostrée. La seule chose qui peut la tirer de son abattement, c'est le bruit d'une moto, dehors, qui semble s'arrêter devant la maison. Non... elle repart. Marianne sombre à nouveau.

*

Maintenant le temps s'accélère et bafouille.

Pourquoi pas cette chambre ? En dehors de Stépha personne n'y vient plus, depuis la mort de la vieille Julia. Philo, la nouvelle bonne, demeure au village voisin. On ne trouve plus aujourd'hui de domestiques qui acceptent de loger en pleine campagne, si elles n'y ont pas leur famille. Elles préfèrent rentrer chez elles, ou à la ville, en vélosolex. Philo, d'ailleurs, est fiancée, avec un jeune cheminot qui élève des pigeons voyageurs.

Pourquoi pas cette chambre ? A cause des souvenirs de Christophe ? Il en reste si peu. Quelques boîtes à chaussures vides, quelques tubes de couleur écrasés, recueillis dans un vide-poches en forme de coquillage par la vieille femme. A côté du chromo de N.-D. de Lourdes, une photo jaunie, sous un verre cassé, du peintre à l'âge de vingt-six ou vingt-sept ans. Il porte une chemise de tennis. Son visage est presque effacé. Le lit étroit est toujours celui de Christophe, où la vieille Julia avait bien de la peine à caser ses quatre-vingts kilos. L'armoire est vide : on a rendu à la famille de la servante tout ce qui avait une valeur, on a jeté le reste. Au fond de cette armoire, une veste en trompe l'œil que Christophe s'était amusé à peindre, l'année de la mort du notaire, l'année où il est revenu s'installer avec Clara, pour toujours croyait-il. Une main impie, armée d'une éponge métallique, a tenté d'effacer ce trompe-l'œil sans y réussir tout à fait. Il demeure un fantôme de veste blanche, et la date, respectée on ne sait pas pourquoi : 1926. Christophe aura vécu près de dix ans dans cette chambre.

Mais pourquoi pas, pourquoi pas cette chambre en haut de l'escalier ? Qu'on le veuille ou non, qu'on l'abandonne à la poussière et à l'oubli, qu'on en ferme avec soin la porte ou qu'on la laisse ouverte à tous vents, elle fait partie de la propriété, de la maison, de la famille. Pourquoi pas cette chambre, cette poussière, ce silence, pour faire le vide en soi, quand on ne croit pas aux fantômes ?

Le vide. Zéro, plus zéro, plus zéro. Si Dieu n'était qu'une lâcheté ? Qu'une pollution ? Le dépouillement suprême, ne serait-ce pas d'entrer au Carmel sans l'ombre d'une foi ?

*

Quand Joseph s'est montré sur le pas de la porte, elle a vu tout de suite qu'il avait peur.

*

Dehors tombe la douce pluie d'octobre. Wilhelm Fabrizius, à l'usine, se pose de grands problèmes dérisoires devant le calendrier qui décore son triste bureau, devant les classeurs métalliques. Doit-il se lancer (ou est-il trop tard ?) dans la vente par correspondance ?

— Mlle Nadine est-elle arrivée ? demande-t-il à sa secrétaire.

— La voilà qui vient.

Marianne, dans son lit, aurait pu cette fois entendre la moto s'arrêter, mais justement, découragée, elle ne veut plus que dormir, dormir, et elle a mis des boules Quiès dans ses oreilles.

A Lille, Clara, coiffure impeccable, robe blanc et noir, très élégante, très droite (bien qu'elle ait eu ces temps-ci de petits problèmes cardiaques), est seule dans son salon laqué et nickelé, si vieille, si droite, si seule (même si une autre vieille dame, en face d'elle, vient prendre le thé), pour attendre la mort avec une dignité, qualité d'avant-guerre, qu'on ne retrouve plus de nos jours...

*

Zéro, plus zéro, plus zéro... Ah ! Joseph qui vient là, avec ses pauvres petits rêves dont il ne sait que faire, ses pauvres petits rêves dans la main comme un oiseau dont il ne sait s'il doit le lâcher ou l'étouffer, il suffirait de si peu de chose...

— Est-il possible... est-il vrai... ta mère m'a dit... Ô Marianne ! Ô ma mère ! Tu n'as pas eu peur, toi, de marcher dans la boue !

— Assieds-toi, Jo. Attends.

*

Il s'est assis sur le lit.

Stéphanie, enfant, s'est bien des fois imaginée qu'elle devenait religieuse ; qu'on l'armait chevalier. Elle se dépouillait lentement, sous les yeux des nonnes ou des pages, de chaque pièce de son vêtement, c'était le rite. Et elle revêtait la rude chemise de bure, la cuirasse, le voile, le heaume. Sous ce costume elle disparaissait. Ainsi a-t-elle désiré s'anéantir.

Elle se dépouille, lentement, gravement. Son chandail, choisi si chaud par Marianne ; sa jupe droite, gainant le bassin mince ; une brève lingerie à fleurs. Elle est pieds nus, malgré la saison, dans les souliers plats qui la blessent. Elle se dépouille de tout, elle abandonne tout. Puisque ce que vous voulez, pense-t-elle avec angoisse, avec colère, avec espoir, c'est que je tombe, que je roule aussi bas que vous, que j'abandonne cet infiniment petit espace vide et pur que je m'étais réservé, ma goutte d'eau froide...

Tout sacrifier. On verra bien.

Elle est nue, et son corps semble encore adolescent, comme un jeune saule.

Joseph a peur. Il n'en demandait pas tant. « Est-il possible qu'elle m'aime ? », et ce n'est pas du tout comme dans le rêve, dans le fantasme, non pas qu'elle lui déplaise, mais il ne sait pas ce qu'il redoute le plus, qu'elle l'aime, qu'elle ne l'aime pas, il est envahi d'un malaise, d'une angoisse, la peur, oui, la peur... Mais il a vingt-trois ans.

*

Elle est assise par terre, sur ses talons, entre les jambes du garçon, et prend son sexe dans sa bouche.

Elle est couchée sur le dos, repliant vers les épaules ses genoux fins (dont l'un, il le remarque, est marqué d'une très ancienne cicatrice mauve), et on pourrait dire qu'elle offre, qu'elle donne, son sexe petit, d'un brun rosé. Sa peau mate s'échauffe et exhale une fine odeur de terreau, de feuille froissée dans la main ; son souffle se précipite, son corps mince s'imbibe d'une fine sueur et se colle à cet autre corps, les pointes de ses seins durcissent au point que Joseph les sent, contre sa propre poitrine, comme des noyaux d'olive. Elle jouit et lui, quelques secondes après, loyalement, pour être sûr. Cette loyauté, c'est tout ce qu'il peut faire pour elle.

Maintenant elle va le regarder, et dire : « Qu'est-ce que le corps, au fond, Jo ? » Et il aura envie de vomir, cherchera les gros mots de potache qu'il va lui jeter comme une poignée de boue, mais il ne trouve pas et c'est elle qui lui jette : « J'aurais voulu que ça ait un sens, Jo », comme une poignée de neige.

*

Ce que Stépha a de plus beau, ce sont les pieds et les mains ; surtout les pieds, leur couleur d'ivoire, la perfection des os, la maigreur. Il s'agenouille, il lui baise les pieds.

Tout cela est désespérément pur.

*

Joseph possède (fait l'amour à) Stépha trois fois, les 6, 8 et 11 octobre. Elle était vierge. Après l'avoir vue, il arrête sa moto, dans le petit bois de coudrier, non loin de la maison, et il pleure. Il pleure sans honte, sans restriction. Son enfance s'échappe de lui, pour toujours. Il rentre, il revient vers Nadine.

— Tu l'as vue ? demande-t-elle doucement, si doucement. Je suis sûre que tu l'as vue. Qu'est-ce que vous avez fait ?

Il répond :

— Rien.

Il ne ment pas. Il ne mentira plus jamais.

*

Si cela continue, il faudra transporter Marianne à l'hôpital.

— Tu n'as pas faim, Marianne ?

— Non, répond-elle avec émerveillement.

Wilhelm prend sa voiture et fonce à Lille chez Clara.

— Il n'y a plus que vous, dit-il.

Clara fait des façons.

— Moi, moi… et sa fille… ?

— Stéphanie part dans cinq jours pour le Cameroun. Elle remplace Jeanne Voisin dans une sorte d'unité médicale… Bref, elle part. Marianne ne le saura qu'après.

— Et le Carmel ? C'est déjà fini, cette lubie ?

— Hilda n'en a pas voulu, dit Wilhelm avec une lourde satisfaction.

Clara se surprend à penser « Pauvre Stépha. Avec ses grands airs de tout casser, rejetée, expulsée… Même par moi » ; mais ne s'attarde pas, car elle a pris sa décision.

— Ça fait combien de jours que Marianne n'a pas mangé ?

— Huit jours. Presque neuf aujourd'hui…

— Allons-y. Nous passerons chez Maldérian acheter de la gelée.

Maldérian est le traiteur favori de Clara. Wilhelm soupire de soulagement. Avec Clara, le drame n'a pas sa chance.

*

Hilda n'a pas demandé « pourquoi ». Si elle osait, Stépha l'en remercierait à genoux.

— C'est la dernière fois que je te reçois, dit-elle. Il peut y avoir péché même dans un verre d'eau.

— Saint Paul ?

— Plutôt saint Thomas.

— C'est un passage qui m'a toujours troublée. Le péché n'est pas *dans* le verre d'eau, de toute évidence. Il faut posséder le péché, le mal, avant de le mettre dans une action quelconque, fût-ce un meurtre. Si on ne possède pas le mal, le meurtre ou le verre d'eau sont également limpides…

— Vides de Dieu, ma fille.
— Vides. J'ai essayé...
— Tu as provoqué Dieu. Oh ! par un tout petit péché bien banal, bien plat.

« *Mais dessus quel endroit tombera son tonnerre*
Qui ne soit tout couvert du sang de Jésus-Christ ? »

« Un poème. Un poème du XVIIe siècle. Un athée s'adresse à Dieu et le défie d'être juste, au nom de Son Amour.
— J'avais besoin que Dieu soit juste..., dit Stépha.
Elle ajouta :
— Voilà que nous nous récitons des poèmes... Vous rappelez-vous ma première visite ? Nous ne nous aimions guère alors.
— Tu pars.
— Oui, vous pouvez vous permettre une bonne parole, dit Stépha, avec son sourire brusque et malicieux.
— Toi aussi.
— Moi aussi je veux vous réciter un poème. Il ne veut rien dire. Je l'ai appris toute petite.

« *Je t'offre un verre d'eau glacée*
N'y touche pas distraitement
Il est le fruit d'une pensée
Sans ornement... »

Elles se turent un moment, sans effort.
— Va, ma fille, dit Hilda. Je penserai à toi.
— Moi aussi, dit Stépha. Au revoir, *ma mère.*

*

Elle avait rassemblé le peu de choses dont elle avait besoin dans sa petite chambre de Lille. Elle partirait de là. Personne ne lui ferait sa valise.

L'anniversaire (1943)

Les lettres de Christophe à Clara couvrent toute la période de sa vie à Paris, de l'été 1936 à l'automne 1943, période pendant laquelle il habita le boulevard de Courcelles, au premier étage, au-dessus de la galerie Minerve. Une plaque signale d'ailleurs la demeure aux passants : « Christophe Matthyssen, peintre et résistant, habita de 1936 à 1943 cette maison, où il fut assassiné par la Gestapo. » C'est embellir (?) un peu la réalité puisqu'en fait, se sachant repéré et cerné par la Gestapo, Christophe, dans cette même chambre d'ami où il habita sept ans, a mis fin à ses jours en se tirant un coup de feu dans le cœur.

Encore une question que Doutremont s'est bêtement posée. Pourquoi dans le cœur ? Pourquoi pas dans la bouche, ce qui est plus sûr ? Il n'en peut voir la raison que dans un respect que Christophe avait pour sa propre beauté. Toujours en train de se laver les cheveux, de se polir les ongles, d'enlever de ses mains la moindre trace de peinture. De repasser ou de suspendre ses vestes, ses blousons. D'entretenir ses chaussures. (C'était du reste à ce soin maniaque et aux « provisions » de cirage, de lessive et de savon qu'il avait faites que Chris avait pu passer les trois années de guerre aussi élégant que naguère.) Peut-être aussi (en se tirant ce coup de feu dans le cœur) a-t-il voulu éviter un spectacle par trop affreux à Clara ? A Doutremont lui-même ? Il avait de ces délicatesses bizarres... Et il n'avait pas laissé de dernier message — il est vrai qu'il n'en avait guère eu le temps : au moment du coup de feu, la Gestapo était dans l'escalier. Seulement, sur un coin de table, couvert de gribouillis comme il en faisait en réfléchissant ou en téléphonant, sa signature : Christophe Matthyssen, peintre. Comme une épitaphe où il avait enfin, fièrement, assumé cette étiquette si longtemps repoussée. « Peintre. »

*

Dès le début, les querelles. Et pendant des années.

— Mais tu t'es disputé avec Clara ? Avec Juste ? Qu'est-ce que ça signifie, ce contrat qu'il m'a demandé de lui renvoyer ? Pourquoi ne m'as-tu pas écrit toi-même ? Et qu'est-ce qu'elle a dit quand tu es parti ?

Pâle de fatigue, Christophe répondait patiemment. Il n'avait pas aimé que Juste lui eût fait, tout jeune encore, signer une procuration qui le liait en tout. Il n'aurait pas aimé non plus la révoquer. La situation était devenue difficile. Il n'avait plus la paix de l'esprit pour travailler. Gethsé ne lui avait-il pas dit cent fois de venir quand il voulait, de rester autant qu'il voulait ? S'il gênait...

— Mais non, mais non...

Doutremont pensait qu'il mourrait si Chris repartait. Et pourtant il lui répondait sans élan, avec une ombre de réticence, pour bien lui faire sentir que, tout célèbre qu'il fût devenu (sa cote montait vertigineusement aux approches de la guerre ; à l'avantage de représenter un placement, ses toiles joignaient celui d'être aisément transportables, à cause de leur format), que tout célèbre et presque riche qu'il fût (car il faisait, Chris, des économies), en dehors du boulevard de Courcelles et puisqu'il s'était interdit Kerkhove et la maison, il ne savait littéralement pas où aller.

— Qu'est-ce qu'elle t'écrit ? Qu'est-ce que tu lui as écrit cette semaine ?

Lancinantes, les questions se reposaient à chaque occasion, à chaque incident, à chaque absence, fût-elle de quelques heures, de Christophe. Christophe cachait les lettres de Clara. Pourquoi ? Christophe sortait seul le soir, parfois, pour marcher. « Tu sais combien cela me ferait du bien, que ça m'est recommandé, la marche, et tu sors sans me prévenir. » Christophe allait faire un tour sur l'autoroute, avec Tim qui venait de s'acheter une moto. « Et sans casque ! Tu veux te faire tuer ! Et sans écharpe ! Non, ne mets pas d'écharpe, il ne manquerait plus que ça, que tu sois étranglé, comme Isadora. D'ailleurs, c'est bien simple, je ne veux plus que Tim t'emmène sur cet engin ! Tu entends, Tim, si tu recommences tu es viré, viré ! » Il jouait au père, au vieillard, se plaignait d'angoisses, l'angine de poitrine, sûrement, les soucis que Chris lui donnait...

— C'est vrai ? Je te cause du souci ?

— Mais naturellement ! Tu ne dis jamais où tu vas ! Tu pourrais laisser un numéro de téléphone. Et le petit dessin des canards, qu'est-ce que tu en as fait ? Je suis sûr que tu en as encore fait cadeau à quelqu'un. Tu ne peux donc pas te mettre dans la tête que ça vaut de l'argent ? Est-ce que tu distribues des billets de mille ? Et qu'est-ce qu'elle t'a encore écrit cette semaine ?

Après, il pleurait comme un enfant, dans son immense lit, au second, où Christophe ne le rejoindrait jamais. « C'est une bonne pâte, tu sais, ton Chris, lui disait Tim à cette époque, se laisser tyranniser comme ça ! » Et lui de prendre un petit air fat, car Tim supposait naturellement qu'au moins une fois de temps en temps... Misérable vanité ! Et puis pleurer, mordre son drap, savoir que jamais, jamais... Il ne s'était jamais senti aussi malheureux depuis l'école où ses camarades en sixième se moquaient de son bandage herniaire, aperçu à la gym. Il se jurait d'être plus souple, plus agréable, Chris était un animal sauvage, mais chaste, d'une extrême réserve, il ne se familiarisait avec personne, mais s'il restait là, c'était par affection. Une véritable tendresse même. Sinon, le supporterait-il ? Il s'apaisait dans les draps de soie. Et deux jours après...

— Tu lui écris encore ? Mais tu lui as écrit mardi !

— Lundi, Gethsé.

— Mardi ! J'en suis sûr, la galerie était fermée.

— Lundi aussi, pour installer l'expo Atlan.

Dire qu'il ne les aura jamais lues, ces lettres ! Il aurait, sans doute, été surpris par leur simplicité, les détails quotidiens, récits de promenades, de réceptions, menus, descriptions de personnages célèbres (« Rencontré Matisse, il n'est pas du tout pontifiant, comme nous le pensions, il a bu une bière et mangé une saucisse de Francfort à L'Alsacienne comme un simple mortel... Picasso a changé de compagne, la nouvelle a l'air très douce, très femme, ça améliorera peut-être son caractère... Tu me demandes la recette du side-car bu chez Éric, c'est bien simple... »), rarement, presque jamais, un retour au passé. (Sauf dans la dernière lettre, bien sûr, celle que Clara brûlera, juste avant de mourir.) Des lettres simples, oui, douces, un peu rustiques, comme un jeune paysan transplanté en ville pourrait en écrire à sa fiancée, sans grand souci de sentiments ni de belles phrases. « J'ai acheté deux nouveaux costumes avec l'argent de Bâle, et, en dehors d'une petite somme que je garde en cas de besoin, ou pour des livres, du matériel, etc., j'ai placé le reste sur le conseil de Me Sipriot. Ci-joint la liste des actions. Demande à Juste ce qu'il en pense. »

Un jeune paysan, oui, sensible aux paysages comme aux personnages parisiens, mais jamais vraiment intégré, avec une nuance de doux étonnement ironique. Dans les réceptions, les dîners, une étoile un peu maussade, en marge de la brillante constellation, mais la suivant dans ses évolutions, en maintenant toujours la distance... Sur son lit de mort, un jeune paysan, il paraissait à peine trente ans, et Doutremont en sanglots se demandait comment, mais comment il avait pu tourmenter, questionner, s'inquiéter de quoi que ce fût tant que Christophe était vivant, tant il lui apparaissait aujourd'hui que tout ce que l'on peut demander à l'être qu'on aime c'est de vivre, de respirer, de se tenir sur le balcon le soir, en silence, grillant une cigarette, remerciant Dieu quand il bâille « Qu'est-ce qu'on mange ce soir ? ».

Naturellement il ne croyait pas en Dieu, Doutremont, Gethsé, mais il avait perçu cette étincelle, cette parcelle du divin en Christophe, qui avait disparu de son visage mort, n'y laissant que la douceur, la jeunesse, l'étonnement de n'être plus au monde. Parcelle qui n'était pas intégrée en lui, qu'il emportait partout avec résignation comme un caillou dans un soulier, que la bienséance (ou quelque loi inconnue) lui eût interdit d'ôter. Cette souffrance cachée, discrète, qu'il se fût bien gardé d'afficher avec romantisme, mais endurait avec un héroïsme prosaïque, comme une bronchite chronique, un mal de ventre, ou toute autre douleur sans gloire à laquelle on s'accoutume, on l'apercevait maintenant qu'elle n'était plus là. C'était elle qui donnait à ce beau visage sa dureté, qui imposait un respect, un éloignement. Elle qui causait la jalousie, l'incompréhensible exaspération de Doutremont. Elle s'était éloignée, il ne restait que cette beauté dépossédée, presque banale.

*

L'enterrement s'est passé de façon tout à fait convenable. Pour un enterrement de guerre, bien entendu. Des rumeurs couraient déjà, mais Juste, très digne, démentait tout, reconnaissait que son beau-frère avait toujours été neurasthénique... Et il y avait une grosse couronne de Günther Hasselbach, « puisqu'il ne s'agissait que d'un désolant malentendu », qui portait l'inscription : « *D'un sincère ami allemand* », que Doutremont put découper, au dernier moment, avec une paire de ciseaux de poche.

Clara était très chic, en noir et blanc, un deuil si on veut, avait dit Tim, et pas une larme. Juste et elle avaient refusé de dîner avec Doutremont et Tim, ils étaient repartis tout de suite, où trouvaient-ils l'essence, on se le demande. Hasselbach, qui n'était pas venu à l'enterrement (« Heureusement, imaginez qu'il ait vu le sort qu'on avait réservé à sa couronne ! » — Tim), s'était pointé à la galerie après le couvre-feu avec un panier plein de confits de canard, de bordeaux et autres Delikatessen, passant tout de suite dans l'arrière-boutique pour n'être pas vu. On avait mangé, bu, sans faire trop de bruit, la vie continue (Tim ; il dévorait en sanglotant, doublement sincère dans son deuil et dans son appétit), mais cela avait dû se savoir. Car plusieurs fois, dans les semaines qui suivirent, on avait jeté des pierres dans la vitrine de la galerie, et Hasselbach avait dû intervenir pour qu'on la remplaçât — et voilà comment (Tim) des méchantes langues vous rendent collabo malgré vous.

Il y eut même une main assez perfide pour écrire au minium, sur la porte : « Assassin », ce qui fit immédiatement de Chris un résistant officiel et de Doutremont (censé être son dénonciateur) le centre des ragots du quartier, supplice de Tim faisant la queue pour le pain ou la viande.

« C'est une honte ! disait-il inlassablement, avec la foi des âmes pures. On ne pouvait pas mieux s'entendre que ces deux-là ! Chris était surmené, et puis il ne voulait jamais rien acheter au marché noir, il était comme ça, très à cheval, vous savez, alors la sous-alimentation... C'est comme un accident de voiture, je vous dis, rien d'autre ! Comme un accident de voiture ! »

Tim était très aimé des commerçants, des ménagères et des concierges, on croyait en sa bonne foi, on ne le croyait pas. Doutremont dut renoncer (ce qui ne l'affligea pas outre mesure) à faire la queue lui-même. Il se laissait couler dans la dépression, se sentant doublement victime, doublement mal aimé ; car après tout, s'il fallait absolument soupçonner quelqu'un de la mort de Christophe, pourquoi pas Tim, dont on connaissait les accointances avec les Éric, Dietrich et autres Helmut qui se succédaient dans sa vie ?

Mais personne ne songeait à soupçonner Tim, qui continuait loyalement à défendre son associé, de plus en plus compromis par Hasselbach. Car avec cette espèce de paresse presque voluptueuse que cause le désespoir, Doutremont laissait le commerce aller à vau-l'eau, ne consentant qu'au plus facile, et le plus facile, n'était-ce pas Hasselbach ? Tout de même, six mois après l'enterrement, il vendit un bel abstrait de Chris et envoya un chèque à Juste. Clara le lui renvoya, demandant qu'il fût mis à son nom à elle, car, l'usine fermée et Juste « disparu », elle était quasiment sans ressources. Il renvoya le chèque, avec haine.

Il sut que Juste avait « disparu » le soir même de l'enterrement, ayant rejoint sans doute la clandestinité. Il n'avait plus aucune raison de rester lié avec ces gens-là, les Matthyssen. En 1944, quand il pressentit la victoire des Alliés et les ennuis qui s'ensuivraient pour lui, il se hâta de « disparaître », lui aussi, via l'Espagne, la toile fatale roulée sous un bras et Tim sous l'autre. Il avait besoin de ce dévouement, il lui promettait le retour quelques mois plus tard (Tim, lui, ne risquait rien à rester en France, et c'était très injuste, estimait Doutremont, « on aurait dû au moins le tondre » !) et ça durait depuis...

Ça lui faisait quelqu'un à qui parler de Christophe.

Le père Benoît ne connaissait de Chris que cette imagerie héroïque et géniale qui s'était créée autour de lui. Tim pouvait me rappeler mille petits détails qui me fuyaient, je savais bien pourquoi, c'était mon châtiment : je voulais oublier combien je l'avais tourmenté, son front blanc plissé de migraines, et pourtant il restait là, patient, répondant inlassablement à mon inlassable demande. Tim voyait dans cette patience une preuve d'amour. Moi je savais que c'était le contraire ; sa patience était justement la compensation du non-amour. Et le souvenir de sa mort m'était moins douloureux que celui de toutes ces années où il ne m'avait pas aimé.

Alors je faisais le blanc, j'effaçais telle parole, telle preuve irréfutable de son affectueuse indifférence, de sa bonté, oui, de sa bonté (expression de Tim qui me fait encore grincer des dents), et du coup m'échappaient ses tics, ses habitudes, son sifflotement le matin, ses gestes quand il pliait soigneusement ses vêtements préférés, fronçant les sourcils à la recherche d'une tache ou d'un bouton manquant, son sourire charmant quand nous écoutions de la musique, le soir, et qu'il disait : « On est drôlement bien, ici... »

Ce sourire m'échappe. Je le poursuis pendant des jours... Si je pouvais, une seule fois, retrouver ce sourire, l'inflexion confiante de sa voix, il me semble que j'en serais soulagé. Et puis le souvenir passe, rapide comme une hirondelle, s'enfonce en moi comme un poignard aussitôt retiré, une vive douleur que je m'efforce de retenir... c'est fini. J'ai oublié. Il n'y a plus près de moi que la voix bête et bonne de Tim qui m'exaspère : « C'était un saint, Chris... Il était si gentil... Je suis sûr qu'il nous voit de quelque part... »

(Naturellement le père Benoît estime beaucoup Tim, un croyant si sincère malgré ses faiblesses, mais un jour où je lui ai demandé : « Croyez-vous en un autre monde pour les bêtes, les braves chiens par exemple ? », il a bien compris, et tout dur à cuire qu'il soit, il a rougi.)

L'image de Chris paisible m'échappe, c'est vrai, et celle que me propose Tim ne m'arrache qu'un haussement d'épaules. Mais le souvenir du non-amour demeure, demeurera aussi longtemps que j'aurai un souffle de vie, et si j'étais tenté de croire en ce que l'on appelle Dieu, le souvenir du non-amour de Chris m'en empêcherait. Ce qui prouve bien qu'il n'avait rien d'un saint : d'un tiède incroyant, il a fait un athée résolu.

Le souvenir du non-amour. Le non-amour dont j'avais fait une arme, car on peut se servir, et avec une force singulière, de l'amour qu'on éprouve et qui n'est pas rendu. L'autre est débiteur, à jamais, et il a beau essayer de combler le fossé par tous les services rendus, par tous les bons sentiments du monde, jamais il n'amortira sa dette. « Car quand même il dépenserait sa fortune en aumônes, quand même il se jetterait dans un brasier, s'il n'a pas l'amour... » Certains traduisent « amour » par « charité ». Chris n'avait pas d'amour pour moi (j'en suis même venu à me demander s'il en avait pour qui que ce soit, y compris pour Clara) mais il avait, peut-être pour moi, de la charité, de la compassion, qui sait, de la tendresse ?

De là ma force. Ma force inutile. Mon pouvoir sur lui. Son front plissé par la migraine, par une souffrance, je le revois sans peine. Comme j'étais savant à le tourmenter !

— Et pourquoi lui as-tu laissé tes dessins ? C'est peut-être ce que tu as fait de mieux, tes dessins. Et tu en laisses trois cents derrière toi, pour m'apporter en camionnette tes fioles de sable ! (Je ressassais.)

— Ils peuvent avoir besoin de les vendre, un jour. (Notez : j'attaquais « elle », Clara, il répondait « ils », Clara et Juste. Il se dérobait.) Surtout maintenant. C'est la guerre.

C'était la guerre. Fin 41 ? Fin 42 ? Est-ce au

printemps 42 que je lui ai reparlé encore une fois de la Fresque ?

— Ça fait dix fois que je te demande d'en faire une copie.

— Dans l'escalier de l'immeuble ?

— Idiot ! Sur toile. Je pourrais faire une exposition rien qu'avec cette toile, on la déroulerait le long des murs de la grande salle, comme la tapisserie de Bayeux, cela ferait un choc ! On en a un peu besoin, ta période abstraite ne marche pas comme les Maisons. Et puis il faut rester dans l'actualité. Et puis ça ferait vendre quelques petites toiles, on pourrait acheter un peu de beurre !

— Pas de marché noir pour moi, dit Christophe sévèrement.

Réformé pour insuffisance cardiaque, il croyait se racheter en affichant une austérité totale dans ce domaine. Il se refusait à acquérir quoi que ce soit en dehors de ses tickets d'alimentation ou de ses points textiles. Mais s'il avait des provisions de vestes et de pull-overs qui lui permettaient de satisfaire son souci d'élégance, il n'avait jamais songé à faire provision de quoi que ce soit de comestible. Il maigrissait, et sa pâleur, toujours anormale, s'accentuait. Moi, je l'aimais, n'est-ce pas, je me fichais de sa santé. Je voulais qu'il me cédât, toujours davantage, il me cédait, et j'en étais toujours plus malheureux. « Mais il se jetterait au feu pour toi, voyons ! » disait Tim, indigné, ne comprenant rien à nos disputes. Justement. « Quand même il se jetterait dans un brasier... »

— Tu pourrais penser un peu à moi, aussi, au lieu de jouer les Jeanne d'Arc. J'ai besoin qu'on parle de la galerie, on ne m'apporte plus rien, on ne me demande plus rien depuis des semaines... Déjà j'ai dû me transformer en courtier, ce n'est pas tellement drôle, un jour je me ferai choper par les Allemands... La Fresque...

Je n'étais pas aussi prolixe d'habitude, je n'en avais pas besoin, Christophe cédait tout de suite. Mais là...

— C'est à Clara, dit-il avec entêtement.

Là il ne se dérobait plus.

— Ça ne lui enlèverait rien que tu en fasses une copie. Elle pourrait garder son escalier — qui par parenthèse est d'une humidité atroce et où je parie qu'elle n'a toujours pas fait poser des drains comme je le lui avais conseillé. Il suffit que je dise quelque chose... Dieu sait ce qu'il en reste, de ta Fresque ! Ce serait une bonne précaution, même s'il n'y avait pas le reste, d'en faire une copie. Sinon, à la fin de la guerre, il risque de n'en rester rien.

— Je n'ai pas envie d'aller là-bas...

— Tu n'as aucun besoin d'aller là-bas. Tu as le relevé dans ton dossier gris.

Il l'avait, et la liste complète des dessins laissés là-bas, et la liste de ceux qu'il avait vendus, chez moi ou ailleurs, avec la date, la description et le prix. Méticuleux comme il l'était, il ne pouvait avoir oublié qu'il possédait un relevé complet de la Fresque, avec détails, points de repère et mensurations.

— Oh ! un relevé ! Je t'en ferai une autre, de grande toile narrative. J'en ai marre de l'abstrait. Tiens, j'avais justement l'idée d'un grand machin, si, je te jure, je vais t'expliquer... C'est un truc qui s'est passé...

Je n'écoutais pas. Ou à moitié ; ce n'était pas un grand machin que je voulais, quel que fût son intérêt. C'était la Fresque de Clara, le secret de Chris-et-Clara, même si elle ne devait pas le savoir.

D'ailleurs elle finirait bien par le savoir. J'avais le temps, je croyais que j'avais le temps.

— ... en 1566 à Lille. C'est ce qu'on a appelé bizarrement « L'année des merveilles ». C'est l'année des iconoclastes, calvinistes ou anabaptistes, qui se sont répandus partout en furie, brisant les images, incendiant les chapelles, brûlant les livres... Je suppose que c'est parce qu'ils faisaient aussi des conversions nombreuses qu'ils ont appelé ça...

— « L'année des merveilles. » D'accord. Mais je ne vois pas...

— Tu boudes. Je te jure que c'est intéressant. Il y a un rapport évident entre les iconoclastes et les tenants de l'art abstrait, voyons ! Briser l'image ! Une aspiration à un dépouillement, une haine de l'anecdotique, du pittoresque, un élan vers la pureté, le simple acte de peindre, et cela va jusqu'au monochrome. Mondrian, Nicolas de Stael, la toile divisée en carrés, crevée, ou même blanche... Tous bons pour le bûcher.

— Et toi avec.

— Et moi avec. J'avais trouvé un équilibre dans l'abstrait. Pour moi, l'enfer c'était la toile anecdotique, mignonne, du XIXe, tu sais, gamins italiens jouant dans une ruelle, cardinal taquinant un perroquet — j'en étais même venu à avoir peur du surréalisme, il y a des toiles de Magritte qui font appel à une telle complicité de la part du spectateur qu'elles me font rougir. Mais j'en suis revenu.

— Alors rien ne t'empêche de me faire une copie...

— Mais pourquoi veux-tu une copie alors que je peux te faire une toile originale ? « L'Année des merveilles »... Ça me tente, ce thème, les types qui sont tellement aveuglés par leur idéal qu'ils appellent ça « L'année des merveilles », et c'est l'année où on casse tout, on démolit tout, et naturellement, après ils vont être brûlés, massacrés, emprisonnés, mais ils appellent ça...

— Oui, oui. J'ai compris. Dans le fond c'est un peu le même thème que la Fresque. « La tristesse du cerf-volant », ce sont des êtres humains qui courent après un idéal, le cerf-volant au bout de sa corde, qu'ils n'attrapent jamais et qui n'existe pas.

— Pourquoi, qui n'existe pas ?

— Parce que tu n'as jamais terminé la Fresque. Il n'y est pas, le cerf-volant. Une place blanche. Le vide.

J'avais dit cela pour le blesser (je le savais en pleine crise). Mais je ne savais jamais si j'avais réussi : il saignait blanc, aucune trace visible.

— Il est abstrait, dit-il en souriant. C'est le dieu des iconoclastes, des hérétiques.

— Et toi, tu veux revenir à la peinture figurative ? Et même à la peinture d'idées ?

Pour la première fois il se montra agressif.

— L'abstrait est tellement plus rassurant, n'est-ce pas, en temps de guerre ? N'aie pas peur. Ce n'est pas pour tout de suite.

J'avais peur. C'était bien, à peu près, en septembre 42. La rafle du Vel d'Hiv n'était pas loin. Hasselbach me couvrait d'une protection ambiguë, mais son pouvoir durerait-il ? Il pouvait tomber en disgrâce. Il n'était à Paris que provisoirement (encore que bien décidé à s'y cramponner), dans un grand appartement réquisitionné de l'avenue d'Iéna, qui ressemblait à un garde-meuble, et où s'entassaient les objets saisis chez des personnes arrêtées, Juifs surtout, opposants de toutes sortes.

Le fait que j'avais fui Munich en 34, m'avait dit Hasselbach lors d'une première convocation, n'était pas une bonne note. Et je vivais avec un jeune peintre, ouvertement, ostensiblement, un peu provocant, non ? Naturalisé de fraîche date, aussi. Et ce nom, Georges Doutremont, si admirablement français, le portais-je à ma naissance ? J'ouvris la bouche, il me coupa aussitôt : il ne voulait rien savoir, il ne partageait pas les préjugés ridicules de certains, il aimait les artistes, les Juifs comme les autres, enfin peut-être un peu moins que les autres, et encore ! Un beau Soutine, par exemple... Je n'en avais pas, par hasard ? Ou bien, en avais-je entendu parler ? Connaissais-je un collectionneur qui en possédait un ? En temps de guerre, on est parfois content de se défaire d'une toile, moyennant certains avantages...

C'est ainsi, petit à petit, que j'ai été amené à ouvrir mes fichiers à Hasselbach. C'est à cela que se limite ma « collaboration ». Est-ce que cela méritait l'exil à vie, les moustiques et le trafic d'objets toltèques ? Notez bien que l'exil... J'aurais pu revenir, assez vite. Je *suis* revenu. J'ai beaucoup voyagé. Mais le port d'attache reste ici, la banlieue de Rio. On m'avait fait, à Paris, une réputation qui ne me plaisait pas.

Je n'ai fait que livrer des adresses, des adresses de collectionneurs, signaler qu'Un tel possédait un Signac, un Lautrec... Avant le printemps 42, vraiment j'ignorais, je ne pensais pas qu'il s'agît d'autre chose que de pressions, de confiscations peut-être, l'arbitraire, certainement, mais rien de pire... Qu'est-ce que cela pouvait me faire que l'amateur pour lequel travaillait Hasselbach fût von Ribbentrop ou Goebbels ? Qu'il ait eu, Hasselbach, des rapports avec le fameux « Service Rosenberg », le E.E.R., cela ne me regardait pas. Je mettais en contact un acheteur avec des collectionneurs, officiellement, rien de clandestin, et si on payait ces collectionneurs en monnaie de singe ou si ce « contact » leur était désagréable, c'était leur affaire et non la mienne... Non ?

Je vivais tellement pour et par Christophe ! Et lui ne s'apercevait de rien. Sa participation à la guerre, c'était le badigeon bleu dont il avait couvert les fenêtres, l'application avec laquelle il s'occupait des tickets, les trucs, les recettes pour faire durer les chaussures, accommoder une « choucroute de rutabagas », le calfeutrage des portes, les poêles à sciure... Du moins je le croyais. Il ne sortait guère. Il écoutait des disques. Il dessinait. Il s'enfermait pour peindre et ne voulait rien montrer. Il était maigre et las, Clara écrivait moins. Elle arrivait à nous faire parvenir, de temps en temps, un quartier de porc, un poulet, parfois un peu avancés. Christophe trempait la viande ou la volaille dans de l'eau vinaigrée, marchait à travers Paris pour chercher dans le moindre espace vert des herbes susceptibles d'accompagner cette viande, recherche minutieuse, patiente, qui ne l'ennuyait pas. Il aimait la marche, toute sa vie il avait fait des herbiers, il rencontrait un tas de personnes, surtout des enfants et des vieux, avec lesquels il sortait de sa réserve habituelle, échangeait des recettes, des anecdotes, des secrets. « Au Jardin des Plantes, il n'y a rien. Mais en longeant Bagatelle, côté Longchamp, il y a encore des pissenlits. Les jeunes orties, mais alors jeunes, parce que sinon... on m'a dit qu'à Meudon... »

En somme, me disais-je, il traversait la guerre en doux sauvage, en enfant des bois, protégé par l'armure de Perceval, et moi j'assumais la mauvaise part, le rôle odieux des compromissions et des lâchetés, car après juin et juillet, je ne pouvais plus ignorer que dire à Hasselbach : « M. Benech a un joli Renoir » (ces gens-là avaient un faible pour les impressionnistes), c'était attirer à M. Benech, pour peu qu'il prêtât le moins du monde le flanc à la critique, les plus sérieux ennuis.

Tim n'ignorait pas certaines de ces « transactions ».

— Pourquoi, avec tes relations, est-ce que tu n'essaies pas de passer en zone libre ? Tu finiras par avoir des ennuis, d'un côté ou de l'autre.

— Je le fais aussi pour vous, tu sais ! Pour mes peintres, pour la galerie...

Je ne voulais pas partir. J'avais Christophe à mes côtés tous les jours, tous les soirs. J'avais une confiance exagérée dans son « innocence ». Un garçon qui me disait, quand j'écoutais, par pure curiosité, la radio anglaise : « Mais c'est interdit, tu sais ! », on ne pouvait pas se douter... Un jour, tout de même, où il était resté absent toute la matinée pour faire des achats, je dis à Tim :

— Mais il n'a pas pu faire la queue si longtemps que ça !

— C'est qu'il la fait pour quatre ou cinq personnes...

— Comment ça ?

— Tu ne sais pas qu'on vient d'interdire aux Juifs de faire leurs courses, sauf entre trois et quatre heures ? C'est malin, les trois quarts des commerces sont fermés ! Alors Chris fait les courses des Schwartz, de Mme Grignon et d'Abel Bernard.

— C'est ridicule ! Et peut-être dangereux. Je vais lui dire...

— Oh ! tu sais, Chris ne fait que ce qu'il veut. D'ailleurs quand ce n'est pas lui, c'est moi. On ne peut tout de même pas laisser ces gens-là mourir de faim.

Je n'avais pas décidé encore de l'attitude à prendre qu'eut lieu la rafle du Vel d'Hiv, où disparurent les Schwartz, Mme Grignon, et Abel Bernard, un fort bel homme qui était notre marchand de couleurs. Chris ne fit pas de commentaires.

En somme (en dehors de mes relations avec Hasselbach), en somme, à travers les privations, les atrocités voilées, l'incertitude et le couvre-feu, j'étais heureux. Ou moins malheureux. Clara me semblait à l'autre bout du monde. Les sorties nocturnes de Chris étaient par la force des choses bien réduites. Il passait des heures près du poêle, grelottant comme un grand lévrier, à écouter la radio. Les déclarations les plus violentes de Philippe Henriot semblaient le laisser froid. Et pensant à ses courses pour Abel Bernard, à son soulagement quand l'enfant de sa sœur était mort, à sa patience, à son indifférence, je me disais encore « C'est un monstre... », mais c'était un monstre que je croyais tenir captif.

— Est-ce qu'on fera quand même quelque chose pour ton anniversaire ? demanda Tim, début septembre.

— Pas envie...

— Oh ! pourquoi pas ? demanda Christophe avec regret. On a toujours fêté ton anniversaire ! Et on n'a pas tant d'occasions de s'amuser...

— Et les restrictions ? Et le couvre-feu ?

— On restera ensemble jusqu'au matin, dans la galerie. Et pour les restrictions... (Tim eut un regard implorant vers Chris — ils s'entendaient trop bien, ces deux-là.)

— Je crois que pour un anniversaire, on pourrait se relâcher un peu..., dit Chris gentiment.

Et les voilà qui s'affairent, cherchent du beurre,

des œufs, Chris se procure un plein cageot de champignons, et les amis peintres, que j'ai souvent rassasiés avec les largesses d'Hasselbach, se cotisent pour trouver qui du bordeaux, qui du champagne, on parle gâteau, sauces, décoration de la galerie, pendant des semaines. Je ne sais pas pourquoi, je n'étais pas content. J'avais l'impression que toute cette agitation attirait l'attention sur moi, et que ce n'était pas le moment. Avec Hasselbach, c'était un peu le jeu du chat et de la souris. Comme négligemment, depuis le début il laissait tomber de temps à autre : « Les Pagani, vous savez, ceux qui avaient cette belle collection de pompiers, les Géricault, les Meissonnier, ils ont filé. Oui. Passé la ligne de démarcation. Sont à Alger maintenant, je crois. J'ai fermé les yeux. » Et son regard disait : « Vous vous en souviendrez ? » Après 42 c'était une « filière » qu'il évoquait vaguement. Il n'était pas bête, Hasselbach. Et il aurait fait un fameux marchand de tableaux. Tout de même, j'aimais mieux ne pas l'avoir à mon anniversaire. J'étais son témoin et il était mon garant. Nous avions fait tous les deux le double pari. Sans amitié aucune.

Chris s'enfermait dans son atelier. Il devait me préparer « une surprise », poussé par Tim qui réussissait parfois à lui rendre son humeur joyeuse et naïve d'avant-guerre. J'avais découvert dans sa chambre (je n'essayais même plus de m'empêcher de la fouiller régulièrement) des esquisses pour « L'année des merveilles », un grand projet fluide où la forme renaissait et s'évanouissait tour à tour, une sorte de pamphlet contre toutes les formes d'évasions de la figure — mais n'était-ce pas plutôt une nostalgie qui s'exprimait là, dans des tons violents que Chris n'avait jamais utilisés ? C'était indécis, inabouti, extrêmement intéressant, et j'ai vu avec plaisir ces fragments reparaître dans le très bel album qu'a consacré à Chris Herman Bloch, chez Skira.

Mais je ne me doutais pas à ce moment-là qu'il ne serait jamais terminé, ce projet, ambigu comme le thème qui l'avait inspiré. Puis Chris se mit à fermer à clé la porte du salon-atelier, et Tim à m'en interdire l'approche. La surprise.

J'aurais dû être touché par la ferveur, le temps qu'accordait Chris à ces préparatifs. Au lieu de cela, je me rongeais. N'était-ce pas seulement qu'il retrouvait, à ces fiévreuses combinaisons, un peu de l'atmosphère autrefois joyeuse de Kerkhove ? N'était-ce pas la fête qui le distrayait, le stimulait, sans que cela eût rapport avec moi ? Quelques jours avant ce triste jour de novembre où je suis né (il pleut toujours), je demandai à revoir les esquisses de « L'année des merveilles » ; elles avaient disparu. Je l'interrogeai. Il ne témoigna d'aucune surprise (ce qui prouve qu'il ne se faisait aucune illusion sur ma discrétion).

— Un ami qui partait dans le Nord les a emportées pour Clara. Cadeau de Noël.

— En novembre !

— C'était une occasion.

— Alors, la toile ?

— Tu la verras, tu la verras.

— Après Clara.

— Après, avant... qu'est-ce que ça peut faire ? Tu ne changeras donc jamais, mon vieux Gethsé ? D'ailleurs tu les as bien assez regardées, les esquisses, dans ma chambre.

— Ce n'est pas pareil. Ce n'est pas comme si tu me les avais montrées.

Il soupira. Je l'attristais par ces querelles, ces marchandages affectifs, je le savais. Et il était là, près de moi et non près de Clara. Mais qu'est-ce que ça pouvait me faire puisque, triste ou joyeux, il ne m'aimait pas ? Et plus le jour de l'anniversaire approchait, plus se multipliaient les chuchotements malicieux, les coups de téléphone pleins d'allusions, les allées et venues avec des bougies, des cageots, des nappes blanches, des casseroles énormes, plus je m'acharnais sur un Christophe exténué.

— Tu vois, tout ça c'est bien gentil, mais c'est de la poudre aux yeux ; j'aurais préféré une soirée tranquille, rien que nous deux, à nous parler un peu...

— Mais nous sommes tous les deux les trois quarts du temps !

— Évidemment, ça te lasse. Je te comprends d'ailleurs. Je ne suis pas bien amusant...

— Ce n'est pas ce que je veux dire. Mais l'année dernière, tu t'es plaint que ton anniversaire avait été mortel.

— Ah ! oui ! L'année dernière ! Le gâteau de carottes !

— Eh bien, cette fois tu auras un vrai gâteau, et tous tes amis, et une énorme surprise, alors ne te plains pas.

C'est vrai que je me plaignais de tout. Cette habitude m'est passée, instantanément, le jour de la mort de Christophe. Je n'ai plus à me plaindre de rien, dorénavant.

J'ai vécu ce jour-là, le jour de mon anniversaire, avec un mélange d'angoisse et de mauvaise humeur qui était peut-être prémonitoire. Mais qu'est-ce que c'est qu'une prémonition, sinon ce bref éclair de lucidité qui rassemble des faits et nous fait entrevoir que tout, y compris notre volonté, notre désir d'anéantissement, converge vers la catastrophe ?

Vers cinq heures, Tim monta au second pour me demander de ne pas descendre, sous aucun prétexte, jusqu'à ce qu'on vînt me prévenir.

— Je trouve tous ces mystères parfaitement ridicules ! Je n'ai plus douze ans !

— Je le regrette pour toi, répondit Tim, avec un à-propos exceptionnel. Mais au moins, ne gâche pas notre plaisir...

C'était bien ça, c'était *leur* plaisir, à lui, à Christophe, et à tous nos amis qui sautaient sur cette occasion de se distraire, dans la nuit de l'Occupation. Qui pensait à moi, dans cette joyeuse animation ? Qui m'aimait ? Qui pouvait m'aimer, du reste, qu'avais-je d'aimable ? La longue patience, les attentions délicates de Christophe, que prouvaient-elles, sinon sa nature casanière, un besoin de compagnonnage qui se satisfaisait de l'un comme de l'autre, avec une indifférence gentille ? Tandis que j'entendais, dans le silence de l'avenue, le grincement du rideau de fer de la galerie que l'on baissait, mon humeur noire croissait : j'allai jusqu'à penser que, même Clara, Chris ne l'avait aimée que par habitude. Sa lettre hebdomadaire n'était qu'un rite. Il m'avait bien écrit, à moi ! Et depuis six ou sept ans, combien de fois l'avait-il vue, Clara (et encore, au cours de brefs séjours à Paris, en compagnie de Juste) ? Cinq fois ? Six fois ?

Maintenant, de l'escalier montait un joyeux brouhaha. Les amis arrivaient, se hâtant à cause du couvre-feu. Tim, se doutant que j'écoutais, hurla : « Ne descends pas, Gethsé ! On vient te chercher ! », et on riait, on heurtait des choses contre le mur, une voix de femme très aiguë criait : « Mon Dieu, Jeannot n'est pas arrivé ? Il apporte le vin ! », puis un chœur : « Ah ! le voilà ! » Tout ce bruit, tout ce monde, et me sentir si seul, si profondément désolé... Alors j'entendis la voix de Chris qui disait : « Maintenant taisez-vous tous ! Tout est prêt ? Je vais le chercher ! », et il y eut un grand silence, ponctué de rires étouffés, j'entendis son pas qui montait l'escalier, et mon humeur se dissipa, mon cœur se mit à battre très fort, comme dans mon enfance, le matin de Noël, avant d'ouvrir les yeux et d'apercevoir les paquets magiques dans la cheminée, les décevants paquets enrubannés contenant des cadeaux utiles, sarrau d'écolier, porte-mine ; allais-je cette fois, cette fois enfin, trouver le talisman sous le papier de couleur, la toute petite part d'amour que nous attendons tout le long de la vie, ou serait-ce encore une fois la décevante, l'insultante bonté ?

Chris arrivait sur le palier, de la paille dans les cheveux, de la poussière sur le nez, le visage rayonnant du plaisir de faire plaisir. L'espoir me traversa comme une fulgurante douleur.

— Viens, maintenant, dit-il en souriant. Tout est prêt.

Ces paroles avaient une mystérieuse gravité. Tout était prêt en effet.

Je descendis. Au bas de l'escalier, dans l'entrée de la galerie, une douzaine de personnes étaient groupées, tenant des paquets, des bouteilles de vin, qui un pain de campagne, qui un saucisson, richesses fabuleuses en ces temps de restrictions. Devant eux se tenait Tim, portant avec des précautions de roi mage un énorme gâteau rose, couvert de bougies allumées. Et tous crièrent : « Bon anniversaire, Gethsé ! Bon et heureux anniversaire ! » (Et même en cet instant, avec la main de Chris me pressant affectueusement l'épaule, je pensai qu'au lieu de me donner cet absurde surnom choisi par Christophe ils auraient pu m'appeler par mon prénom, Georges.) Les larmes me vinrent aux yeux néanmoins, je m'avançai vers Tim qui risquait d'incendier à la flamme sa barbe de fauve, et je soufflai les bougies.

— Bravo ! Bravo !

— Et maintenant, la surprise, la surprise !

— Il faut qu'il entre le premier dans la galerie !

Les longues mains fraîches de Chris me couvrirent les yeux.

— Laisse-toi guider. Écartez-vous ! Il faut qu'il entre le premier !

On me poussa dans la galerie. Christophe retira ses mains de mon visage.

Que ne les ai-je retenues ! Que n'ai-je pu arrêter cet instant où, dans le contact de ces mains créatrices, de ces mains qui miséricordieusement m'aveuglaient, il me donnait tout ce qu'il pourrait jamais me donner, cette obscure et triste tendresse que Tim appelait sa *bonté* ? Un instant, un tout petit instant encore ses mains sur mes yeux !

Il écarta ses mains. Il retira ses mains. Je fus aveuglé un moment par la lumière de la galerie. Les deux salles de la galerie étaient traversées par une longue table à tréteaux ; nappe blanche, verres de cristal, bouteilles, tout cela brillait, et de l'arrière-boutique transformée en cuisine venait jusqu'à moi une odeur chaude et épicée. Mais ce que je vis en premier, ce qui me frappa de stupeur, c'était, partant du mur qui jouxtait la porte de la galerie, couvrant ce mur, puis le mur de gauche, puis le mur de séparation des deux salles qu'elle contournait, faisant le tour complet de la deuxième salle pour revenir et se terminer enfin sur le mur à ma droite, c'était la Fresque.

C'était la Fresque reproduite sur une interminable toile, ou plutôt sur plusieurs toiles cousues bout à bout, je distinguais les coutures, c'était la Fresque et ce n'était pas elle, car dans l'impossibilité de rendre sur la toile plate le mouvement de spirale de l'escalier de la maison Matthyssen, Christophe avait été plusieurs fois coupé dans son élan, et, arrivé en haut du tissu, avait repris à la base le motif ascendant. Cette montée sans cesse interrompue donnait à la Fresque un sens tout différent : un combat vers le haut coupé de brusques chutes, repris sans cesse, le rêve intact devenait une douloureuse aventure humaine, et les petits monstres irréels qui montaient, montaient à la poursuite de la ficelle du cerf-volant, se grimpant sur la tête, enfourchant des animaux fabuleux, les héros sans cesse renaissants d'une conquête jamais abandonnée.

Avant d'avoir pu dire un mot, je fus bousculé, poussé dans le dos, Chris et moi étouffés de baisers, d'accolades, dans un tumulte délirant.

— C'est sublime ! C'est magnifique !

— C'est moi qui ai trouvé la toile !

— C'est moi qui l'ai cousue !

— Quel accrochage, hein !

— C'est le vernissage de l'année !

— Et quel symbole, en temps de guerre !

— Chris a tout fait en quinze jours !

— Tu es content ?

— On ne peut plus rien lui offrir après ça, c'est le plus beau cadeau !

— Tout ça c'est très joli, mais est-ce qu'on va manger ?

— L'apéritif ! L'apéritif !

Là, tout se brouille un peu. Je suis debout, entouré de nos amis, en face de Christophe, une coupe de champagne à la main. Nous trinquons. Je suis vaguement conscient que tous ceux qui nous entourent nous prennent pour un couple ; s'ils en doutaient, cet extravagant exploit, cette immense toile exécutée en quelques jours (je m'explique la fatigue de Chris) leur servirait de preuve. Et moi, assis maintenant en face de Chris, en face du dernier fragment de la Fresque, devant une platée de champignons à l'ail, j'ai beau me répéter « cela ne prouve rien, cela ne prouve rien », il me semble tout de même que cela prouve quelque chose.

Du vin rouge, et, après les champignons, une sorte de ragoût aux pommes de terre et aux lardons, accueilli par des exclamations. Je suis un peu ivre de nourriture riche et de vin, je tends la main à travers la table, et Chris pose sa main sur la mienne. Il n'a pas honte de moi, il se moque des ragots, c'est bon ; Tim, à deux places de là, des champignons dans sa barbe, me regarde affectueusement, et je lis dans son regard de bon chien sentimental : « Tu vois qu'il t'aime ? Tu vois ? » Je me souviens, je me souviens.

Je suis assis entre Radatz, un peintre d'origine lituanienne, que j'aime beaucoup, et une fille à la voix aiguë, Hedwige, que je connais à peine et que quelqu'un a amenée. C'est une assez jolie blonde au nez pointu, vêtue d'une robe toute neuve qu'elle n'a sûrement pas obtenue avec des points textiles. Vous voyez ? Je me souviens. C'était une robe à pois bleu marine sur fond blanc. Elle ne buvait pas et cela m'avait surpris, à ce moment où un festin pareil était une occasion qui ne se renouvellerait pas de sitôt.

— Comment s'appelle la toile ? demanda-t-elle, au moment où l'on rapportait le gâteau, dépouillé de ses bougies, pour le découper.

— « La Tristesse du cerf-volant. »

— C'est un cerf-volant, ça? dit-elle d'un ton vaguement agressif.

Je levai les yeux. Le dernier fragment de la toile se trouvait derrière Chris ; en haut, à gauche, il se terminait par une étoile, attachée au bout de son fil.

— Mais il est fini ! Je ne l'avais même pas vu ! Oh ! Chris ! Pardonne-moi, j'ai été tellement ému, tellement surpris... Mais tu l'as fini ! Pourquoi une étoile ?

— C'est une idée à moi, dit Tim, content de lui-même. Il voulait mettre quelque chose, il savait que tu avais envie que la toile soit finie, alors j'ai dit : « Mets une étoile, ça reste mystérieux, une étoile, ça ne veut rien dire... »

— Vous me permettrez d'en douter, dit la blonde.

Tim leva vers elle un regard surpris, reçut un coup de coude de son voisin, et se mit à bafouiller.

— Mais naturellement... mais je ne voulais pas... bien sûr que ça ne signifie pas...

Ébloui par l'extravagance du travail accompli par Christophe, par la démesure de ce « cadeau », je ne l'avais même pas vue, moi, cette étoile. Et au premier moment, je ne m'étais pas dit qu'une étoile...

— C'est une étoile *jaune,* poursuivit la blonde, impitoyable.

Écartant Tim de ce débat, Chris intervint, d'une voix si douce qu'elle pouvait passer pour insolente.

— Je n'avais plus de bleu..., dit-il.

— Et vous prétendez me faire avaler ça ?

— Avalons plutôt ce gâteau exceptionnel, Heddy, fit Radatz avec un pénible effort de jovialité. (Moi, j'assistais à cet échange comme à un cauchemar, paralysé, impuissant.) Tu me le passes ?

— Je te le passe et tu peux te le garder, dit-elle avec violence. Tu ne penses pas que je vais rester ici, devant ce tableau ! Le triomphe de l'étoile jaune ! De l'étoile de Juda ! Vous me prenez pour une imbécile ?

Elle essaya de se lever. Radatz la retint par le bras. Il y eut un moment de tumulte.

— Voyons, Heddy ! Tu ne vas pas... On n'a pas voulu... Chacun ses opinions...

On ne pouvait pas dire de mes amis qu'ils étaient sectaires. Ils avaient un seul souci, sortir de la guerre, à peu près en bonne forme. Ce n'étaient ni des résistants ni des collabos, du moins le supposai-je. Mais aucun n'était antisémite ou franchement pro-nazi. Ils regrettaient, ils blâmaient, ils ne faisaient pas grand-chose, j'étais sans doute, pour cette malheureuse histoire de fichier, le plus compromis, et ils ne le savaient pas (moi non plus, je ne savais pas tout sur leur compte, et je ne pouvais prévoir l'avenir de cette joyeuse tablée : Tarrega membre d'un réseau et qui devait être fusillé début 44, Radatz abattu par les libérateurs de Paris et par erreur, à cause de son nom allemand, Monique et Jean Callemin décorés par de Gaulle, et Chris, mon Dieu, et Chris...). En tout cas, ce qu'ils ne voulaient pas, c'est que la soirée, que leurs efforts, fussent gâchés.

— Tu me connais ! Je suis un con ! gémissait Tim en se tordant les mains.

— Ne le prends pas comme ça ! C'est un hasard !

— C'est un hasard, si on m'a placée juste en face de cette... chose ? Ou c'est une menace ? (Hedwige.)

— Tu es folle !

— Hedwige, chérie, rassieds-toi, voyons... Tu ne vas pas gâcher l'anniversaire de Gethsé !

Hedwige se rasseyait, dans le calme revenu, quand la voix de Christophe s'éleva, avec une note de dureté.

— Est-ce que vous pouvez me dire de quoi au juste vous vous excusez ?

Il y eut un brusque silence, et Monique Callemin se mit à rire. D'une façon désagréable, j'en conviens.

— On ne voulait pas faire d'histoires..., dit Tim d'une voix faible.

Tim sert souvent, sans le vouloir, de révélateur. Tous prirent conscience de leur lâcheté d'un moment.

— Oui, enfin c'est plutôt Heddy qui cherche une histoire..., dit Lierre, le sculpteur, un petit homme nerveux et jaune.

— C'est fini, c'est fini ! On n'en parle plus ! cria Tim dans un effort désespéré de restaurer l'atmosphère.

Et le brave Radatz, toujours arrangeant :

— C'est oublié ! Buvons ce bon bordeaux qu'on a trouvé grâce à Hedwige !

Mais Hedwige n'abandonna pas la partie. L'intervention de Christophe l'avait ulcérée. Elle le regarda bien en face.

— Qu'il vous empoisonne ! dit-elle avec fureur.

Renversant sa chaise, elle bondit vers la porte de la galerie, se heurta au rideau de fer, alla vers l'entrée. On l'entendit crier, avant de claquer la porte :

— Vous vous en souviendrez, de cet anniversaire !

Puis ce fut le silence.

— Elle s'en va ? A cette heure-ci ? demanda quelqu'un.

— Elle a un vélo. Et un *Ausweis*.

— Mais qui a amené cette fille ?

On la connaissait beaucoup et très peu, une figure familière dans les vernissages, les réunions de peintres auxquels elle servait parfois de courtière, elle faisait aussi du marché noir, surtout dans les milieux artistiques, procurait du beurre, du vin, des étoffes, dans les théâtres et sur les tournages : en somme une inconnue.

— Mais quelle idée de l'inviter ! Tu as entendu qu'elle a dit « on me menace », ça prouve bien qu'elle est collabo.

— C'est-à-dire, prononça Tim en rougissant, qu'elle est la maîtresse d'un type de la rue des Saussaies. Mais je ne croyais pas...

— Hou ! Hou ! cria Monique.

— ... mais je ne croyais pas qu'elle prenait tout ça au sérieux...

— Alors, c'est toi qui l'as invitée ?

Noyé dans ses cheveux, dans sa barbe, Tim était l'image même de la confusion.

— Oh ! le con ! Le débile ! Tu ne pouvais pas te rendre compte !

— C'est vrai ! C'est vrai ! C'est ma faute ! C'est à cause du vin... Mais qu'est-ce que je peux faire...

C'était décourageant d'accabler Tim. Il ne faisait que renchérir, au bord des larmes.

— Ce n'est pas tout ça, dit Jean Callemin avec une soudaine autorité. Elle avait l'air mauvais, l'Hedwige. Elle est foutue de revenir avec les Allemands. Vite, il faut rouler et faire disparaître la toile. Et découper l'étoile. On n'a pas le temps de peindre dessus.

On décrocha la toile, on découpa le coin non sans

peine, on la roula. Cela faisait un rouleau énorme, et pesant.

— Où est-ce qu'on va la mettre ?

— Moi aussi j'ai un *Ausweis*, dit Radatz en rougissant. Et un gazogène. Je l'emporte chez moi, et je reviens. Comme ça on aura l'esprit tranquille.

Il partit. Pendant ce temps on brûla le carré de toile dans le poêle de la galerie. Puis dans le soulagement général on se remit à boire. Il y eut encore un moment d'émotion quand Radatz revint ; tout s'était passé sans encombre, on évita le sujet. Tim, innocent instrument du destin, se rasséréna petit à petit. J'étais anesthésié, Christophe impassible.

— Ne t'en fais pas, me dit-il affectueusement, tu l'auras, ta toile. J'avais écrit derrière : « Appartient à G. Doutremont. »

On finit par manger le gâteau, par boire le reste du vin, et par se séparer au petit matin assez optimistes : rien ne s'était passé. Mais une angoisse continuait à planer. Nous ne pûmes aller nous coucher et, pendant que Tim et moi nettoyions la galerie, Christophe sortit pour essayer de trouver quelque chose à manger : du festin de la veille il ne restait pas une miette.

Je me souviens. Il portait un panier d'osier brodé de fleurs en laine qui appartenait à Tim, un souvenir de la Côte d'Azur. Je me souviens. Il était impeccablement rasé (ses provisions de savon !), il portait une chemise blanche, un gros pull gris à torsades, des chaussures de ski impeccablement cirées (ses provisions de cirage ! Je me souviens, Tim disait : « Si on pouvait vivre de savon, de cirage et de couleurs, avec Christophe on tiendrait jusqu'à la fin de la guerre. »). Il souriait, il était beau, il était immortel.

Il regarda sa montre et dit :

— Je vais jusqu'au Panier fleuri. Je serai de retour à midi.

A onze heures trente minutes, Tim et moi étions arrêtés. Averti par un commerçant, Christophe ne revint pas.

*

— Juste, dit-il, haletant légèrement. Où est Juste ?

Clara tremblait dans le froid, dans le noir, appuyée contre le portail.

— A la ferme Poncet, chez Sipriot, ou à Saint-Luc. Ils se passent le mot au dernier moment. Mais je crois que c'est chez Poncet. Qu'est-ce qui s'est passé ?

— Une histoire idiote. Mais qui peut causer une catastrophe. Il faut que je le voie.

— Alors, toi aussi ? demanda-t-elle d'une voix dure. Il a fallu que tu t'en mêles, toi aussi ?

— Clara, je ne suis pas un enfant. Je ne suis plus un enfant. Tu ne peux pas me faire un café ? Je crève de froid et de fatigue.

— Reste là. Je vais te l'apporter. Je n'ose pas te faire entrer. Si on te voyait...

— Julia ?

— Marianne. Elle a douze ans. J'aime mieux qu'elle ne sache rien. Même pour Juste. Tu imagines, Marianne interrogée ! Les Allemands ont fouillé la maison, deux fois. Ils étaient surpris de ne jamais le trouver là. J'ai fait la femme trompée. Lui s'est présenté à la Kommandantur trois jours après. Ils n'avaient que des soupçons vagues. Ça a marché. Ça ne marchera peut-être pas toujours. Attends.

Elle revint au bout d'un temps étonnamment court, avec une tasse fumante et un gros morceau de pain.

— Tiens. Il n'est pas trop mauvais. Je fais du troc.

L'avancée de la maison les abritait. Il avala le café, mordit dans le pain, s'arrêta.

— Clara !

Elle vint se jeter dans ses bras, sanglotant sans bruit.

— Chris, Chris !

— Je t'aime, dit-il.

Il la sentit se raidir dans ses bras. C'est vrai qu'il ne lui avait jamais dit « je t'aime ». Ça allait de soi, il n'aurait jamais dit « je m'aime » non plus ; « je t'aime ». Il ne l'aurait pas dit avant la guerre. Cette parole, c'était déjà une séparation.

— Tu as changé, chuchota-t-elle désespérément. Comme tu as changé, Chris !

— J'ai changé. Mais je t'aime.

Ils s'étreignirent avec force, ils avaient changé, ils s'aimaient, mais ce ne serait plus jamais Chris-et-Clara.

— Clara, les lettres, mes lettres, tu les as ?

— Bien sûr. (Elle ne comprenait pas.)

— Il faut les brûler, tout de suite. Dès que je serai parti.

— Pourquoi ?

— Il y avait des phrases pour Juste, dans ces lettres. Des mots, çà et là.

— Oh ! dit-elle, blessée jusqu'au cœur.

— Quelques mots seulement. Je ne faisais que transmettre.

— Tu te servais de moi ?

— Est-ce que je n'en avais pas le droit ? Est-ce que tu aurais refusé, mon amour ?

— Non. Non.

Elle sentit ses lèvres sur son cou, ses bras autour d'elle, il la pressait encore contre lui, il disait « mon amour » et contre son ventre, elle sentit se dresser sa virilité arrogante. « C'est Chris ! » Ce n'était pas Chris, ce n'était plus Chris. C'était un homme qui l'aimait, dans l'angoisse, dans le noir, dans le jardin silencieux, un homme, comme Juste. Un autre, à jamais.

— Va vite, j'ai peur. Chez Poncet, frappe à la fenêtre de côté, près du poulailler. S'ils sont là, ils y resteront jusqu'au matin.

La tasse était tombée dans la terre molle de la plate-bande. Il mit le morceau de pain dans sa poche.

— Je t'écrirai demain. Cette nuit. Rien que pour toi.

— Oui, oui. Si tu peux. Ça n'a pas d'importance. Sauve-le, sauve-toi. C'est ça qui compte.

Le portail grinça légèrement, il était parti. Elle regagna la cuisine, frissonnante. « Ce n'est pas le moment de prendre froid. Si jamais il arrivait quelque chose à Juste... Marianne et la maison qui n'auraient plus que moi... La moitié de porc, dans la cave, qu'il faut saler... les bûches à camoufler... Et les lettres, les lettres... » Elle savait qu'elle ne les brûlerait pas. Elle trouverait une cachette. « C'est tout ce qui me reste de Chris. » (Comme s'il était mort.) Elle monta les prendre, les enveloppa dans un morceau de toile cirée. Sous les tuiles du toit ? Pour le moment. Demain elle trouverait mieux. Elle se coucha. Elle avait froid. Elle se releva, alla se coucher dans le lit de Marianne endormie, pour que l'enfant la réchauffât. « Tout ce qui me reste... Tout ce qui me reste... » La phrase tournait dans sa tête comme un petit rongeur malveillant qui grignotait, grignotait les fondations de la maison. « Oh ! ces héros ! » pensait-elle avec une rancune qui la défendait contre le désespoir.

Cependant, Juste, à la ferme éloignée seulement de quinze kilomètres, se concertait avec ses hommes, et Christophe, réconforté d'un verre de marc, écrivait sur un coin de table, sur une feuille de cahier de la petite Poncet : « Je t'ai vue ce soir pour la première et la dernière fois, ma Clara... »

— Il faudrait savoir par Jeannot si la maison a été fouillée, dit Juste. Sinon, il faut que quelqu'un aille à Paris récupérer les lettres.

Les petites phrases de Juste, en bas des pages pleines de tendresse et de détails de Clara, les petites phrases maladroites dont Clara se moquait. (« Tu ne seras jamais Chateaubriand, je crois »... « Je tiens à lui mettre un mot... Il ne faut pas qu'il se croie oublié. ») Les petites phrases passaient par Jean, allaient Dieu sait où, indiquaient des heures, des lieux, transmettaient des consignes... Juste aussi se servait de Clara. Chris eut un grand élan de pitié, de remords. « Je reviendrai... Je t'aimerai... », écrivait-il sans espoir.

— J'irai, moi, Juste, dit-il.

Et le vieux Poncet, âme de la résistance locale, leur tapa sur l'épaule.

— Heureusement qu'on vous a, vous, les Matthyssen..., dit-il.

« Ma chérie, mon petit amour, ma fille... » Il faudrait trouver des mots. Je n'ai jamais très bien su, avec elle. Je lui disais : « Tes beaux cheveux, Marianne. »

Ternes et pleins de nœuds, ses beaux cheveux. Les yeux cernés, blême, bouffie (comment peut-elle être bouffie alors qu'elle ne mange rien ?), elle se laisse aller, elle se laisse glisser, elle s'en va, ça a l'air de lui être si facile, et pourtant, moi, je n'y suis pas arrivée...

— Marianne, mon petit, Marianne ? Tu ne vas pas continuer à te laisser mourir ? Écoute. Je ne veux pas qu'on t'emmène à l'hôpital, qu'on te gave, qu'on te fasse des piqûres, des goutte-à-goutte, est-ce que je sais... C'est dégradant, c'est laid. Nous... ton père était si fier de ta beauté, Marianne.

« Est-ce que tu es si loin, déjà, que tu ne souffres plus ? Tu l'aimes déjà moins, si tu n'aimes plus ton chagrin. Tu as pensé à ça ? Moi, j'y ai pensé, il y a longtemps, hier, toujours. C'est toi qui l'abandonnes, c'est toi qui la quittes, ta fille, ton amour. C'est toi. Elle peut revenir un jour. Elle peut avoir besoin de toi. Un moment, une heure, de l'autre côté du monde. Elle te téléphonera peut-être, une seule fois, dans dix ans, pour te demander de lui envoyer des papiers, pour entendre ta voix, et tu ne serais pas là ?

« Tu ne vas pas mourir, Marianne ?

« Tu penses que je ne dis pas les mots qu'il faut ? Des mots tendres, avec des larmes peut-être ? Je n'ai jamais très bien su pleurer. Et je n'ai pas été une très bonne mère pour toi. Pas mauvaise, non plus. J'avais autre chose à penser. Autre chose à aimer, mais oui. Seulement là, je suis près de toi, je suis avec toi vraiment, ma fille, ma petite fille, parce que je te comprends.

Un sourire éclôt lentement, mystérieusement, sur le visage blême. Elle glisse, elle glisse dans le sommeil, sur l'eau noire, elle va s'enfoncer, elle les nargue, bientôt elle sera hors d'atteinte...

— Je te jure que je te comprends. J'ai voulu mourir moi aussi. Je ne suis pas morte. Je ne sais pas, tu vois, je ne te mens pas, je ne sais pas si j'avais plus de courage ou moins que toi.

« Marianne, ma chérie, fais un effort. *Aide-moi.*

« Tu as l'air si étonnée, tout à coup. Je te revois dans ton berceau, tu avais cet air-là. Toute surprise, avec un reproche sur ta bonne petite figure grognonne, l'air de dire : “ J'étais bien là où j'étais, pourquoi m'avoir dérangée ? ” Tu ressemblais à ton oncle Chris à ce moment-là. Il détestait qu'on le dérange. Tu avais quoi, quand il est mort ? Douze ans, treize ans ? Tu ne t'es aperçue de rien, je crois.

« Ça ne prouve rien, la mort, tu sais ? Ça ne veut rien dire. Tu sais ce qu'il me disait dans la lettre, sa dernière lettre ? “ Meurs le plus tard possible. ” Et c'est si bête, les enterrements. J'avais une robe de chez Lucien Lelong. Il me disait toujours : “ Pour toi, il n'y a que Balenciaga et Lucien Lelong. ” Évidemment, pendant la guerre, on ne trouvait pas ce qu'on voulait. Mais j'ai toujours acheté beaucoup de noir. On dit que porter le deuil ça ne prouve rien, mais la mort, ça prouve quoi ?

« Elle vit, Stéphanie. Elle vit. C'est parce qu'elle vit que tu veux mourir. Pour lui montrer, pour lui prouver... Mais tu ne lui as déjà que trop prouvé, ma pauvre petite fille, que tu étais plus forte qu'elle. Si elle était morte, tu vivrais. Tu as pensé à cela ?

« Moi ça n'aurait servi à rien. Il était mort déjà quand j'y ai pensé. Mais oui, Chris, Christophe. Tu ne savais pas que je l'aimais ? Comment je l'aimais ? Et puis qu'est-ce que ça peut faire, comment. Il n'y a pas deux amours. Je l'aimais. Tu vois que je peux te comprendre.

« Tu ne vas pas mourir, Marianne ? C'est trop tard. C'est raté. On ne meurt pas toujours au bon moment. J'aurais dû mourir la nuit où je l'ai revu pour la dernière fois. Et encore. Peut-être bien, bien avant, quand il est parti, quand j'étais enceinte de ce que vous appelez le " petit frère ".

« Je ne l'ai pas reconnu au premier abord, je t'ai dit ça ? En 43 ? C'était tellement drôle, il est arrivé la nuit, ses amis (ce Jean qui se pavane aujourd'hui couvert de décorations) lui avaient trouvé des papiers, une voiture, est-ce que je sais, non, ce qui est drôle, c'est qu'il avait toujours à la main ce filet à provisions, enfin ce panier qu'il portait quand les commerçants du quartier l'ont prévenu que ce salaud, ce Doutremont, moi je l'appelais la limace, il a beau avoir écrit tous ces articles, ces livres sur Chris... oui, quand les commerçants l'ont prévenu que les deux autres avaient été arrêtés. Il faisait les courses ! Chris ! Je l'avais pris pendant deux secondes pour Becker, le boucher, je ne sais pas si tu te souviens, un brave petit qui m'apportait parfois du porc au marché noir...

« Il n'y avait que Chris pour arriver comme ça en pleine nuit, en pleine guerre, avec ce panier ridicule, " Souvenir de Nice " ! Et pendant deux secondes je ne l'ai pas reconnu. C'est alors que j'aurais dû mourir.

« Oui, mourir, mourir ! Est-ce que tu crois qu'il n'y a que toi pour avoir cette brillante idée ?

« Oh ! j'ai été si malheureuse, Marianne, ma petite fille.

Elle saisit de sa main petite, sèche, la grande main brûlante de Marianne, immobile sur le drap replié. Les mains de Juste, les mains de son père.

— Aide-moi, Marianne. Aide-moi à t'aider. Le pire de tout c'est de mourir sans mourir. De n'avoir plus en soi les quelques gouttes d'amour qu'il faudrait pour consoler, soutenir.

« Marianne, il ne m'aimait pas, non plus.

« Tu veux voir sa lettre ? Sa dernière lettre ? Ce qu'il me disait ? " Sois élégante, sois chic, sois Clara. S'il m'arrivait quelque chose... " C'était la guerre, toutes les lettres avaient des allures de testament. Et puis : " S'il m'arrivait quelque chose, j'espère que tu trouveras tout en ordre, dans l'atelier et chez Jean. Les relevés des dessins, projets, etc., sont dans la chemise verte. Tout est daté et numéroté. " Et encore : " Meurs le plus tard possible. " Est-ce que tu souhaites que Stéphanie " meure le plus tard possible " ? Non, n'est-ce pas ? Qu'elle apprenne ta mort et qu'elle en meure aussi ? C'est ça qu'on souhaite. On n'oserait pas dire ces choses-là et pourtant...

« Tu vois que nous avons quelque chose en commun ? Nous ne l'aurions pas cru, ma fille.

« Ne meurs pas, ne meurs pas, Marianne. C'est trop tard. Tu veux que je te dise ? Christophe est mort trop tard. Trop tard d'une nuit, trop tard d'une lettre. Il m'a dit qu'il m'aimait. Le fou, l'idiot ! Il m'a dit qu'il m'aimait. Comme si c'était cela qu'on voulait, être aimé ! Il me l'a écrit, tiens, lis : " Jamais je ne t'ai tant aimée. " Est-ce que cela se dit ? C'était pendant toutes ces années, où il ne me disait rien, qu'il m'aimait. Il n'était pas là, il n'écrivait que des choses insignifiantes, il n'avait rien à prouver, il m'aimait. C'était Chris-et-Clara. Indissolubles. Mais toi, Stéphanie est ta fille — tu étais trahie... de naissance.

« Notre enfant est mort-né, mais nous, notre nous, était mort dès qu'il y a eu un enfant. Ce n'était pas la vie que nous cherchions.

« Mon frère, oui, mon frère. Tu ne comprends pas, tu ne comprendras jamais rien. Essaie quand même : on ne veut pas vivre, on ne veut pas être aimé, on veut mourir, on veut aller au bout de soi. Tu es allée au bout. Reviens, Marianne.

« Elle reviendra, elle aussi. Elle t'enverra des souvenirs du Cameroun. Des statuettes que tu ne sauras pas où mettre. Des cartes postales. Elle reviendra, et tu ne la reconnaîtras pas tout de suite, et puis tu lui diras " je t'aime " et quelque chose sera fini. Tu auras trop attendu, le moment sera passé, tu auras planté d'autres arbres, elle dira : " Comme le jardin a changé ", et c'est toi qui auras changé...

« Est-ce que tu l'as fait enlever, la Fresque, finalement ? Oh, non, maintenant, cela ne me ferait plus rien... Tu vois, ce que j'aimais dans cette Fresque, du temps de Christophe, c'est qu'elle n'était jamais finie. Il restait toujours une place pour un bonhomme, une petite bête, une fleur... Je me disais qu'il pouvait débarquer d'une minute à l'autre, à n'importe quel moment, et ajouter quelque chose qui aurait tout changé. On vit sur ces petites choses...

« Tu te souviens, quand tu étais petite, et que nous nous promenions, quand tu étais fatiguée, tu demandais : " Est-ce qu'on est arrivés au bout du monde ? " et ton papa essayait de t'expliquer que la terre était ronde, et qu'on ne pouvait qu'en faire le tour. Alors tu disais : " On marche, on marche, et on se retrouve devant la maison ? — Oui, disait ton papa, on marche, on marche, et on se retrouve devant la maison Matthyssen. " Mais Christophe... Et Stépha, peut-être... Enfin, peut-être.

« S'il s'est tué... mais je ne crois pas qu'il se soit tué, tu m'entends, je ne le crois pas, c'est l'un de ces malentendus stupides, un soldat qui avait bu, un faux mouvement (tu penses que s'ils voulaient l'arrêter, c'était pour lui arracher des renseignements, alors pourquoi le tuer ?), non, un accident... S'il *s'était* tué, ç'aurait été à cause de ce qui était fini dans sa peinture, dans sa vie, il en avait fait le tour, il avait vu, trouvé une clé, ou découvert qu'il n'y en avait pas... " *Je t'aime* ", c'était un mot comme " J'ai trouvé " ou " Je sais ". Le mot sur la tombe, la signature sur le tableau... Un mot triste. Qu'est-ce qu'on a de plus, quand on a dit " Je t'aime " ou " J'ai compris " ?

« Tu dors ?

« Tu dors parce que je ne te parle pas de Stépha. Mais je te parle de Stépha.

« Tu sais qu'il avait commencé un grand tableau, aussi grand que la Fresque, cette dernière année ? Naturellement c'est la limace qui l'a, enfin qui a les derniers projets, je n'ai que des esquisses, et qui les a publiés en album, tout ce qu'il a pu embarquer celui-là, on se demande comment il a pu se débrouiller, collabo, recherché. Il est bien au chaud sur son or, là-bas, au Brésil. Quand je pense que tu lui as écrit ! Ça lui a réussi, de connaître Christophe. Du chagrin, oui, il a eu du chagrin, peut-être, mais un chagrin qui rapporte ! Une rente !

« Ça s'appelait " L'année des merveilles ". C'était plein de sang, de statues cassées... Des églises en feu, une main coupée, un genre “ Guernica ”. En dessous de la main, du projet de tableau, il avait signé (au moment où ces brutes faisaient irruption, paraît-il, ce qui prouve bien...), il avait signé, lui qui signait si rarement, “ Christophe Matthyssen, peintre ”. La limace en a fait tout un plat, des articles, des gloses à n'en plus finir. Sa manie : il cherchait toujours des analogies, des symboles, tout ça pour en tirer dix feuillets bien payés. On a même reproduit cette main sur un monument à la Résistance, avec son autorisation. Il voulait se dédouaner !

« Je te console comme je peux. Je te raconte des histoires. Ton histoire à toi est finie, et la mienne. On ne se console pas.

« “ L'année des merveilles. ” Il ne l'a pas fini, ce tableau-là. Il l'a signé mais il ne l'a pas fini. Il pourrait revenir à n'importe quel moment et...

« J'aime ce titre, parce qu'on n'a pas pu lui trouver d'explication. Pas même la limace. “ L'année des merveilles. ” Et tout ce sang. Et Chris est mort. Peut-être qu'il pensait seulement que le sang, les flammes, ça donnerait de très belles couleurs ?

« Tu dors ? Tu pleures en dormant, Marianne ? C'est bien la première fois que nous pleurons ensemble. C'étaient bien des merveilles, Stépha, ton amour, le mien, ces portes ouvertes... Reposons-nous maintenant. Il est trop tard pour mourir. L'année a été longue, mais pour nous elle s'achève. Tu dors ?

*

Plus tard Marianne se réveilla et dit :

— Mais qu'est-ce que tu m'as raconté ? Mais,

maman, j'ai dû mal comprendre ? C'est tout de même incroyable, je ne juge pas mais...

Et bien d'autres sottises. Sa mère lui souriait et lui faisait manger, cuillerée par cuillerée, une soupe fade.

*

Quelques photos de l'album de famille : le mariage de Nadine, les travaux dans la Tour. Finalement le musée de Lille ne voit pas la possibilité d'intégrer la Fresque de Christophe dans son bâtiment trop classique, mais les promoteurs du futur musée de Villeneuve-d'Ascq envisagent de construire une aile qui lui serait consacrée : l'aile Matthyssen. Instantanés : Joseph dirigeant les travaux ; Nadine assise dans l'herbe aux pieds de sa mère.

— Tu as l'air fatiguée, ma chérie.

Marianne ne dit pas « ma chérie » sans une imperceptible hésitation. Elle fait ses premiers pas, chancelant encore, sur la voie de l'amour raisonnable.

— C'est que... tu sais, maman... je crois...

— Non ?

— Si. Je n'en ai pas encore parlé à Joseph, mais le test est positif.

Le tilleul agite doucement ses feuilles éternelles.

— Je suis tellement heureuse ! dit Marianne, presque sincèrement.

Elle cicatrise.

Elle se penche vers Nadine pour l'embrasser, au moment où celle-ci lève la tête. Elles se heurtent, rient, s'embrassent. Elles rient de leur propre gaucherie, avec un peu d'émotion. Il leur reste beaucoup de chemin à faire. Mais le sang de Juste s'est réveillé en elles, et sa patience, et sa force sourde, qui gagnait toujours. Elles ne se donnent pas encore la main, mais elles marchent du même pas.

Sur la photo, Wilhelm se tient en arrière de la mère et de la fille, dans l'ombre. On ne voit pas son visage. Un groupe : les deux hommes, un ballon de cognac à la main, debout, les deux femmes assises sur le confortable canapé Chesterfield qui a remplacé les meubles durs et raides de Clara. Marianne tricote sans complexe. Nadine s'essaie à la broderie, une occupation plus artistique, moins bourgeoise. Ce doit être l'automne, un feu de bois brûle dans la cheminée. Est-ce ce jour-là que Clara y a laissé tomber une lettre : « Je t'ai vue hier pour la première et la dernière fois... » Elle a cherché les mots, « ma Clara », mais ils ont déjà été dévorés par les flammes. Une photo plus récente : la famille en deuil, au cimetière de Lille. Clara est morte. Nadine, lourdement enceinte, porte un béret noir, Marianne, plus traditionnelle, un petit voile. Les hommes font bloc, avec deux cousins et le père de Joseph (« Un homme charmant, vous savez qu'il écrit ? ») qui restera pour les vacances. Le cortège traverse l'allée et va vers la sortie. Au fond, à gauche, la tombe de Christophe, entre les soldats français et les soldats allemands de 1914 qui... du déjà dit. La tombe des vieux Corbin, saluée au passage, par décence. Et contre celle-là, la pierre grise, débarrassée de la mousse et des mauvaises herbes, sur laquelle on lit : « Juste. 1936. » Nadine y a veillé.

Dans les familles, quand des fiançailles ont été rompues, on enlève souvent de l'album les photos du volage ou de l'inconstante. Une main adroite découpe, rejette : celui-là, celle-là ne fera pas partie de l'histoire. Il, elle, n'aura fait que passer. Pas de photos, de souvenir de Stépha ; sa chambre a été repeinte, ses meubles légers portés au grenier, une malle de vêtements envoyée au loin. Une fois l'expédition faite, son adresse, d'ailleurs provisoire, n'a été notée dans aucun agenda. La grande main de Juste, posée sur l'épaule de Clara, autrefois, signifiait seulement : « Je suis là », et Nadine, bien consciente que Wilhelm ne peut pas offrir à Marianne ni cet apaisement ni cette force, occupe chaque jour un peu plus cette place restée vide. Elle est là, pour Marianne, pour Joseph, pour l'enfant à naître.

Dans un autre univers, tante Hilda monte sur la terrasse délabrée, braque son télescope sur les astres, et médite sur l'enfant égarée, folle d'orgueil, folle de Dieu, qui lui a dit : « Au revoir, *ma mère*. »

Elle a accepté la maternité de cette petite étoile. Elle la suivra de loin, sans pouvoir l'atteindre, elle a l'habitude, et de temps en temps, un message lui parviendra, par le truchement d'un missionnaire réticent, d'un médecin pressé. Il a fallu un de ces voyageurs pour lui remettre une photo, où, entre deux infirmières et devant quelques enfants noirs, Stépha grimace dans le soleil. Est-elle même encore au Cameroun ? « Elle vous a écrit, mais la poste... » Ces lettres arriveront-elles un jour, pâles rayons d'une étoile morte ? Hilda, qui a l'éternité devant elle, n'en doute pas. « C'est étonnant comme notre mère a changé », chuchotent les petites novices. « Elle est plus... elle est plus... elle est plus mère, quoi. »

*

C'est au moment où j'allais me décider à écrire à Clara que je reçois le faire-part de sa mort. J'en reste stupéfait comme d'une chose impensable. « Elle avait presque ton âge, tu sais », me dit Tim, qui a toujours le mot qu'il faut. Puis il tente de se rattraper : « Mais elle était cardiaque. Toi, tu as une telle santé ! »

Une lettre de Marianne accompagne « la triste nouvelle ». La dernière fois que je l'aie vue, cette Marianne devenue « Mme Fabrizius », c'était une petite fille de treize ou quatorze ans, qui suivait l'enterrement de Chris en se rongeant les ongles. Elle semble croire que j'étais un ami intime de la famille, tout au moins de la génération de Juste et de Clara, et se répand en doléances, en lieux communs et en détails oiseux. Que peut-elle m'apprendre que je ne sache ? Et que peut-elle m'apprendre que je désirerais savoir ? Clara, me dit-elle (quelle stupide écriture ronde d'écolière !), s'est éteinte sans avoir souffert. Mais avant ? Pendant les longues années avec Juste, les longues années sans Christophe ? Comment a-t-elle vécu, comment a-t-elle supporté ce que je dois supporter encore aujourd'hui ? Soulagée, au fond ? Torturée ? Persuadée qu'il l'aimait et soutenue par cette conviction, ou doutant ? Après tout, c'est pour moi qu'il est mort.

Juste me l'a dit. Il suffisait de prévenir les camarades visés dans les lettres à double sens de Clara, et tout danger était écarté, sauf pour moi. Car emprisonné pour ce délit vague d'avoir détenu et exhibé un tableau « subversif », mon cas devenait pendable si l'on avait saisi et déchiffré ces lettres chez moi. C'était donc pour me sauver qu'il était revenu. Ou était-ce pour sauver les lettres, qu'il n'avait jamais voulu me montrer, et où Clara s'épanchait, disait peut-être, peut-être, une vérité que je n'ai jamais sue ? Qui aurait expliqué son suicide ?

Mais non. La Gestapo montait l'escalier. Les lettres étaient brûlées. Il a craint la torture, il a craint d'en dire trop, il s'est... S'est-il tué ? L'étrangeté de cette balle en plein cœur, avec le risque de se rater, et l'aveu que représentait ce suicide... Hasselbach était là. Il a peut-être préféré l'abattre plutôt que de me compromettre, et de mettre fin à notre fructueuse collaboration ? Alors ce serait moi l'assassin, moi qui l'avais supplié, tourmenté jusqu'à ce qu'il se décide à me faire une copie de son tableau, cette Fresque innocente, qui amusait Marianne enfant, devenue instrument de mort. Ce pourrait être Juste, qui avait entraîné Christophe dans son réseau de résistance. Ce pourrait même être Clara, dont l'amour aurait fini par culpabiliser son frère, et par susciter en lui l'idée d'un rachat.

Tim, dont la dévotion niaise, depuis des années, s'est aggravée de toutes sortes de superstitions hétéroclites, me dit :

— Tu as tort de te tourmenter ! Chris avait dû avoir un tas de vies antérieures. Il était parvenu au bout de son cycle, dans la paix, dans la sagesse...

S'il croit me consoler ! Je préférerais avoir Chris à mon côté, ennuyé, tourmenté, marchant de long en large, étirant ses doigts, souffrant de cette inguérissable nostalgie d'un Éden disparu, Chris patient mais sans cesse blessé, heurté, coupé, cherchant sur sa toile ce qui jamais n'apparaîtra tout entier ni sur une toile, ni dans un livre, ni au fil des notes. Chris déchiré par ce jamais comme je l'étais par le jamais de l'amour, comme je le suis, comme Clara a dû l'être, ah ! cent fois cette douleur plutôt que de rester le seul, le dernier, assis sous les pales du ventilateur, dans le confort de l'exil, à contempler la toile mutilée... C'est tout ce qui me reste d'une vie. Non pas la toile (que Jeannot, fidèle dépositaire, m'a fait parvenir après la guerre, malgré le mépris qu'il éprouve pour moi — et dont je me moque parfaitement), mais le trou découpé dans la toile, hâtivement, ce soir de 1943, et qui portait l'étoile. Cette absence, ce manque, ce blanc qu'il avait sagement respecté, et que pour me faire plaisir, et sur le conseil d'un idiot, il avait comblé d'une étoile, ce carré découpé, correspondant à l'espace vide qui se trouve là-bas, en haut de l'escalier, à droite, juste avant d'entrer dans la chambre. Une déchirure, une coupure, le morceau manquant d'un puzzle génial, est-ce que c'est cela, la tristesse du cerf-volant ? La tristesse du non-être ? Dieu qui se débat dans son œuf sans arriver à en sortir ?

Le lieutenant allemand sort de chez lui pour promener son chien, régulier comme la figurine d'un coucou. Criminel ? Et le chien ? Non, le chien est trop jeune. Tim démarre la voiture américaine qui nous fait respecter, dans cette banlieue résidentielle, et va « surveiller » le gérant de la galerie, un jeune Indien éduqué par des missionnaires qui s'habille à l'anglaise et parle quatre langues. Ils font la correspondance et les comptes dans un bar du centre, peut-être poursuivent-ils ailleurs leur entretien... Heureux les cœurs purs. Il est possible que Tim parle à Santiag' de Christophe, son Chris à lui, héros, peintre et pédé, un saint, et qu'ils lui vouent un culte. Évidemment, impossible d'en parler à cette Marianne fertile en lieux communs qui m'entretient des projets de la municipalité pour l'œuvre de Christophe. « Vous qui l'avez tant aidé, malgré certaines divergences, vous serez heureux d'apprendre qu'une aile Matthyssen... »

Divergences ! Je suppose qu'elle fait allusion, avec un tact lourdaud, à mon départ précipité, avant la Libération, pour l'Espagne. Mais c'est pour lui que j'étais resté, à cause de lui que je m'étais lié à Hasselbach. J'avais fui Munich, j'aurais pu fuir Paris en 39 ; seulement je savais que Christophe ne me suivrait pas. Donc, c'est à cause de lui...

La cause... On n'est jamais fatigué de la chercher, la cause, la scène initiale, mais il y a plusieurs acteurs dans cette scène, qui portent chacun en eux une scène qui... On cherche, on se lave les mains à se les user, on cherche à être en dehors, innocent, et quand par hasard on en rencontre un, un innocent, génial ou débile, Christophe ou Tim, on ne peut pas le supporter. Il faut qu'on le salisse, qu'on le tourmente, qu'on lui injecte de sales poisons, l'amour, entre autres, l'ambition, la connaissance... On est le serpent, on est la victime, on change de peau pour l'attirer, lui faire plonger ses mains trop propres dans le sperme, le sang, le *sentiment*. « Ah ! tu vois, toi aussi, tu t'es compromis, tu t'es souillé, tu as mis un nom sur l'amour et un dessin sur la toile vierge... »

Une « aile Matthyssen » au musée de Villeneuve-d'Ascq... Juste serait bien content. Lui qui n'a pas eu de fils (sauf cet enfant mort dont on a si peu parlé) voit se perpétuer son nom par ce Christophe qu'il aimait. On lui demandait souvent, quand Chris est devenu célèbre : « C'est votre fils ? » parce que Chris paraissait tellement plus jeune. Il répondait : « C'est mon frère. » Il se peut, comme beaucoup d'erreurs d'état civil, que celle-ci devienne vérité, si la peinture de Chris demeure. Mes amis, ici, m'appellent bien « Jetsé » sans savoir ce que ce diminutif signifie. Et quand, pour retourner en France, au début, j'ai dû me procurer de faux papiers, malgré le risque que cela comportait, je n'ai pu m'empêcher — un clin d'œil dans l'au-delà — de les faire établir au nom de Georges Gethsémani.

Toujours d'après ma correspondante, décidément prolixe, les fameux dessins vont être mis en vente. Qu'est-ce que je conseille ? Londres ? Paris ? New York peut-être ?

Au début de mon séjour ici, avant de m'être mis à fond à l'étude de la langue, et avec le sentiment que je ne pourrais plus jamais rentrer ni en France ni en Allemagne, j'avais une soif de lecture absolument inextinguible. J'aurais fait des kilomètres à bicyclette (et pourtant je ne suis guère sportif) pour un livre, un seul. C'est à cette époque-là que j'ai lu tous les romans parus d'un écrivain français « collabo » comme moi (et qu'on me prêtait, je suppose, par une sorte de délicatesse !), et, bien que les sujets abordés, bonheur conjugal, art de vivre, etc., ne me touchassent guère, je les dévorais, faute de mieux. Une phrase m'avait frappé (c'est à peu près la seule dont je me souvienne) par son atroce pessimisme : « Tout finit bien, puisque tout finit. »

Elle me revient, cette phrase, devant la longue lettre de Marianne Fabrizius, qui ne manque pas de me demander, entre autres détails pratiques, si Christophe a une cote intéressante en Amérique du Sud et qui contient, outre le faire-part de décès de Clara, un faire-part de naissance. Une de ses filles (combien en a-t-elle donc ?), qui semble avoir épousé un Slave, vient de donner le jour à un garçon, et la grand-mère, toute fière, supposant que la chose ne peut manquer de me passionner, me joint une petite carte bleu ciel avec des cigognes, portant le prénom du nouveau-né : « Christophe. »

Tim va sûrement trouver cela « adorable ». Et moi je me dis (si j'étais écrivain, j'aurais trouvé une formule plus incisive) que tout finit bien, parce que rien ne finit.

Littérature

extrait du catalogue

Cette collection est d'abord marquée par sa diversité : classiques, grands romans contemporains ou même des livres d'auteurs réputés plus difficiles, comme Borges, Soupault, Goes. En fait, c'est tout le roman qui est proposé ici, Henri Troyat, Bernard Clavel, Guy des Cars, Alain Robbe-Grillet, mais aussi des écrivains tels que Moravia, Colleen McCullough ou Konsalik.

Les classiques tels que Stendhal, Maupassant, Flaubert, Zola, Balzac, etc. sont publiés en texte intégral au prix le plus bas de toute l'édition. Chaque volume est complété par un cahier photos illustrant la biographie de l'auteur.

ADLER Philippe	***C'est peut-être ça l'amour*** 2284/**3★**
	Les amies de ma femme 2439/**3★**
AMADOU Jean	***Heureux les convaincus*** 2110/**3★**
ANDREWS Virginia C.	*Fleurs captives :*
	- Fleurs captives 1165/**4★**
	- Pétales au vent 1237/**4★**
	- Bouquet d'épines 1350/**4★**
	- Les racines du passé 1818/**4★**
	- Le jardin des ombres 2526/**4★**
	Ma douce Audrina 1578/**4★**
ANGER Henri	***La mille et unième rue*** 2564/**3★**
APOLLINAIRE Guillaume	***Les onze mille verges*** 704/**1★**
	Les exploits d'un jeune don Juan 875/**1★**
ARCHER Jeffrey	***Kane et Abel*** 2109/**6★**
	Faut-il le dire à la Présidente ? 2376/**4★**
ARTUR José	***Parlons de moi y a que ça qui m'intéresse*** 2542/**4★**
AUEL Jean-M.	***Les chasseurs de mammouths*** 2213/**5★** & 2214/**5★**
AURIOL H. & NEVEU C.	***Une histoire d'hommes*** 2423/**4★**
AVRIL Nicole	***La disgrâce*** 1344/**3★**
	Jeanne 1879/**3★**
	L'été de la Saint-Valentin 2038/**2★**
	La première alliance 2168 /**3★**
AZNAVOUR-GARVARENTZ	***Aïda Petit frère*** 2358/**3★**
BACH Richard	***Jonathan Livingston le goéland*** 1562/**1★** *illustré*
	Illusions 2111/**2★**
	Un pont sur l'infini 2270/**4★**
BALZAC Honoré de	***Le père Goriot*** 1988/**2★**
BARBER Noël	***Tanamera*** 1804/**4★** & 1805/**4★**
BATS Joël	***Gardien de ma vie*** 2238/**3★** *illustré*
BAUDELAIRE Charles	***Les Fleurs du mal*** 1939/**2★**
BEAULIEU PRESLEY Priscillia	***Elvis et moi*** 2157/**4★** *illustré*

BENZONI *Juliette* — *Un aussi long chemin* 1872/**4★**
Le Gerfaut des Brumes :
- Le Gerfaut 2206/**6★**
- Un collier pour le diable 2207/**6★**
- Le trésor 2208/**5★**
- Haute-Savane 2209/**5★**

BEYALA *Calixthe* — *C'est le soleil qui m'a brûlée* 2512/**2★**
BINCHY *Maeve* — *Nos rêves de Castlebay* 2444/**6★**
BISIAUX *M.* & **JAJOLET** *C.* — *Chat plume* 2545/**5★**
BOMSEL *Marie-Claude* — *Pas si bêtes* 2331/**3★** illustré
BORGES & BIOY CASARES — *Nouveaux contes de Bustos Domecq* 1908/**3★**
BOURGEADE *Pierre* — *Le lac d'Orta* 2410/**2★**
BOVE *Emmanuel* — *Mes amis* 1973/**3★**
BRADFORD *Sarah* — *Grace* 2002/**4★**
BRISKIN *Jacqueline* — *La croisée des destins* 2146/**6★**
BROCHIER *Jean-Jacques* — *Odette Genonceau* 1111/**1★**
Villa Marguerite 1556/**2★**
Un cauchemar 2046/**2★**
L'hallali 2541/**2★**

BURON *Nicole de* — *Vas-y maman* 1031/**2★**
Dix-jours-de-rêve 1481/**3★**
Qui c'est, ce garçon ? 2043/**3★**

CALDWELL *Erskine* — *Le bâtard* 1757/**2★**
CARS *Guy des* — *La brute* 47/**3★**
Le château de la juive 97/**4★**
La tricheuse 125/**3★**
L'impure 173/**4★**
La corruptrice 229/**3★**
La demoiselle d'Opéra 246/**3★**
Les filles de joie 265/**3★**
La dame du cirque 295/**2★**
Cette étrange tendresse 303/**3★**
L'officier sans nom 331/**3★**
Les sept femmes 347/**4★**
La maudite 361/**3★**
L'habitude d'amour 376/**3★**
La révoltée 492/**4★**
Amour de ma vie 516/**3★**
La vipère 615/**4★**
L'entremetteuse 639/**4★**
Une certaine dame 696/**4★**
L'insolence de sa beauté 736/**3★**
J'ose 858/**2★**
La justicière 1163/**2★**
La vie secrète de Dorothée Gindt 1236/**2★**
La femme qui en savait trop 1293/**2★**

	Le château du clown 1357/4*
	La femme sans frontières 1518/3*
	Les reines de coeur 1783/3*
	La coupable 1880/3*
	L'envoûteuse 2016/5*
	Le faiseur de morts 2063/3*
	La vengeresse 2253/3*
	Sang d'Afrique 2291/5*
	Le crime de Mathilde 2375/4*
CARS Jean des	Elisabeth d'Autriche 1692/4*
CASTELOT André	Belles et tragiques amours de l'Histoire 1956/4* & 1957/4*
CASTRIES duc de	Madame Récamier 1835/4*
CATO Nancy	L'Australienne 1969/4* & 1970/4*
	Les étoiles du Pacifique 2183/4* & 2184/4*
	Lady F. 2603/4*
CESBRON Gilbert	Chiens perdus sans collier 6/2*
	C'est Mozart qu'on assassine 379/3*
CHABAN-DELMAS Jacques	La dame d'Aquitaine 2409/2*
CHASTENET Geneviève	Marie-Louise 2024/5*
CHAVELET É. & DANNE J. de	Avenue Foch 1949/3*
CHEDID Andrée	La maison sans racines 2065/2*
	Le sixième jour 2529/3*
CHOW CHING LIE	Le palanquin des larmes 859/4*
	Concerto du fleuve Jaune 1202/3*
CHRIS Long	Johnny 2380/4* illustré
CLANCIER Georges-Emmanuel	Le pain noir :
	1- Le pain noir 651/3*
	2- La fabrique du roi 652/3*
	3- Les drapeaux de la ville 653/4*
	4- La dernière saison 654/4*
CLAUDE Madame	Le meilleur c'est l'autre 2170/3*
CLAVEL Bernard	Lettre à un képi blanc 100/1*
	Le tonnerre de Dieu 290/1*
	Le voyage du père 300/1*
	L'Espagnol 309/4*
	Malataverne 324/1*
	L'hercule sur la place 333/3*
	Le tambour du bief 457/2*
	Le massacre des innocents 474/1*
	L'espion aux yeux verts 499/3*
	La grande patience :
	1- La maison des autres 522/4*
	2- Celui qui voulait voir la mer 523/4*
	3- Le cœur des vivants 524/4*
	4- Les fruits de l'hiver 525/4*

DUMAS Alexandre	*La dame de Monsoreau* 1841/5★
	Le vicomte de Bragelonne 2298/4★ & 2299/4★
DUNNE Dominick	*Pour l'honneur des Grenville* 2365/4★
DYE Dale A.	*Platoon* 2201/3★
DZAGOYAN René	*Le système Aristote* 1817/4★
EGAN Robert & Louise	*La petite boutique des horreurs* 2202/3★ illustré
ETIENNE J.-L. Dr & **DUMONT** E.	*Le marcheur du pôle* 2416/3★
EXBRAYAT Charles	*Ceux de la forêt* 2476/2★
FEUILLÈRE Edwige	*Moi, la Clairon* 1802/2★
FIELDING Joy	*Le dernier été de Joanne Hunter* 2586/5★
FLAUBERT Gustave	*Madame Bovary* 103/3★
FOUCAULT Jean-Pierre & Léon	*Les éclats de rire* 2391/3★
FRANCK Dan	*Les Adieux* 2377/3★
FRANCOS Ania	*Sauve-toi, Lola !* 1678/4★
FRISON-ROCHE	*La peau de bison* 715/2★
	La vallée sans hommes 775/3★
	Carnets sahariens 866/3★
	Premier de cordée 936/3★
	La grande crevasse 951/3★
	Retour à la montagne 960/3★
	La piste oubliée 1054/3★
	Le rapt 1181/4★
	Djebel Amour 1225/4★
	Le versant du soleil 1451/4★ & 1452/4★
	L'esclave de Dieu 2236/6★
FYOT Pierre	*Les remparts du silence* 2417/3★
GEDGE Pauline	*La dame du Nil* 1223/3★ & 1224/3★
	Les Enfants du Soleil 2182/5★
GERBER Alain	*Une rumeur d'éléphant* 1948/5★
	Le plaisir des sens 2158/4★
	Les heureux jours de Monsieur Ghichka 2252/2★
	Les jours de vin et de roses 2412/2★
GOES Albrecht	*Jusqu'à l'aube* 1940/3★
GOISLARD Paul-Henry	*La maison de Sarah* 2583/5★
GORBATCHEV Mikhaïl	*Perestroïka* 2408/4★
GOULD Heywood	*Cocktail* 2575/5★
GRAY Martin	*Le livre de la vie* 839/2★
	Les forces de la vie 840/2★
GRIMM Ariane	*Journal intime d'une jeune fille* 2440/3★
GROULT Flora	*Maxime ou la déchirure* 518/2★
	Un seul ennui, les jours raccourcissent 897/2★
	Ni tout à fait la même, ni tout à fait une autre 1174/3★
	Une vie n'est pas assez 1450/3★
	Mémoires de moi 1567/2★

GROULT (suite)	**Le passé infini** 1801/**2★**
	Le temps s'en va, madame... 2311/**2★**
GUERDAN René	**François Ier** 1852/**5★**
GUIGNABODET Liliane	**Dessislava** 2265/**4★**
GUIROUS D. & GALAN N.	**Si la Cococour m'était contée** 2296/**4★** illustré
GURGAND Marguerite	**Les demoiselles de Beaumoreau** 1282/**3★**
HALEY Alex	**Racines** 968/**4★** & 969/**4★**
HARDY Françoise	**Entre les lignes entre les signes** 2312/**6★**
HAYDEN Torey L.	**L'enfant qui ne pleurait pas** 1606/**3★**
	Kevin le révolté 1711/**4★**
	Les enfants des autres 2543/**5★**
HÉBRARD Frédérique	**Un mari c'est un mari** 823/**2★**
	La vie reprendra au printemps 1131/**2★**
	La Chambre de Goethe 1398/**3★**
	Un visage 1505/**2★**
	La Citoyenne 2003/**3★**
	Le mois de septembre 2395/**2★**
	Le Harem 2456/**3★**
	La petite fille modèle 2602/**3★**
HILLER B.B.	**Big** 2455/**2★**
HORGUES Maurice	**La tête des nôtres** 2426/**5★**
ISHERWOOD Christopher	**Adieu à Berlin (Cabaret)** 1213/**3★**
JAGGER Brenda	**Les chemins de Maison Haute** 1436/**4★** & 1437/**4★**
	Antonia 2544/**4★**
JEAN Raymond	**La lectrice** 2510/**2★**
JEAN-CHARLES	**La foire aux cancres** 1669/**2★**
JONG Erica	**Le complexe d'Icare** 816/**4★**
	La planche de salut 991/**4★**
	Fanny Troussecottes-Jones 1358/**4★** & 1359/**4★**
	Les parachutes d'Icare 2061/**6★**
	Serenissima 2600/**4★**
JYL Laurence	**Le chemin des micocouliers** 2381/**3★**
KASPAROV Gary	**Et le Fou devint Roi** 2427/**4★**
KAYE M.M.	**Pavillons lointains** 1307/**4★** & 1308/**4★**
	L'ombre de la lune 2155/**4★** & 2156/**4★**
	Mort au Cachemire 2508/**4★**
KENEALLY Thomas	**La liste de Schindler** 2316/**6★**
KEVERNE Gloria	**Demeure mon âme à Suseshi** 2546/**6★**
KIPLING Rudyard	**Le livre de la jungle** 2297/**2★**
	Simples contes des collines 2333/**3★**
	Le second livre de la jungle 2360/**2★**
	Kim 2598/**3★**
KOESTLER Arthur	**Spartacus** 1744/**4★**
KONSALIK Heinz G.	**Amours sur le Don** 497/**5★**
	La passion du Dr Bergh 578/**3★**
	Dr Erika Werner 610/**3★**

	Aimer sous les palmes 686/2★
	Les damnés de la taïga 939/4★
	Une nuit de magie noire 1130/2★
	Bataillons de femmes 1907/5★
	Le gentleman 2025/3★
	Un mariage en Silésie 2093/4★
	Coup de théâtre 2127/3★
	Clinique privée 2215/3★
	La nuit de la tentation 2281/3★
	La guérisseuse 2314/6★
	Conjuration amoureuse 2399/2★
	La jeune fille et le sorcier 2474/3★
LAHAIE Brigitte	*Moi, la scandaleuse 2362/3★ illustré*
LAMALLE Jacques	*L'Empereur de la faim 2212/5★*
LANE Robert	*Une danse solitaire 2237/3★*
LANGE Monique	*Histoire de Piaf 1091/3★ illustré*
LAPEYRE Patrick	*Le corps inflammable 2313/3★*
	La lenteur de l'avenir 2565/3★
LAPOUGE Gilles	*La bataille de Wagram 2269/4★*
LASAYGUES Frédéric	*Vache noire, hannetons et autres insectes 2268/3★*
	Bruit blanc 2411/3★
LAVAL Xavier de	*Le songe de Thermidor 2528/6★*
LESPARRE Christiane	*L'appartement 2126/5★*
LÉVY-WILLARD Annette	*Moi, Jane, cherche Tarzan 2582/3★*
L'HÔTE Jean	*La Communale 2329/2★*
LOTTMAN Eileen	*Dynasty 1697/2★*
	Dynasty (Le retour d'Alexis) 1894/3★
LOWERY Bruce	*La cicatrice 165/1★*
MAALOUF Amin	*Les croisades vues par les Arabes 1916/4★*
MACLAINE Shirley	*L'amour foudre 2396/5★*
	Danser dans la lumière 2462/5★
McCULLOUGH Colleen	*Les oiseaux se cachent pour mourir 1021/4★ & 1022/4★*
	Tim 1141/3★
	Un autre nom pour l'amour 1534/4★
	La passion du Dr Christian 2250/6★
	Les dames de Missalonghi 2558/3★
MAGRINI Gabriella	*La dame de Kyōto 2524/6★*
MAHIEUX Alix	*Coulisses 2108/5★*
MALLET-JORIS Françoise	*La tristesse du cerf-volant 2596/4★*
MARGUERITTE Victor	*La garçonne 423/3★*
MARIN Maud	*Le saut de l'ange 2443/4★*
MARKANDAYA Kamala	*Le riz et la mousson 117/2★*
MARKSTEIN George	*Tara Kane 2239/6★*
MARSHALL William G.	*La sixième saison 1910/4★*
MARTIN Ralph G.	*Charles et Diana 2461/6★ illustré*

MARTINO Bernard	Le bébé est une personne 2128/3★
MATTHEE Dalene	Des cercles dans la forêt 2066/4★
MAUPASSANT Guy de	Une vie 1952/2★
	L'ami Maupassant 2047/2★
MAURE Huguette	Vous avez dit l'amour ? 2267/3★
MERMAZ Louis	Madame de Maintenon 1785/2★
	Un amour de Baudelaire 1932/2★
MESSNER Reinhold	Défi - Deux hommes, un 8000 1839/4★ illustré
MICHAEL Judith	L'amour entre les lignes 2441/4★ & 2442/4★
MODIANO P. & LE-TAN P.	Poupée blonde 1788/3★ illustré
MONSIGNY Jacqueline	Michigan Mélodie (Un mariage à la carte) 1289/2★
	Les nuits du Bengale 1375/3★
	L'amour dingue 1833/3★
	Le palais du désert 1885/2★
	Le roi sans couronne 2332/6★
MONTLAUR Pierre	Imhotep 1986/4★
	Nitocris 2154/4★
MORAVIA Alberto	La Ciociara 1656/4★
	L'homme qui regarde 2254/3★
MORRIS Edita	Les fleurs d'Hiroshima 141/1★
MURAIL Elvire	Les mannequins d'osier 2559/3★
NASTASE Ilie	Tie-break 2097/4★
	Le filet 2251/3★
NELL DUBUS Elizabeth	Beau-Chêne 2346/6★
	L'enjeu de Beau-Chêne 2413/6★
ORIEUX Jean	Catherine de Médicis 2459/5★ & 2460/5★
ORIOL Laurence	Thérèse Humbert 1838/2★
OWENS Martin	Le secret de mon succès 2216/3★
PARTURIER Françoise	Calamité, mon amour 1012/4★
	Les Hauts de Ramatuelle 1706/3★
PAULHAC Jean	Les herbes de la Saint-Jean 2415/5★
PAUWELS Marie-Claire	Mon chéri 2599/2★
PEGGY	Cloclo notre amour 2398/3★
PERRIN Elula	Les femmes préfèrent les femmes 1874/3★
PEYREFITTE Roger	Les amitiés particulières 17/4★
	La mort d'une mère 2113/2★
PIRANDELLO Luigi	Le mari de sa femme 2283/4★
PLAIN Belva	Tous les fleuves vont à la mer 1479/4★ & 1480/4★
	La splendeur des orages 1622/5★
	Les cèdres de Beau-Jardin 2138/6★
	La coupe d'or 2425/6★
POE Edgar Allan	Le chat noir et autres récits 2004/3★
POUCHKINE Alexandre	Eugène Onéguine 2095/2★

2596

Impression Brodard et Taupin
à La Flèche (Sarthe) le 10 mai 1989
1071B-5 Dépôt légal mai 1989
ISBN 2-277-22596-7
Imprimé en France
Editions J'ai lu
27, rue Cassette, 75006 Paris
diffusion France et étranger : Flammarion